Flensburger Hefte

Zeitgeist

Das doppelte Antlitz

Lizenzangaben für die Bilder in diesem Buch:

CC: Creative Commons Attribution ShareAlike 2.5 License oder höher
gemeinfrei: Rechte abgelaufen
GNU: GNU Free Documentation License
PD: public domain: Rechte vom Autor/Fotograf/Zeichner freigegeben
YORK: The Yorck Project: 10.000 Meisterwerke der Malerei

Die Quelle der Bilder ist www.wikipedia.de mit Ausnahme der Bilder mit Angabe YORK oder eigener Quellenangabe!

Zu den Steiner-Zitatangaben in den FLENSBURGER HEFTEN: Die GA-Nummern beziehen sich auf die jeweilige Bibliographie-Nummer der Rudolf Steiner Gesamtausgabe im Rudolf Steiner Verlag, Dornach/Schweiz. Danach sind in der Regel das Erscheinungsjahr der benutzten Ausgabe, das Vortragsdatum bzw. Kapitel und die Seitenzahl angegeben, von der Autor-, Titel- und Ortsnennung wird abgesehen. Nach Bibliographie-Nummern geordnet ist die Rudolf Steiner Gesamtausgabe im Katalog des Rudolf Steiner Verlags aufgeführt. Der Katalog ist durch den Buchhandel erhältlich.

Aus dem Inhalt

Liebe Leserinnen und Leser!

Es gibt Menschen, die sich sofort abwenden, wenn sie das Wort Zeitgeist hören. Trends, Moden, Werte mit hohler Zugkraft, das Diktat des Systems, Alltäglichkeiten, geistlose Wissenschaft, Kulturverfall, zerstörerischer Fortschritt, Globalisierung – all das verbinden sie mit diesem Begriff und sehen darin keinen fruchtbaren Ansatz einer menschenwürdigen Zukunft. Bei anderen beginnen die Augen zu leuchten: Zeitgeist – das ist die Zukunft, was als Chance in der Zeit liegt, es bedeutet Wesenhaftes, neue Ideen, die wir bloß zu ergreifen brauchen, wenn wir Herr unser selbst sind und den Geist im Blick haben, wenn wir nicht dem schnöden Alltag, der dunklen Physis, der falschen Seite verfallen.

Beide Gesinnungspole für sich genommen hinterlassen im wachen Zeitgenossen einen schalen Nachgeschmack, ein Gefühl der Traurigkeit. Es bleibt unbefriedigend.

Deshalb wird man nicht umhinkommen, sich dem Schmerz, dem Paradoxon, der Zerreißprobe fürs Bewußtsein zu stellen, die man durchleidet, wenn man sich den Ausprägungen des Zeitgeistes wirklich stellt und seinem Doppelantlitz nicht entflieht. Vielleicht wird der wache Zeitgenosse verzweifeln an allem, was sich ihm als Zeitphänomen bietet, was sich ihm als Zeitsignatur mit Vehemenz ins Bewußtsein prägt. Wenn er aufrichtig mitlebt, was die Welt der Zeit ihm Markantes vorlebt, wird er innerlich beinahe daran zugrunde gehen, solange er die Dinge nicht oberflächlich durchdenkt oder streift.

Aber er wird – und diesem Zerreißspiel setzen Sie sich nun auch aus, liebe Leser – im Durchleiden der Tragik der Zeit wie im begeisterten Mitleben fortschreitender Zeitphänomene Lichtspuren, gemeinsame Ideenfelder, spannende Neuansätze und menschenverbindende Fragen finden, die in eine bessere Zukunft führen können, wenn das Individuum sie ergreift.

Diesen Phänomenen, dem Verständnis des Zeitgeistes und den markanten Zeitzeichen unserer Gegenwart und Zukunft, versuchten wir mit diesem Heft auf die Spur zu kommen.

Es grüßt Sie
Ihre
FLENSBURGER HEFTE-Redaktion

Man hat keine Peilung über den Menschen!

Interview mit Flora Kurum und Kay Kurum

von Katharina von Bechtolsheim

Flora Kurum, *geb. 1988 in Berlin Kreuzberg, Tochter einer holländischen Mutter und eines türkischen Vaters, wuchs zweisprachig auf (Holländisch-Deutsch), besucht die Freie Waldorfschule Kreuzberg, möchte vorerst kein Abitur machen, interessiert sich stark für Heilpädagogik. Sie singt in einer Band („Hot Serious Ladies"), interessiert sich für Kinder, für Musik, für Krankheit, liest gern, fotografiert und entwickelt ihre Bilder selbst.*

Kay Kurum, *Floras Bruder, geb. 1989, besucht ebenfalls die Waldorfschule Kreuzberg, liest nicht gern, interessiert sich für Mathematik, möchte Abitur machen, ist im Sprecherkreis der bundesweiten Waldorfschülervertretung, hat einen festen Freundeskreis außerhalb schulischer Zusammenhänge.*

Flora und Kays Eltern leben inzwischen getrennt.

Junge Menschen wie Kay und Flora finden sich in Umstände hineingeboren, mit denen sie, wie Flora an einer Stelle sagt, „eigentlich nichts zu tun haben", unter denen sie leiden. Sind diese Gegebenheiten und Zeitsignaturen, die nach Flora das „Eigentliche beengen", dem Zeitgeist geschuldet? Kann die Einengung Früchte tragen?

Wo läßt sich die Chance herausspüren, die sich hinter den Symptomen verbirgt? Wo liegt die Zukunft – und gibt es überhaupt einen vorgeschriebenen Pfad zu ihr hin? Die beiden Geschwister stellen sich ungeschminkt und energisch – oft im Zwiegespräch miteinander – Fragen wie diesen.

„In meiner Zeit liegt etwas sehr Einsames", entwickelt die 18jährige – und stellt der akuten Sinnfrage ans Individuum diejenige nach dem Sinn der unendlichen Vielfalt entgegen, mit der der einzelne sich konfrontiert sieht: Globalisierung, Wirtschaftsdominanz, Weltoffenheit, Überangebote von allen Seiten, Arbeitslosigkeit, wenig Wesentliches, Betäubungsmechanismen, Kreativitätsverlust, Ratlosigkeit der älteren Generation, zunehmende Gewalt, Technische Vielfalt.

Kay setzt am Ganzen an: „Die Frage nach dem Großen finde ich drängend." „Man müßte das Bewußtsein von allen wecken", sagt er – und: „Entweder man wacht an den Fragen auf oder man läuft mit. Zwischentöne gibt es keine."

Beide wollen anpacken. Beide wollen verändern. Beide wollen sich ihrer Zeit stellen; und beide sind oft traurig darüber, was ihnen ihr Umfeld an die Hand gibt: „Nichts Wesentliches. Man ist auf sich selbst zurückgeworfen." Sehr direkt, völlig unverbildet und mit großem Feingespür kommen die Geschwister auf die wesentlichen Fragen unserer Zeit zu sprechen. Alles von ihnen Gesagte rechnet mit dem Menschen, der sich befreien muß, um die Welt zu befreien.

Katharina von Bechtolsheim: Ist euch der Begriff Zeitgeist schon einmal begegnet, bevor ich mit der Frage an ein Interview zu diesem Thema an euch herangetreten bin? Wenn ja – in welchem Zusammenhang?

Flora Kurum: Als ich das Wort „Zeitgeist" hörte, dachte ich zuerst, es handelt sich um die Frage nach dem Glauben – oder besser, ob wir denken, daß ein Geist gegenwärtig ist, der in unserer Zeit lebt... irgend etwas in dieser Richtung.

K.v.B.: Damit liegst Du ganz richtig!

Kay Kurum: Ich konnte mir zuerst gar nichts unter diesem Begriff vorstellen und hatte das Wort „Zeitgeist" vorher noch nie gehört.

K.v.B.: Als ihr dann ein bißchen darüber nachgedacht hattet, wie kam euch „Zeitgeist" dann vor?

Kay: Ich ging davon aus, daß jede Generation oder meinetwegen auch mehrere Generationen in einer ganz eigenen Zeit leben. Der Zeitgeist ist für mich das Individuelle der Zeit, die verschiedene Generationen verbindet.

K.v.B.: Was meinst Du denn mit dem „Individuellen der Zeit"?

Kay: Damit meine ich das, was die Zeit ausmacht, das „Zeitindividuelle" eben, das Zeit-Eigene.

Flora: Mir kam es so vor, als sei Zeitgeist etwas Unterschwelliges, eine Strömung, die die Menschen über eine Zeit hinweg zum Ausdruck bringen.

K.v.B.: Toll. Und welche Gefühle stellten sich ein, als ihr darüber nachdachtet?

Flora: Ich fand es sehr spannend. Beim Nachdenken darüber, in welche Zeit ich selber hineingeboren bin, fühlte ich mich aber auch beengt. Mir fiel sofort so viel Bedrückendes ein. Gleichzeitig wußte ich, daß ich von dem Punkt aus, an dem ich stehe, etwas ändern möchte: Ich will etwas dazu beitragen, daß die Gesellschaft anders wird. Ich würde z.B. gerne anderen Menschen dabei helfen, ganz individuell zu erscheinen und sich nicht einschüchtern und zur Maschine machen zu lassen.

Das Ganze hat aber auch etwas sehr Ernstes. Mir wurde deutlich, wie pfuschig man manchmal im Alltag an die Dinge herangeht und daß man oft gar nicht bewußt mitbekommt, was um einen herum geschieht und warum. Diesen Ernst muß man sich immer wieder einleuchten, finde ich.

K.v.B.: Einleuchten ist ein gutes Wort.

Kay: Mir wurde beim Grübeln ganz unangenehm, als ich mir klarmachte, wie gut es uns geht, während es ganz vielen anderen Menschen wirklich elend geht. Schon daran merkt man ja, daß etwas nicht stimmen kann. Das ist so ein Punkt, an dem man sofort den Drang hat, etwas zu verändern und irgendwo zu helfen.

In meiner Zeit liegt etwas sehr Einsames

K.v.B.: Können wir, bevor wir auf euren Tatendrang zu sprechen kommen, darauf eingehen, was ihr als markante Zeichen oder Strömungen in eurer Zeit anseht?

Flora: Ich finde bezeichnend für meine Zeit, daß ich selber zunächst gar keine Hauptströmung finden konnte. Klar gibt es bestimmte schlagende Ereignisse wie Kriege oder politische Prozesse; aber eine Strömung im Sinn von einer Menschenbewegung ist nicht zu erkennen. In meiner Zeit ist alles schon so global, daß von allen Kulturen und allen Richtungen mehr oder weniger tröpfchenweise oder schubweise etwas hereindringt; es ist vielfältiger, aber nicht so kämpferisch wie zu anderen Zeiten. Es gibt sehr viele verschiedene Qualitäten, die einen beeinflussen. Ich erlebe mich aber nicht in einem Strom. In den 70ern oder 80ern gab es noch einheitliche Bewegungen, denen sich die Leute anschließen konnten. Das hatte eine klar erkennbare Kraft.

K.v.B.: Ist man als junger Mensch heute also mehr auf sich zurück geworfen?

Flora: Absolut. In meiner Zeit liegt etwas sehr Einsames. Manchmal sehnt man sich danach, daß einem ein anderer oder etwas Bestimmtes sagt oder vorlebt, was zu tun oder zu denken ist. Eine Revolution zusammen mit einer Gruppe zu starten ist heute unmöglich. Man ist viel mehr auf sich selbst zurückgeworfen. Das betrifft aber besonders den Westen, und da gehöre ich ja hin. Für andere Kontinente sieht das vielleicht anders aus.

Kay: Ich denke, daß das die Folgen von Technik und Fortschritt sind. Sie sind das wirklich Markante unserer Zeit. Durch die Technik vermischt und vernetzt sich alles in kürzester Zeit, also durchmischen sich daraufhin auch die verschiedenen Kulturen. Man kann problemlos in Sekundenschnelle von den Vereinigten Staaten aus mit jemandem in Europa in Kontakt treten, man kann sich sogar über die Webcam dabei sehen, und diese Möglichkeiten zu haben, ist das Markante unserer Zeit: Man kann doch alles machen!

Flora: Ich denke eher, daß Technik und Fortschritt die Folgen von etwas anderem sind. Sie machen sich sehr deutlich bemerkbar, aber ich glaube, die Hauptsache geschieht irgendwo unterschwellig.

Selbst wenn man die Kriege unserer Zeit ansieht, dann erscheint mir alles unterschwellig, die Sachen dringen so schwer an die Oberfläche! Im Irak werden Bomben geworfen, aber das wird alles gar nicht so bewußt wie früher, obwohl jeder davon weiß.

Ich fand z.B. diesen ungarischen Politiker vor kurzem richtig klasse, der in einer Rede vor Parteipolitikern eingestanden hat, daß seine ganze Regierungsarbeit Lüge war. So ist es doch! Eigentlich könnte das jeder Politiker sagen! Dieser hier war wenigstens ehrlich, indem er sagte: Ich habe die Leute angelogen! Das meine ich damit, wenn ich sage, die Hauptsache geschieht unterschwellig – sowohl die gute wie auch die richtig schwierige.

K.v.B.: Kannst Du das Unterschwellige noch ein wenig deutlicher in Worte fassen?

Flora: Ich bin kein Mensch, der sehr regelmäßig Zeitung liest, aber wenn ein Politiker sagt, was er ändern will, dann sehe ich doch sofort, daß er es nicht schaffen kann! Mit „unterschwellig“ meine ich, daß die Probleme an ganz anderer Stelle liegen. Bevor man verspricht, dies und jenes im Detail zu ändern, muß man, wie ich finde, an viel wichtigere Fragen herangehen, und bisher habe ich noch keinen Politiker gehört, der z.B. so eine Frage angegangen ist, wie die Sache mit dem Geld. Geld wird immer verkauft als die Sache, mit der sich alles machen läßt – aber man sieht ja, wohin es führt! Warum geht man denn nicht zuerst mal an diese Fragen heran? Also: Läßt sich mit Geld wirklich alles machen? Da sollte man anfangen, und dann nach und nach die ganze Welt umgraben.

Die Welt für alle umgraben

K.v.B.: Kannst Du noch einmal ausdrücken, was die Frage wäre, von der aus man die Welt umgraben könnte?

Flora: Wir sind eben nicht fähig, die Welt mit Geld global zu verwalten. Vielleicht müßten die verschiedenen Staaten erst einmal selber herausfinden, wie sie wirtschaften wollen, bevor man alles in einen Topf wirft und ihnen etwas überstülpt; denn so, wie es augenblicklich ist, wird alles sofort zur Macht- und Geldfrage. So lösen wir ja aber nicht die wirklich drängenden Fragen!

Kay: Na ja, ich denke aber, daß die Globalisierung nicht so einfach zurückzudrehen ist. Durch die Machtanhäufungen in bestimmten Regionen hat ein unterdrücktes Land doch gar keine Chance, die Stimme zu erheben. Die Abhängigkeit ist schon viel zu groß! Und mächtige Organisationen oder Staaten werden ja den Teufel tun und das ändern. Es würde sich erst etwas grundlegend ändern, wenn ein Mensch in hoher Position anders denken würde, wenn er alle Fragen ganz neu anginge. Es müßte ein Mensch sein, bei dem Macht und Geld nicht die Hauptmotive sind, da müßte ein ganz anderes Motiv liegen. Und den finde erstmal!

Flora: Da bin ich zuversichtlicher. Ich denke, daß viele Menschen unerkannt tätig sind, deren Tätigkeiten vielleicht erst in späteren Generationen ihre Früchte tragen. Man kann doch nicht hoffen, daß irgendwann einmal der Eine, Richtige an die Macht kommt; da kann man ja lange warten. Man muß doch von unten anfangen. Obwohl das dem widerspricht, was ich vorhin gesagt habe: Ich glaube, daß es gute Vernetzungen mutiger Leute gibt.

Außerdem kann ich ja selber etwas tun. Ich kann mir Bewußtsein drüber verschaffen, woher all die Dinge kommen, die in der Zeit liegen; zumindest kann ich es versuchen. Es ist ganz wichtig, daß jeder bei sich selber anfängt. Am besten immer wieder neu.

Kay: Aber in der großen Linie veränderst Du doch damit nichts! Es gab doch schon immer viele Menschen, die intensiv darüber nachgedacht haben, wie etwas zu verändern ist, und sich dann einer Organisation angeschlossen haben oder selber eine gegründet haben. Das finde ich zwar toll, aber ich finde so schwer auszuhalten, daß es unmöglich erscheint, grundlegend etwas zu verändern. Ich würde so gern etwas finden, das für *alle* Hilfe bedeutet.

Eigentlich müßten alle Menschen aufstehen und ganz laut und bewußt sagen, daß sich etwas ändern muß. Das Bewußtsein von allen müßte aufwachen – aber es gibt so viele Menschen, denen einfach egal ist, ob die Welt zugrunde geht; sie denken einfach in ganz kleinem privatem Rahmen und tun das ihr Leben lang. Ich bin also ein bißchen skeptisch der punktuellen Soforthilfe gegenüber, weil das zwar Probleme vor Ort löst, aber keine Veränderung weltweit bedeutet. Ich will das nicht schlechtmachen, und ich versuche ja auch selber anzupacken, aber die Frage nach dem Großen, die finde ich drängend.

K.v.B.: Hast Du denn schon darüber nachgedacht, was oder wer es in unserer Zeit sein könnte, das das Bewußtsein von allen wecken kann?

Kay: Zumindest habe ich sehr wenig Vertrauen, daß ein Politiker das vollbringen könnte. Wie auch! Vielleicht müßte erst einmal eine große Katastrophe passieren. Mir schwebt etwas vor wie ein großer Börsenkrach oder etwas Ähnliches. Es müßte etwas sein, was die Machtanhäufung in sich zusammenstürzen läßt.

Ich denke nicht, daß man das Bewußtsein der Menschen wecken kann, indem man jedem sagt, wie schlecht alles ist. Solange das eigene Leben nicht davon betroffen ist, verkriechen sich die Menschen doch ins Privatleben. Jeder müßte am eigenen Leibe erleben, wie schlimm wir eigentlich dran sind.

K.v.B.: Denkst Du also, Leidensdruck ist in unserer Zeit eine Art Aufwecker fürs Bewußtsein?

Kay: Ich weiß inzwischen nicht mehr, wie es anders gehen sollte.

Was die Welt vordergründig regiert

K.v.B.: Welche Rolle spielt die Erziehung beim Aufwecken des Bewußtseins?

Kay: Eine sehr große. Die Kinder, die sich von ihren Eltern nicht mehr abgucken können, wie man sich den wichtigen Fragen stellt, weil die Erwachsenen gar keine Fragen mehr haben, haben es einfach sehr schwer, zu einem Bewußtsein über die Welt zu finden. Man vererbt die Unbewußtheit immer weiter.

Flora: Na ja, damit bin ich nicht ganz einverstanden. Ich habe eine Freundin, die eine ganz schlimme Kindheit durchlebt hat; und sie steht heute da wie eine Eins. Sie stellt sich diesen Fragen total! Das hat ihr niemand vorgelebt.

K.v.B.: Kann sich der einzelne also herausarbeiten aus der Ratlosigkeit der älteren Generation?

Flora: Ja, absolut.

K.v.B.: Was lenkt uns denn in euren Augen heute ab von den zentralen Fragen?

Flora: Na, der Materialismus, was sonst? (*alle lachen)*

Kay: Mit einem Wort alles getroffen!

K.v.B.: Wieso denn nun gerade der Materialismus?

Kay: Der Materialismus verursacht doch, daß es uns im Westen so gut gefällt im unbewußten Zustand. Wir haben alles, wir können alles bekommen, wir machen uns keine Gedanken, auf wessen Kosten das geht, solange wir es selber bezahlen können; und wir wollen nichts daran ändern, daß alles erreichbar ist, was wir uns so nach und nach wünschen!

Flora: Na ich weiß nicht; ich würde das etwas anders beantworten. In mir entsteht immer wieder das Gefühl, daß ich in beengende Umstände hineingeboren bin, mit denen ich eigentlich gar nichts zu tun habe. Wenn ich auf all diese erstrebenswerten Sachen blicke, dann kommt es mir vor, als sollte ich zum Arbeiter, der seinem Verdienst hinterherrennt, oder zum Staatsmännchen zusammengequetscht werden. Ich kann jetzt nur von mir sprechen: Ich fühle mich im Materialismus überhaupt nicht wohl. „Du bist was, wenn Du Geld hast!“, das wirkt doch überall. Das gilt bestimmt nicht für jeden, aber das ist doch der Systemgedanke, der einem eingeflüstert wird.

K.v.B.: Was verstehst Du denn unter dem System?

Flora: Unter System verstehe ich das, was vordergründig die Welt regiert.

Kay: Kapitalismus eben.

K.v.B.: Wenn Du sagst, Du erlebst Dich als in beengende Verhältnisse hereingeboren: Was wäre denn zu befreien?

Flora: Ich denke, daß massiv behindert wird, sich selbst wirklich kennenzulernen. Man sollte also zuerst einmal befreien, daß man sich zugesteht, sich auf die Suche nach sich selbst zu machen; nach etwas in einem selbst, das mit dem „Geld-oder-Leben-Typen“ gar nichts zu tun hat. Oh je, es wird doch ganz vieles behindert: Das soziale Bewußtsein wird völlig gepreßt. Das müßte man auch befreien.

© GNU Foto: Jorges
Zug der Berliner U-Bahn am Bahnhof Eberswalder Straße (U2)

Kay: Die Offenheit gegenüber anderen Menschen wird durch den Kapitalismus doch total eingequetscht. Das kann man auch an Alltäglichkeiten sehen: In der U-Bahn läuft inzwischen permanent der Monitor, alle gucken hin – und man spricht noch weniger miteinander. Die Chance, daß es wirklich zum Gespräch kommt, wird immer kleiner mit all diesen sogenannten Errungenschaften.

Flora: Man wird doch richtig darauf trainiert, nur noch an sich selbst zu denken.

Die Kreativität schläft unterwegs ein

K.v.B.: Und die neuen Kommunikationsmittel ermöglichen keine wirkliche Begegnung?

Kay: Nur scheinbar. Man muß sich ja keine Mühe mehr geben, jemanden aufzusuchen. Mit dem Handy ist man überall erreichbar und tauscht Quatsch aus, man ruft seine Emails schnell ab und wickelt seine Gespräche über den Computer ab.

Flora: Ja, und die Kreativität schläft unterwegs völlig ein. Die ist ja gar nicht erwünscht. Sie wird zurückgedrängt.

Kay: Die Eltern stellen ihren Kindern die Konsole vor die Nase – und nicht mal mehr sie müssen ins Gespräch mit den Kindern gehen. Sie sind ruhiggestellt; aber das ist doch keine positive Erziehung. Vater und Sohn sitzen zu zweit vor der Konsole und spielen den ganzen Tag Computerspiele. Was soll daraus schon entstehen?

Flora: Und alle die, die an den Sachen nicht teilhaben können, die uns der Kapitalismus vorsetzt und mit denen er uns ablenkt, die müssen sich verstecken. Ich denke jetzt z.B. an kranke Menschen. Zum Teil sind sie ja aber durch den Kapitalismus krank geworden!

Ich glaube, daß die Menschen, die wir heute als „krank" bezeichnen, uns viel beibringen könnten. Dabei denke ich jetzt eher an Menschen mit Down-Syndrom oder ähnlich gelagerte Menschen. Mir kam irgendwann die Frage, warum wir nicht einen Menschen mit Down-Syndrom an die Regierung lassen. Man würde sich wundern, was der bewirken könnte. Natürlich wird das jeder als naiv abtun; aber schon allein, daß man sich die Frage nie stellt, bedeutet ja etwas ganz Bestimmtes. So ein Mensch fällt durchs Raster.

Aufwachen oder Mitlaufen

K.v.B.: Du hast vorhin gesagt, daß der Kreativitätspol unterbunden wird, indem man in die Umstände, die Du mit System beschrieben hast, hineingeboren wird und mit ihnen zusammenwächst...

Flora: Da muß ich kurz unterbrechen. Das ist ein zweischneidiges Schwert, weil ich eine ganze Reihe Menschen kenne, die gerade durch das Aufwachen am System einen richtigen Kreativitätsschub machen. An diesen Umständen aufzuwachen und sich darüber klarzuwerden, daß man sich in etwas befindet, das einen im Eigentlichen beengt, kann bedeuten, daß man bemerkt: Ich will etwas für etwas anderes tun, nicht fürs System. So, wie ich es sehe, sind das eher wenige, aber die gibt es, und das ist ganz wichtig.

Traurig ist eben nur, daß diejenigen, die wirklich etwas wollen, sich, wenn sie die ersten Außenseiter-Erfahrungen gemacht haben, schnell zurückziehen, um sich zu schützen. Das ist auch so ein Reflex der heutigen Zeit.

K.v.B.: Erlebt ihr als eine Art Zeiterscheinung, was Du gerade beschrieben hast? Kann das Erlebnis, daß das Kreative nicht zu dem paßt, was die Umwelt an Maßgaben und Grenzen setzt, auch Kraft freisetzen? Kann der Druck auch fruchtbar sein?

Kay: Es ist eben heute so: Entweder man wacht daran auf – oder man läuft mit. Es gibt keine Zwischentöne.

Flora: Ich würde es so sagen: Jeder wacht an den Einengungen auf. Jeder, der zum Arbeitsamt geht und bemerkt, daß er nur eine Nummer ist, wacht daran auf. Mir kann keiner erzählen, daß ihm nicht bewußt ist, daß seine Fähigkeiten durch die Umstände, die ihn prägen, eingeengt sind. Vielleicht gelingt es, das schnell wieder zu vergessen und sich mit anderen Dingen vollzudröhnen, und das geht heute besser als je; aber ich denke: Jeder weiß es.

Kay: Ja, aber die, die wirklich wohlhabend sind?

Flora: Auch die haben ihre stillen Momente, in denen sie traurig darüber sind, daß sie ein schickes Auto oder einen tollen Computer haben – aber keinen wirklichen Freund.

K.v.B.: Hat die Sache also einerseits Aufrufcharakter, ist aber andererseits ein großer Hemmschuh?

Kay: Ja. Sogar der Aufrufcharakter hat meistens zuerst eine materielle Seite: Wenn ich bemerke, daß meine Steuerzahlungen anfangen, mir wehzutun, dann beginne ich, mich zu wehren. Daß es nicht stimmen kann, wenn ich Zigtausend im Jahr verdiene, während es anderen schlecht geht, das kümmert mich nicht.

Flora: Auf jeden Fall ist deutlich: Die Sache geht so, wie sie geht, nicht mehr lange gut.

Kay: Sie geht ja schon lange nicht mehr gut!

Fanatismus, der sich am Kapitalismus hochschaukelt

Flora: Es ist ganz eigenartig: Ich bin trotzdem optimistisch, obwohl ich überhaupt nicht weiß, woher ich das nehme. Wenn ich mir die Zukunft vorstelle, stelle ich sie mir katastrophal vor, obwohl ich die Zukunft nicht wirklich denken kann: Der Mensch wird immer einsamer, weil er immer mehr in den Hintergrund rückt.

Kay: Und was rückt in den Vordergrund?

Flora: Technik, Globalisierung, Unverständnis, Gentechnik, all der Wahnsinn. Mir graust es, wenn ich diese Dinge denke. Man versucht schon lange, Menschen herzustellen, und zwar technisch, davor graust mir.

Kay: Ich glaube nicht, daß die Welt wegen des technischen Fortschritts zusammenbrechen wird, wegen Überbevölkerung oder Unterernährung oder dergleichen. Das scheint mir mit zukunftstechnischen Möglichkeiten lösbar. Viel eher denke ich, daß der Ost-West-Konflikt alles zum Einstürzen bringen wird.

Flora: Ja, aber auch der Ost-West-Konflikt hat doch einen Grund! Warum verfährt die USA denn politisch so, wie sie verfährt in diesen Ländern? Das geschieht doch nur aus Eigennutz, das sind doch eigentlich wirtschaftliche Angelegenheiten! Das ist doch ein Grundproblem der Politik. Und was den Ost-West-Konflikt betrifft, denke ich einfach: Es wird immer deutlicher, daß Politik und Religion nicht zusammenpassen! Das müßte man einfach streng trennen.

 Foto: K.v. Bechtolsheim

Kay Kurum und Flora Kurum

Kay: Ich bemerke eben, daß der Ost-West Konflikt immer mehr ausartet. Das konnte man auch an der Absetzung der Oper „Idomeneo" sehen. Wenn wir so weit kommen, daß man überlegt, wegen Terrorgefahr eine Oper abzusetzen, dann ist das doch völliger Wahnsinn. Man wird bis in den Opernplan hinein gelenkt! Ich bin nun wirklich kein Ausländerfeind: Mein Vater ist Türke und meine Mutter ist Holländerin, aber man merkt doch, daß wir es mit Ausartung zu tun haben.

Natürlich liegt das daran, daß der Westen seine Interessen immer gnadenlos durchgesetzt hat: Man braucht ja nur auf den Irak-Krieg zu schauen und darauf, wie die USA dort vorgegangen sind: hemmungslos. Im Osten ist die Verletzung so groß, daß man auf jedes kleine Ereignis wartet, um aufzubegehren. Der Karikaturenstreit, die Papstrede, das sind alles Aufhänger, die ganz hitzig aufgekocht werden. Das ist Fanatismus, der sich am Kapitalismus hochschaukelt. Den Menschen, die sich da so erhitzen, ist doch gar nicht klar, worum es bei den Dingen geht – aber der Haß auf den Westen ist riesig; und wenn das so weitergeht, gibt es irgendwann eine gewaltige Explosion.

Es drängt zu einer Wandlung

K.v.B.: Gibt es andere Erscheinungen, die ihr als markant und gegenwartsbestimmend anseht?

Flora: Was ich bemerke, ist, daß sich eine ganze Menge Grüppchen bilden, die kreativ tätig sind oder nach etwas Spirituellem suchen; das sind auch immer mehr Jugendliche. Was heute außerdem typisch ist, ist, daß immer mehr Jugendliche sich für ein Auslandsjahr entscheiden. Daran bemerke ich eine Art Drängen, das immer stärker wird.

K.v.B.: Wohin drängt es denn?

Flora: Zu einer Wandlung. Ich kann wirklich nicht sagen, wohin sie genau geht oder ob sie passiert, aber das ist so ein Eindruck.

K.v.B.: Ich frage trotzdem nochmal nach: Welche Wandlung könnte es denn nach sich ziehen, wenn kreativ oder spirituell gearbeitet wird oder wenn man sich im Ausland orientiert?

Flora: Wenn man so eng in irgendwelchen Gegebenheiten steckt, ist es doch gut, sich einen Blick von draußen zu verschaffen. Wir sind hier schon so vernummert, daß man einfach mal über den Tellerrand schauen muß, um zu wissen, wo man steht. Außerdem ist es interessant, wie andere Menschen und Länder mit den Fragen umgehen, die einen beschäftigen. Das macht den Blick weiter, und außerdem findet man besser zu dem, was man selber will.

Ich kann überhaupt nicht verstehen, wenn Erwachsene das in Frage stellen, weil es den Berufsweg vielleicht verlängert. Das sind echt alte Maßstäbe, wenn diese Argumente kommen. Es will doch keiner im Ausland faulenzen.

K.v.B.: Bemerkt ihr auch im Miteinander mit euren Freunden oder eurer Generation überhaupt neue Dinge, die eure Mutter vielleicht so nie hätte erleben können und wollen, als sie so alt war wie ihr?

Kay: Auf alle Fälle. Man spricht viel offener über solche Dinge wie Drogenkonsum, und Drogen spielen eine ziemlich zentrale Rolle. Früher geschah das alles mehr im Geheimen, glaube ich. Heute ist es alltäglich, daß man immerzu trinkt, kifft, härtere Drogen nimmt usw. Traurig ist bei aller Offenheit, daß man sieht, daß die meisten ohne das gar nicht mehr wissen, wie sie sich beschäftigen oder unterhalten sollen.

Flora: Das hängt einfach auch damit zusammen, daß man nur noch sehr schwer zurechtkommt; daß man sich in seiner Haut, so wie sie ist, nicht wohlfühlt. In der Pubertät ist es vielleicht normal, daß man sich äußern möchte und etwas Unerlaubtes tut, aber der Drogenkonsum zeigt auch, daß Du heute nicht weißt, wohin mit Dir. Man spürt nicht mehr wirklich, wozu man eigentlich gut ist oder wozu man da ist.

Kay: Das ist ein Mangel an Kreativität; da kommen wir wieder darauf zurück. Man irrt irgendwie durch seine Zeit und weiß nicht, was man mit ihr anfangen soll – und dann spült man es weg.

K.v.B.: Nehmen denn harte Drogen stark zu?

Flora: Bei harten Drogen bin ich mir, was Berlin betrifft, gar nicht so sicher, aber Marihuana nimmt rapide zu. Wie es weltweit ist, kann ich nicht genau sagen.

Kay: Was man auf jeden Fall beobachten kann, ist, daß die Kinder immer früher mit Drogen anfangen.

Flora: Überhaupt – das gehört auch zu unserer Zeit – werden die Kinder immer frühreifer. Den ersten Sex mit zwölf Jahren zu haben ist heute überhaupt nichts Besonderes mehr.

Kay: Was den Sex betrifft, wird einem ja schon in der Werbung gezeigt, was Sache ist. Ich bin gespannt, wie die Werbung in 20 Jahren aussieht. Da ist ja schon heute kaum noch jemand angezogen.

Ein befreiender Gedanke

Flora: Was die Weltoffenheit betrifft, ist es heute einfacher, sich eigene Gedanken zu bilden und den eigenen Standpunkt wirklich zu finden; das ist der Vorteil dessen, daß man heute sehr alleine dasteht. Man ist von vornherein auf sich selber angewiesen, muß sich aber auch wirklich auf den Weg machen, und da liegen viele Steine auf der Strecke. Man kann sich auch in den vielen Einflüssen verlieren oder darin untergehen. Diese Extreme gab es vielleicht schon immer, aber sie liegen heute irgendwie stärker in der Zeit, zumindest kommt es mir so vor.

Kay: Ich glaube, daß die Arbeitslosigkeit, die für unsere Generation eine große Frage ist, vielleicht gelöst werden könnte durch die Sache mit dem Grundeinkommen, von der jetzt alle sprechen. Man könnte wirklich die Arbeit tun, die man kann und will – und die weniger geliebten Jobs würden entsprechend entlohnt.

Flora: Na ja, aber dann macht man die weniger geliebten Jobs doch auch nur wegen des Geldes.

Kay: Wie auch immer, jeder könnte dort arbeiten, wo er wirklich qualifiziert ist. Es gibt doch auch Menschen, die gerne bei der BVG[1] arbeiten!

Flora: Ich weiß nicht, mir greift das noch nicht tief genug.

Kay: Den Gedanken des Grundeinkommens gibt es schon lange – und das Verrückte ist: Niemand greift ihn auf außer diesem Drogerie-Markt-Menschen! Die Sache kann ja gar nicht im Sinne eines Politikers sein; es sei denn, er macht den Gedanken zu seinem Programm und bekommt damit Stimmen.

---

[1] Berliner Verkehrsbetriebe

K.v.B.: Was wäre denn spannend an dem Gedanken, daß man für die Grundbedürfnisse des Lebens ein Einkommen erhält und nicht für die Arbeit, die man leistet? Und wie schaut ihr überhaupt auf die Arbeit – also auch auf eure Arbeit?

Flora: Für die Grundbedürfnisse bezahlt zu werden wäre ein befreiender Gedanke. Ich bin schon unter innerem Druck, wenn ich mir ansehe, welche Ausbildungsplätze auf mich warten und wie dicht und gestreßt alles ist, was sich um Arbeit dreht. Man überlegt manchmal, ob man überhaupt irgendwo hineinpaßt. Insofern wäre eine solche Regelung befreiend.

Kay: Das ist gut dafür, wie man dann arbeitet, nämlich gerne. Natürlich gibt es immer Menschen, die sich auf die faule Haut legen und Zahlungen ausnutzen, aber ich glaube, das ist die Minderheit. Eigentlich hat doch jeder Lust zu arbeiten! Eltern meiner Freunde aus der Klasse sind arbeitslos – und sie finden es ganz furchtbar. Ohne Arbeit ist man doch nutzlos.

Aus dem Gleichgewicht

K.v.B.: An welche Gegenstände, die zum Zeitgeschehen gehören, erinnert ihr euch denn als markant oder prägend aus eurer Kindheit?

Kay: Bei uns sind das mit Sicherheit die technischen Erfindungen.

Daß aber markante Dinge plötzlich ins Gesichtsfeld treten, ist bei uns gar nicht so stark, weil ständig so viel Neues kommt; es ist eine Flut von Neuem. Aber in meinen Augen sind MP3-Player und Handy die zentral prägenden Gegenstände unserer Zeit. Wir sind die erste Kindergeneration, die mit dem Handy aufwuchs.

K.v.B.: Seid ihr heute nicht mit einer wahnsinnigen Vielfalt konfrontiert – in jeder Hinsicht?

Flora: Das Angebot ist wahnsinnig vielfältig; es geht bis dahin, daß Du heute als Kleinkind schon Drogen angeboten bekommst. Überall bietet sich Dir etwas an: Nimm mich, nimm mich, nimm mich! Als Kind bist Du aber eher auf der Suche nach einer Autorität, nach jemandem, der Dir etwas Wesentliches gibt. Wir bekommen also weniger Wesentliches und mehr Gegenstände, schon als ganz kleine Kinder. Das gibt einem ein Gefühl eines ziemlichen Verlassenseins.

Und, um noch einmal auf die Arbeitsfrage zurückzukommen, ich denke, daß die Vielfalt und gleichzeitige Enge, die man erlebt, wenn man auf die Arbeitsangebote schaut, heute viel bedrückender sind als z.B. in Deiner Generation.

K.v.B.: Das kann ich bestätigen. Heute erlebe ich eine grundlegende Atemnot, was diese Fragen betrifft.

Kay: Man ist heute viel zu früh dazu angehalten, alles zu planen, um eine Art Lücke zu finden. Das beginnt schon mit dem Prüfungsstreß in den Schulen.

Flora: Ich sehe eine schlimme Entwicklung, was diesen Plan- und Streßfaktor betrifft, durch die Regelung mit der Früh-Einschulung. Mit fünf Jahren die Kinder in die Schule schicken! Sorry, die haben doch keine Peilung, wann der Mensch zu was fähig ist. Es gibt ja auch solche Fragen wie die nach der inneren Reife. Mir kann keiner erzählen, daß ein Kind mit fünf Jahren schulreif ist. Das macht doch alles kaputt. Man bastelt sich irgendeine Regelung zusammen, die alles für die Zukunft nur noch schlimmer macht. Das begreife ich nicht. Ich hoffe nur, daß irgendwann einmal etwas richtig schiefgeht, damit das Umdenken auch kommt.

Ich denke, daß es später viel mehr Schulen mit Integrationskonzept geben wird, weil die Lernbehinderungen immer mehr zunehmen, wenn man die Menschen vor Entscheidungen wirft, die sie noch gar nicht treffen können. Man hat einfach keine Peilung über den Menschen! Kein Wunder, daß die Kinder da früh zu Drogen greifen. Die meisten geraten einfach total aus dem Gleichgewicht.

K.v.B.: Kannst Du sagen, ob Traditionen heute für euch tragfähig sind – und welche? Wie seht ihr das?

Kay: Bei Kulturen wie der chinesischen oder der islamischen trägt die Tradition die Kultur.

K.v.B.: Und bei uns? *(beide schütteln den Kopf)*

Kay: Ich glaube, in Deutschland und vielleicht im ganzen Westen gibt es keine Tradition mehr, die wirklich tragen.

Flora: Nein, Halt in Traditionen erlebt unsere Generation überhaupt nicht mehr. Religion, gute Manieren, da ist nichts; das zählt alles nicht.

K.v.B.: Ihr seid doch Kinder eines türkischen Vaters. War euer Familienleben denn nicht traditionsgetragen?

Flora: Unsere türkische Familie ist nicht streng muslimisch, aber gewisse familiäre Gesten sind einfach Voraussetzung. Die ganze Familienbindung ist viel enger. Von diesem Familienzusammenhalt könnten sich die Deutschen meiner Meinung nach oft ein Scheibchen abschneiden; wiederum haben auch die Deutschen unseren türkischen Verwandten etwas voraus. Für den europäischen modernen Menschen wäre etwas wie die Mitte zwischen diesen Polen das Richtige.

Kay: Ich wundere mich manchmal selbst darüber, wieso ich nicht geworden bin wie andere Kinder, mit denen ich früher gespielt habe. Es hätte bei mir auch so sein können, daß ich durch die Straßen ziehe und andere Leute abzocke.

K.v.B.: Kannst Du dem Leser sagen, was Abzocken bedeutet?

Kay: Durch die Stadt ziehen und Opfer suchen, um ihnen die Wertsachen abzunehmen oder um sie einfach zusammenzuprügeln. Man umgibt sich mit einer größeren Gruppe und geht zu vielen auf einzelne los. Man nutzt die Rückendeckung durch die Clique.

Flora: Es gibt aber auch Deutsche, die das tun.

Kay: Schon, aber die sind meist Mitläufer. Viele stehen unter Druck und wollen dazugehören, um selbst keine Probleme zu haben. Man kann es ruhig so sagen: Diese Art von Gruppendruck und Gewalt geht stark von den Ausländern aus. Das finde ich wirklich schade. Und das hängt auch mit den ganz eigenen Traditionen der Türken zusammen, in die sie eingebunden sind; sie verhindern einfach, daß sie auf andere Werte neugierig sind; die festen Vorschriften und Erwartungen zu Hause sind viel zu stark.

Flora: Solche Zusammenschlüsse von Leuten, die ihren Halt in der Gruppe suchen und sich dann über andere hermachen, gibt es ja aber in Brandenburg genauso. Bei uns verstärkt es sich eben dadurch, daß hier viele Ausländer leben, die eine Gemeinsamkeit mit den anderen suchen und – wenn es negativ läuft – sich als Cliquen zusammenschließen. Ich denke, solche Zusammenrottungen gab es schon immer. Ich möchte nicht wissen, wie das im Mittelalter war.

Kay: Trotzdem nimmt die Gewalt immer mehr zu, das kannst Du an den Statistiken sehen, und Du merkst es doch ganz genau.

Man darf nicht pennen!

K.v.B.: Habt ihr schon mal drüber nachgedacht, ob in der Erscheinung mit dem Gruppendruck und der zunehmenden Gewalt in unserer Zeit irgendein Aufruf an uns liegen kann?

Kay: Zuerst mal wird der Unterschied zwischen den Kulturen ganz stark deutlich. In der türkischen und arabischen Kultur spielen Ehre und Familie eine ganz andere Rolle als bei uns. Dort ist Familie immer das erste, dann kommt lange nichts, und erst dann kommt der Rest. In der hiesigen Kultur ist das doch ganz anders: Zuerst kommt man selbst, dann die Freundin, dann der Freundeskreis, und dann die Familie. Das kann ja nur zu Konflikt und Streit führen. Berlin ist da wie eine Welt im Kleinen, denn auch hier haben wir einen Ost-West-Konflikt vor der Haustür, und die Gewalt wird immer stärker. Jeder besitzt heute ein Messer, eine elektrische Waffe oder ähnliches. Die Frage: Wie soll es mit Kreuzberg enden? ist eigentlich die gleiche Frage wie: Wie soll es mit der Welt enden? Es entsteht Unverständnis einander gegenüber, dann entsteht daraus Gewalt, dann entsteht Unzufriedenheit darüber hier, und ...

Flora: ... und dann wählen die Leute irgendwann NPD.

Kay: Ja! Das ist doch traurig! In den nächsten zwei bis drei Jahren muß da dringend etwas passieren, da darf man nicht pennen! Die Fronten verhärten sich wirklich.

Flora: Und die Politiker sagen: Schaut nur, wie gut unsere Integration läuft. Die müssen sich ja auch nicht die Finger dreckig machen.

Die Zeit des Wissens ist vorbei

K.v.B.: Gibt es denn im Verhalten oder in den Gesten der älteren Generation, eurer Eltern, Lehrer, aus dem Munde von Politikern, in der Wirtschaft, in der Kunst, Dinge, von denen ihr genau spürt: Das ist nicht mehr zeitgemäß?

Flora: Ich muß erst mal überlegen, was zeitgemäß eigentlich bedeutet... Ich frage mich gerade: Ist überhaupt etwas zeitgemäß? Heute sind ja alle Lebensformen vorhanden.

K.v.B.: Ja, damit stellst Du eine gute Frage. Was ich mit meiner Frage meinte, ist: Manchmal hat man statt eines klaren Gedankens ein Gespür dafür, daß Dinge, die dieser oder jener tut oder proklamiert, eher in die Vergangenheit führen als in eine fruchtbare Zukunft. Etwa: So wie sich dieser Lehrer, dieser Politiker verhält, paßt es nicht zu dem, was als Chance in der Zeit liegt. Es interessiert mich sehr, ob ihr solche Dinge spürt.

Kay: Eine Sache, über die ich mich immer wieder aufregen kann und von der ich sicher bin, daß sie nicht mehr in die Zeit gehört, ist der Frontalunterricht. Der Lehrer steht vorne und erzählt etwas, das schon tausendmal erzählt wurde. Ich lerne aber viel mehr dabei, wenn ich die Dinge ausprobiere und wenn ich selber Erfahrungen mache. Wenn der Lehrer ständig redet, entsteht kein soziales Miteinander; man nimmt das Wissen irgendwie auf – aber Wissen ist doch nicht alles, aus Wissen lernt man viel zu wenig. Menschenkenntnis lernt man da nicht.

Flora: Mit Wissen löst man keine Konflikte.

Kay: Das Wissen hilft eben zu wenig in der Menschenbegegnung. Und die müssen wir doch lernen!

Flora: Die Zeit des Wissens ist, denke ich, total vorbei. Ich kann doch in keinem Buch nachlesen: Wenn Du jemanden schlägst, fügst Du ihm Schmerz zu, also schlage nie jemanden. Deswegen weiß ich noch lange nicht, was Schmerz wirklich ist; ich muß ihn doch kennenlernen! Ich muß Erfahrungen sammeln! Dazu ist z.B. so etwas wie ein Auslandsjahr ganz wichtig. Aber mir sagte jemand: „Wieso machst Du das? Du verschwendest Deine Zeit!" – Das muß man sich mal auf der Zunge zergehen lassen!

K.v.B.: Es ist ja interessant, daß er gerade mit dem Zeitbegriff kam.

Flora: Für den liegt die Bestimmung vielleicht noch woanders.

K.v.B.: Ahnst Du denn, wo Deine liegt?

Man muß die Sachen durchleiden

Kay: Floras Bestimmung ist es, Menschen zu helfen.

Flora: Zuerst mal liegt sie bei mir darin, mir selbst treu zu bleiben. Irgendwie liegt sie auch darin, mich in der Welt zu suchen. Ich weiß nicht, ob man das erreichen kann. Ich weiß nicht, ob es eintritt, daß man sich irgendwann einmal wirklich erfüllt erlebt.

Bestimmt fühle ich mich außerdem in der Nähe von besonderen Menschen, also behinderten Menschen. Da fehlt mir der richtige Begriff, „Seelenpflegebedürftige" finde ich überhaupt nicht treffend, denn seelenpflegebedürftig sind alle Menschen; dieses Wort ist totaler alter Quatsch.

Ich habe das in meinem Praktikum erfahren: Diese Menschen ließen mich zum ersten Mal an meine Grenzen kommen. Nicht indem sie mich herausforderten, sondern in der Nachwirkung. In der Zusammenarbeit mit ihnen kam ich auf sehr grundlegende Sachen, die ganz viel mit mir selber zu tun hatten.

K.v.B.: Kannst Du diese grundlegenden Dinge beschreiben, oder möchtest Du das nicht?

Flora: Ich wußte einfach ganz genau, daß ich mit solchen Menschen arbeiten will. Das war so eine Art Reinigung oder so. Die Menschen haben mich darin wachgerüttelt, daß ich vorher an mir vorbeigelebt und Dinge getan habe, die mich gar nicht erfüllt haben. Mir wurde plötzlich klar, daß ich mich in bestimmten Beziehungen mit einem falschen Gesicht zeigte; das hat mich an einen sehr schmerzhaften Nullpunkt geführt – es ging mir richtig schlecht. Und dann bemerkte ich, daß es einen Kern an mir gibt, den ich mich nicht traue zu zeigen. Das mußte ich aushalten, und dann mußte ich ran. Ich kann das nicht besonders gut ausdrücken.

K.v.B.: Das hast Du sehr gut ausgedrückt; man konnte es fast miterleben.

Flora: Da habe ich zum ersten Mal erfahren, was Frau Mieder[2] immer vorne sagt: Daß man nur durch Schmerzen zu Erkenntnissen kommt. Man muß die Sachen durchleiden.

Kay: Damit sind wir wieder beim Wissen!

Flora: Genau. Schmerzen kann einem niemand durch Wissen vermitteln, und niemand kann sie einem wegnehmen, man muß selber durch. Das liegt auch in unserer Zeit.

K.v.B.: Ich brauche bald gar keine Fragen mehr stellen, ihr sagt die wesentlichen Sachen sowieso von selber.

Auf der Suche nach dem Hebel

Wie ist es bei Dir, Kay, mit der Bestimmung, wie Flora es nannte?

Kay: Ich habe da so ein Ideal, das klingt ein bißchen doof.

K.v.B.: Immer raus mit den Idealen. Sie sind selten doof.

Kay: Na gut. Ich habe eigentlich vor, die ganze Welt umzukrempeln. Das sitzt ganz tief in mir drin.

Flora: Hast Du denn schon eine Idee entwickelt, wie Du das machen willst?

Kay: Nee, noch gar nicht. Aber ich habe das Gefühl, daß es möglich sein muß, durch irgendeine Tat alles zu verändern. Die große Befreiung.

Flora: Ich denke, da kann man nur bei sich selber anfangen. Wenn Du Dich selber nicht befreist, kannst Du die anderen auch nicht befreien.

Kay: Ich weiß schon, daß ich dazu an mir selbst arbeiten muß, aber mein Ziel ist, im Großen etwas

 Foto: Agência Brasil

Kofi Annan

[2] Oberstufenlehrerin von Flora

zu schaffen. Es gibt ja große Namen wie Kofi Annan oder Dag Hammerskjöld, aber es soll noch größer sein.

Ich habe noch keine konkrete Vorstellung, wo ich den Hebel ansetzen werde, aber ich will mich danach auf die Suche machen und spreche oft mit meinem Kumpel darüber.

K.v.B.: Es ist gut, daß das bald schriftlich festgehalten ist, dann kann man Dich immer wieder dran erinnern!

© PD Foto: UN/DPI

Dag Hammerskjöld

Spannend finde ich, daß die Frage nach der Bestimmung bei Flora am innersten Kern ansetzt und an der Begegnung und dem Schmerz aufgewacht ist und bei Dir tiefe Sehnsucht da ist, global alles umzukrempeln, so daß sich für alle etwas ändert. Liegen diese beiden Bewegungen in der Zeit und gehören zusammen, obwohl sie vordergründig gar nicht zusammenpassen wollen?

Flora: Ja, sie gehören als Frage zu uns, und sie bedingen einander. Ich glaube, daß es in unsere Zeit gehört, daß das eine nicht ohne das andere geht. Man muß alles verändern wollen und sich selber umkrempeln wollen.

Das Wesentliche ans Tageslicht holen

K.v.B.: Blickt ihr mit Zuversicht in die Zukunft?

Kay: Ich finde die Zukunft spannend. Sie macht mich neugierig, und ich will wissen, was in ihr steckt. Ich habe viel vor, wenn ich auch noch nicht genau weiß, wie.

Flora: Ich neige zum Träumen, deswegen halte ich mich an die Gegenwart und fasse mein Leben von der Stelle aus an, wo ich stehe. In der großen Linie kann einen die Zukunft auch ratlos machen; all die Weltprobleme scheinen erst mal völlig unlösbar. Auch im eigenen Leben kann die Zukunft beengend und streß-auslösend sein, wenn von außen die Dinge und Anforderungen auf einen einstürmen; diesen Aspekt mag ich gar nicht.

Im Ideellen ist die Zukunft gut, von da aus kann man sie anpacken. Man schwankt immer ein bißchen zwischen diesen beiden Polen: bedrükkend und ideal, Gegenwart und Zukunft. Man muß es anpacken, muß sich selber und den anderen helfen.

K.v.B.: Was, glaubt ihr, müßten wir tun, um in den Menschen, also auch in uns, freizulegen, was an Zukunftspotential wirklich in uns steckt?

Kay: Man müßte Mut und Zivilcourage in den Menschen ganz anders stärken. Von ganz kleinauf müßte das herangebildet werden. Auch in der Schule.

Flora: Ich komme immer wieder mit der Kreativität. Die Menschen müßten lernen, zu sich zu stehen und in all das Schöpferische, was in ihnen steckt, viel mehr Vertrauen haben. Wenn das ans Tageslicht geholt wird, kann man eigentlich nur Zuversicht in die Zukunft haben; aber daran müssen wir echt arbeiten.

Zeitgeist
Erklärung des Online-Lexikons wikipedia

Der Begriff Zeitgeist spiegelt das allgemeine intellektuelle und kulturelle Klima einer Zeit bzw. Epoche wieder. Das Konzept geht auf den Philologen Johann Gottfried Herder zurück, der Name wurde vom Philosophen Christian Adolph Klotz geprägt.

WIKIPEDIA
Die freie Enzyklopädie

Prominent wurde der Begriff durch Goethes Faust (Siehe Seite 62):

Das Wort hat in der englischen, niederländischen, spanischen und japanischen Sprache Einzug erhalten (siehe Liste deutscher Wörter in anderen Sprachen auf www.wikipedia.de).

Der Begriff Zeitgeist wird mittlerweile vielfältig benutzt. Der Autor Bruce Sterling betitelte eine Science-Fiction-Novelle „Zeitgeist". Der Internetsuchmaschinenbetreiber Google stellt interne Suchstatistiken als „Google Zeitgeist" zur Verfügung und ein Online-Wissenschafts-Magazin aus Deutschland nennt sich „zeitgeist-online.de". Weiter gibt es in den USA die „Zeitgeist Gallery" (eine Galerie in Cambridge, Massachusetts), die „Zeitgeist Films Ltd." (eine Independentfilmfirma), die Comic-Serie „The Adventures of Phoebe Zeitgeist" von Michael O'Donoghue und Frank Springer oder den Hersteller von Rollenspielen „Zeitgeist Games".

Wie verhält sich der wissenschaftliche Zeitgeist zur Poesie?

Ein Brief anstelle eines Interviews

von Michael Engelhard

Lieber Herr Weirauch,

Da habe ich Ihnen wieder viel Arbeit gemacht: 17 Seiten unseres Interviews über den „Zeitgeist" haben Sie ins Reine geschrieben! Ich habe sie mehrmals durchgelesen: Zunächst war ich ganz zufrieden damit. Aber nach und nach beschlichen mich Zweifel, ob man das so veröffentlichen könne. Nicht, daß ich auch nur ein Wort zurückzunehmen hätte. Doch auf einmal richtete sich der kritische „Zeitgeist" drohend vor mir auf. Ich hatte zu einem Menschen gesprochen, dem ich vertraute, der bereit war, meine Gedanken nachzudenken, sie verstehen, ihren Zusammenhang beachten wollte, der aus ihnen meine Sorge, ja Angst vor der Zukunft heraushörte, der weiß, daß diese Sorge mein Denken bestimmt.

Der Zeitgeist liest kritisch

Das aber ist nicht die Haltung, mit der der Zeitgeist einen Text liest. Heutzutage wird „kritisch" gelesen. Und kritisch lesen heißt, möglichst viele Haare in der Suppe zu finden. Ich habe einmal ein Goethe-Symposium in den USA eröffnet. Dort wurden ungefähr 20 Vorträge gehalten, die alle, ohne Ausnahme, in diesem Sinne „kritisch" waren. Es wurden da nicht nur einzelne Haare in der Goethe-Suppe gefunden, nein, ganze Haarbüschel wurden aus der Suppe gefischt. Und von Vortrag zu Vortrag wurde ein großer Haarballen daraus, so groß, daß von der Suppe gar nichts mehr zu sehen war. Und so steuerte alles auf den Höhepunkt der Veranstaltung zu: einen Vortrag von Professor Dr. W. Daniel Wilson, in dem dieser Gelehrte wissenschaftlich bewies, daß Goethe ein „prinzipieller Verächter aller Menschenrechte" gewesen sei.

Nun muß man durchaus auch einem einzelnen Professor albernen Unsinn verzeihen können. Nicht der Vortrag von Herrn Wilson also erschütterte

Johann Wolfgang von Goethe

mich, sondern die Tatsache, daß alle, wirklich alle, anwesenden Germanisten, Deutsche und Amerikaner, diesem Befund freudig zustimmten. Nicht ein einziger wagte, ihm zu widersprechen. Nach der Veranstaltung fragte ich einen persönlich sehr sympathischen Professor, wie es zu diesem mich doch ziemlich überraschenden Ergebnis habe kommen können. Antwort: Die Aufgabe der Literaturwissenschaft sei es, die vorhandene Literatur kritisch zu durchleuchten. Auf meinen bescheidenen Einwand, daß eine kritische Durchleuchtung von Goethes Werken doch hin und wieder auch zu dem Ergebnis führen könnte, daß er in Leben und Werk doch auch manches geleistet habe, bekam ich die Antwort: Man müsse jetzt endlich mit dem Goethe-Kult des 19. und 20. Jahrhunderts aufräumen, und zwar gründlich.

Professor Wilson war übrigens 2004-2005 zum Vizepräsidenten der nordamerikanischen Goethe-Gesellschaft gewählt worden, die sich hauptsächlich diesem kritischen Geschäfte widmet.

Goethe von ganzem Herzen lieben

Ich war dem wissenschaftlichen Zeitgeist begegnet. Inmitten all dieser Wissenschaftler, die mit bewundernswerter Geschicklichkeit die kompliziertesten Literaturtheorien zu handhaben wissen, befand ich mich in einer höchst unangenehmen Lage. Ich gehöre nämlich zu der aussterbenden Gattung Mensch, die nicht nur tiefen Respekt vor der Person, dem Leben und dem Werk Goethes hat, sondern die ihn von ganzem Herzen liebt. Einfach liebt. Und diese Liebe hat nun bei mir dazu geführt, daß ich mich mein ganzes Leben lang – weit über ein halbes Jahrhundert – sehr intensiv mit Goethe beschäftigt habe. Und in Unterhaltungen habe ich herausgefunden, daß ich über Goethe mehr weiß als die allermeisten Goethe-Professoren, die sehr häufig erschreckende Wissenslücken aufweisen. Wann immer ich mich ernsthaft mit einem Goethe-Thema beschäftigte und dabei die sogenannte „wissenschaftliche" Literatur zu Rate zog, stellte ich fest, daß diese Wissenschaftler reichlich schlampig arbeiten. Was die Erkenntnis des Werkes Goethes betrifft, stehen wir, trotz der Gebirge an Goethe-Literatur, noch ziemlich am Anfang.

Als der Präsident vor Goethe warnte

Ich habe eine sehr große Goethe-Bibliothek, die u.a. die 122 Bände des Goethe-Jahrbuchs (von 1880 bis 2006) enthält. Hier kann man nun nachlesen, wie sich in den letzten 125 Jahren die Goethe-Forschung mit erstaunlicher Charakterlosigkeit dem jeweiligen Zeitgeist angepaßt hat. Davon muß man natürlich die sehr respektablen, fleißigen und sorgfältigen philologischen

©: PD Foto: Zeitblom

Roman Herzog

Arbeiten ausnehmen, die das Material heranschaffen, das zu einem vertieften Verständnis des Werkes Goethes führen kann. Aber diese Arbeiten, die dem Werke Goethes dienen, bestimmen nicht die Diskussion. Die wird von dem derzeit herrschenden „kritischen" Zeitgeist bestimmt. Das geht sogar so weit, daß ein deutscher Bundespräsident, Herr Professor Dr. Roman Herzog, sich im Goethe-Jahr 1999 bemüßigt fühlte, die deutsche Jugend vor dem dubiosen Charakter Goethes zu warnen. Das ist wohl ein in der Kulturgeschichte der Menschheit einmaliges Ereignis gewesen, das wahrscheinlich nur in Deutschland möglich ist.

Das wird einem besonders dann klar, wenn man sich vorstellt, ob z.B. Präsident Putin die russische Jugend vor Puschkin oder ein italienischer Präsident die Jugend seines Landes vor Petrarca oder Leopardi warnen könnte. Als man während der 68er-Revolution Jean Paul Sartre, der an Demonstrationen teilgenommen hatte, verhaften wollte, schritt Präsident de Gaulle ein mit der vom Zeitgeist völlig unberührten Begründung: Jean Paul Sartre – das sei auch Frankreich. Aber die Deutschen, insbesondere die deutschen Professoren, sind ja immer schon widerstandslos vor dem Zeitgeist eingeknickt. Und heute wird der Zeitgeist eben von einer „kritischen" Wissenschaft bestimmt. Und da braucht man sich nicht zu wundern, wenn ein Professor freudig vor ihm kapituliert.

Vor diesem Hintergrund also las ich das von Ihnen so liebenswürdig ins Reine geschriebene Manuskript durch. Den kritischen Zeitgeist bedenkend, wurde mir angst und bange dabei. Denn der Zeitgeist will nicht einen Autor verstehen, sondern er sucht, kritisch, wie er nun einmal ist, dem Autor Fehler nachzuweisen. Nun gibt es aber keinen einzigen gescheiten Satz in der Welt, den man nicht mit ebenso gescheiten Gründen widerlegen könnte. Und das geschieht am wirksamsten, wenn man „wissenschaftliche" Gründe anführt.

Mit den Augen des Zeitgeistes lesen

Mit den Argumenten der heutigen Geisteswissenschaften, die glauben, den Geist gepachtet zu haben, über ihn verfügen zu dürfen, indem sie ihn als Objekt ihrer Methoden mißhandeln, kann man alles, was ich in dem Interview gesagt habe, ganz leicht „fertigmachen". Das weiß ich, denn ich könnte das auch. Doch ich hüte mich, aus Selbstachtung und aus Achtung vor dem Denken anderer, von dieser Fähigkeit Gebrauch zu machen. Den pubertären Stolz darauf, rational denken zu können, habe ich mit 19/20 Jahren abgelegt.

Ich las also unser Interview mit den Augen des Zeitgeistes durch und stellte fest: Einen solchen Text kann man heutzutage nicht veröffentlichen, wenn man nicht „fertiggemacht" werden will. Man kann zu der Öffentlichkeit nicht mehr wie zu einem Freund sprechen. Man muß davon ausgehen, daß die Öffentlichkeit einen feindlich behandelt. Sie werden da ganz sicher auch schon Ihre Erfahrungen gemacht haben.

Wir haben in unserem Interview sehr viel Aspekte des herrschenden Zeitgeistes berührt, kulturelle, religiöse, soziale, geographische, generationenbedingte, wirtschaftliche, politische etc., von denen jeder einzelne gründliches Nachdenken erfordert. Das konnte in einem 17-Seiten-Interview natürlich nur andeutungsweise geschehen. Allein das aber hätte der Kritik Riesentore geöffnet. Zu jedem Punkt, den ich angesprochen habe, kann man –zig Punkte anführen, die ich – aus Zeit- und Raumgründen – nicht gesagt habe. Nichts leichter als das.

Ich rief Sie also an und teilte Ihnen mit, daß ich den Text so nicht drucken lassen könne. Sie waren zunächst enttäuscht, fragten dann aber nach, ob ich mich nicht auf einen Aspekt beschränken könne. Ich versprach Ihnen, darüber nachzudenken.

Mit Goethe gequält

Ich dachte also nach und stellte fest, daß die Gründe meiner Weigerung, unser Interview drucken zu lassen, in meinen Erfahrungen mit dem Zeitgeist zu finden waren. Und diese Erfahrungen machte ich am intensivsten in meiner Begegnung mit den sogenannten Geisteswissenschaften, noch genauer, mit der Kunst- und Literaturwissenschaft. In der Musikwissenschaft herrscht – deshalb liebe ich sie – ein völlig anderer Geist. Die Musikwissenschaft ist – zu ihrer Ehre sei es gesagt – vom herrschenden kritischen

Zeitgeist völlig unberührt geblieben. Es gibt keinen einzigen Versuch, die Verehrung Bachs, Haydns, Mozarts, Beethovens, Schuberts etc., die diese wunderbaren Künstler nun ja auch bei Gott verdienen, als Bach-Kult etc. zu diffamieren, den es der kritischen wissenschaftlichen Wahrhaftigkeit zuliebe unbedingt zu zerstören gilt. Nein, jeder Musikwissenschaftler, der sich z.B. dem Werke Bachs widmet, versucht nicht, über ihn kritisch zu urteilen, sondern er versucht, in die unergründlichen Geheimnisse seiner Kreativität immer tiefer einzudringen, wissend, daß er da nie an ein Ende kommt. Und er ist offensichtlich glücklich, wenn seine Forschungen zu Ergebnissen führen, die seine Verehrung für Bach vertiefen.

Ich habe viel darüber nachgedacht, woran dieser Unterschied zwischen der Literaturwissenschaft und der Musikwissenschaft wohl liegen mag. Und ich bin zu dem Ergebnis gekommen, daß es wahrscheinlich an den unterschiedlichen Motivationen liegen mag, die den einen jungen Menschen dazu bringen, sich z.B. mit Bach , und einen anderen, sich mit Goethe wissenschaftlich zu beschäftigen. Derjenige, der sich als Gegenstand seiner Forschungen Bach erwählt, tut das, weil ihn die Musik Bachs zutiefst berührt hat. Bach ist ihm in einem Augenblick seiner Biographie unendlich wichtig, ja zum Zentrum seiner geistigen Existenz geworden. Und das ist nichts anderes als geistige Liebe,„weil Geist, der Geist liebt, um den Geist nur wirbt“(Michelangelo).

Der Goethe-Forscher aber ist in der Oberstufe der höheren Schule mit Goethe gequält worden. Er hat sich nicht mit Goethe beschäftigt, weil der ihn interessierte, sondern weil die Lehrpläne der Kultusministerien ihm das aufzwangen. Und nun gar im Studium: Man kann ja kein Germanistik-Examen machen, ohne sich mit Goethe beschäftigt zu haben. Man kann mit einem Wort, diesem Goethe, der einen immer schon angeödet hat, einfach nicht ausweichen. Und diese Gefühle ohnmächtiger Frustration zahlen sich dann dem Dichter wissenschaftlich heim. Jeder Mensch, der Goethe so verehrt, wie ein Bachwissenschaftler Bach verehrt, wird als Anhänger eines abgestandenen „Goethe-Kults“ lächerlich gemacht. Und wenn man gar zu sagen wagt, daß man Goethe liebt, ist man als Gesprächpartner für Goethe-Professoren von vornherein erledigt. Aber nun ist Goethe ja als Künstler Bach durchaus gleichrangig, was ihm die ganze zivilisierte Welt ja auch bestätigt, also genauso liebens- und verehrungswürdig wie Bach. Also müßte die Goethe-Forschung auch genau so über Goethe sprechen können wie die Bach-Forschung über Bach spricht. Doch offensichtlich herrscht in der Literaturwissenschaft die felsenfeste

Überzeugung, daß man nur dann über den Dichter denken könne und dürfe, wenn man ihn *nicht* liebt. Als ich einmal in Weimar einen Goethe-Vortrag halten sollte, warnte mich ein Kenner der dortigen Szene davor, mein Liebe zu Goethe allzu deutlich werden zu lassen. Das könnte mir „gefährlich" werden. Das ist alles sehr seltsam. Aber der Zeitgeist schreibt es halt den armen Goethe-Forschern vor. Und dem müssen sie ja wohl gehorchen, wenn sie als Wissenschaftler ernstgenommen werden wollen. Und das wollen sie alle, auf Deubel komm raus. Und so gehorchen sie halt, wie immer schon, dem herrschenden Zeitgeist.

Was die Welt im Innersten zusammenhält

Sie wissen, daß all mein Denken letzten Endes ein Denken über das geheimnisvolle Wesen der Kunst, insbesondere der Poesie ist. Und so beschloß ich also, Ihnen diesen Brief zu dem Thema: „Wie verhält sich der wissenschaftliche Zeitgeist zur Poesie" zu schreiben. Das scheint, ich weiß, zunächst ein sehr abseitiges Thema zu sein. Und ich habe auch noch niemanden getroffen, der ernsthaft darüber nachgedacht hat. Doch ich denke, daß diese Fragestellung in einen Kernbereich dessen führt, was man den heutigen Zeitgeist nennen kann.

Unterstützung finde ich dabei – das wird manchen Leser vielleicht überraschen – bei dem bedeutendsten Soldaten der deutschen Geschichte. Im Jahre 1829 wollten die Berliner Freunde Goethes den 80. Geburtstag des Dichters mit vielen

 Künstler: Krüger gem. | Falcke sc.
August Graf Neithardt von Gneisenau

Veranstaltungen festlich begehen. Der preußische König wollte das mit dem Argument verbieten, Feste solchen Umfangs müßten den gekrönten Häuptern vorbehalten bleiben. Graf Neithardt von Gneisenau hielt dieses Verbot für falsch , weil, so sagte er, „die Sicherheit der Throne auf die Poesie" gegründet sei.

Von der militärischen Sicherheit eines Staates verstand Gneisenau ausweislich seines Sieges über Napoleon eine ganze Menge. Gleichwohl gründet sich für ihn die „Sicherheit der Throne" nicht auf das militärische Potential des Staates, sondern auf die Poesie. Um dieses Wort zu verstehen, muß man sich bewußt machen, daß die deutschen Eliten jener Zeit, nicht zuletzt wegen der mächtigen Erscheinung Goethes, über ein geistiges Niveau verfügten, das dem unserer Gegenwart weit überlegen ist. Damals dachten die Denker und Dichter, die Politiker und Soldaten, die Wirtschaftsführer und Wissenschaftler sehr ernsthaft darüber nach, was die menschliche Welt „im Innersten zusammen hält".

Unter „Throne" verstand Gneisenau natürlich zunächst die damalige preußische Staatsverfassung mit einem Monarchen an der Spitze. Aber man kann davon ausgehen, daß Gneisenau die Sicherheit jeder historischen Staatsverfassung als auf die Poesie gegründet erkannt hatte. Und das hängt nun damit zusammen, daß alle wirkliche Kultur – also die Kultur, die alle menschliche Gemeinschaft zusammenhält -. auf die Poesie gegründet ist. Dem würden nun die Theologen der Weltreligionen heftig widersprechen. Dem entgegne ich, daß die heiligen Bücher der Menschheit sämtlich großartige Poesie sind, und daß sie niemals ihre Weltwirkung entfaltet hätten, wenn dem nicht so wäre. Das Gilgamesch-Epos hatte für die Sumerer die gleiche Funktion, wie die Epen Homers für die Griechen, die Bibel für die Juden und Christen und der Koran für den Islam. Für die Muselmanen ist die poetische Schönheit der Sprache des Propheten sogar der *Beweis* des göttlichen Ursprungs des Korans.

Das kritische Gewissen verdrängt die Dichter

Ich verfolge seit 50 Jahren aufmerksam den Verlauf der wissenschaftlichen Literaturforschung, nicht weil ich mir davon Aufschlüsse über mir wichtige Literaturwerke erhoffe, sondern weil sich hier der Zeitgeist in einem mir sehr vertrauten Medium spiegelt. Der Ende der 50er Jahre herrschende Zeitgeist hat mich seinerzeit dazu veranlaßt, das Philologiestudium zugunsten der Jurisprudenz aufzugeben. Mit Grausen erinnere ich mich des Seminargequatsches anläßlich der Auffindung von Hölderlins „Friedensfeier“ und mit Freuden der intellektuell reinlichen Atmosphäre in einem juristischen Seminar.

Wenn ich die letzten 50 Jahre zurückblicke, stelle ich fest, daß sich die auf den Universitäten gelehrte Literaturtheorie in kurzen Abständen immer wieder radikal gewandelt hat. Ein 50jähriger Oberstudienrat bringt heute seinen Schülern die deutsche Literatur völlig anders nahe, als der 30jährige Studienassessor an der gleichen Schule. Oft wechselt eine Klasse von dem einen Lehrer zum anderen. Das trägt natürlich zur Verwirrung der Schüler und damit zu einer steigenden Gleichgültigkeit gegenüber aller überlieferten Literatur bei. Dabei ist keine Jugend von Natur aus lesefaul, wie der ungeheure Erfolg z.B. von Harry Potter bei der Jugend der ganzen Welt beweist. Aber hier war nun eben der Fall gegeben, daß die jungen Leute ein Buch ergreifen konnten, ohne von den literaturtheoretischen Weisheiten ihrer Lehrer belästigt zu werden.

Ferner meine ich erkannt zu haben, daß die jeweils letzte Literaturtheorie alle ihre Vorgänger für obsolet erklärt. Jede hat den Stein der Weisen gefunden. Das wollen sich die Vorgänger verständlicherweise nicht gefallenlassen, ein heftiger Gelehrtenstreit vor den Studenten entsteht, in dem sich die verschiedenen Denkschulen ihre theoretischen Argumente um die Ohren schlagen. Da geht es gar nicht mehr um die Literatur selbst, sondern nur noch um die Frage, wie man mit der Literatur umgehen müßte, wenn man sie behandeln würde. Und dieser Streit um die richtige Literaturtheorie wird nun vor den Schülern in den höheren Schulen fortgesetzt, was im Hinblick auf die Literatur selbst abschreckend wirken muß.

Und noch eins ist mir aufgefallen: In der Literaturdiskussion der Gelehrten spielen die Meinungen der Dichter über die Dichter überhaupt keine Rolle. In den Goethe-Jahrbüchern findet man die Namen von tausend Professoren, die Namen von kreativen Menschen tauchen dagegen im Abstand von fünf bis zehn Bänden je einmal auf – meistens in Anmerkungen. Nun handelt es sich hier keineswegs um Dummköpfe. Es finden sich folgende Namen darunter: F. Schlegel, Schelling, Hegel, Fichte, Mörike, Keller Nietzsche, Marx, Hofmannsthal, Benjamin, Thomas Mann, Kerenyi, Hesse, George, Schweitzer, Brecht, Kafka, ferner Byron, Scott, Carlyle, Longfellow, Emerson, M. Fuller, D. Thoreau, T.S. Eliot, Macauly, Shaw, H. James, Balzac, Stendhal, Flaubert, Taine, Rolland, Valéry, Gide, Senghor, Ortega, Madariaga, Puschkin, Tolstoi, Mickiewicz, Turgenjew, Tjutschew, Pasternak, Iwaskiewicz, Capek, Kierkegaard, Manzoni, Croce ,Lucacz , Kazanzakis, Hamsun, Radakrishnan, Iqbal, Mistral, Borges.

Das ist nur eine kleine Auswahl, die mir gerade so einfällt. Die allermeisten dieser sehr bedeutenden Menschen haben Goethe in Worten tiefer Bewunderung gepriesen. Und daher rührt wohl auch die auffallende Scheu der Goethe-Forschung, sich mit den Gedanken der großen Geister der Welt, die sich eindeutig zu Goethe geäußert haben, auseinanderzusetzen. Denn mit Bewunderung, Verehrung für Goethe können sie einfach nichts anfangen. Das verbietet ihnen ihr allzeit kritisches Gewissen. Und außerdem würde wohl auch der Niveau-Abstand zwischen Walter Benjamin z.B. und einem deutschen Normalprofessor zu sehr auffallen. Doch welch schöne Chance wird hier vertan, der Brüderlichkeit großen kreativen Geistes in der Welt nachzusinnen und sie für das wechselseitige Verständnis der Völker und Kulturen zu nutzen!

Keinen Einfluß auf die Leopardi-Forschung

Ich muß hier eine kleine Geschichte einschieben. Sie wissen, daß ich die Canti Giacomos Leopardis übersetzt und eine internationale Leopardi-Gesellschaft mitgegründet habe, einfach deshalb, weil ich auch diesen großen italienischen Dichter und Denker grenzenlos bewundere. Auf einer der ersten Tagungen der Leopardi-Gesellschaft in Bonn hielt ein Professor einen Vortrag über die Leopardi-Deutung von Giuseppe Ungaretti. Ich war davon wie elektrisiert. Zum ersten Mal vernahm ich eine Deutung Leopardis, die mir seinen dichterischen Rang angemessen klarstellte. Wenn Sie das Nachwort meiner Übersetzung nachlesen, werden sie überraschende Parallelen zwischen Ungarettis und meiner Deutung feststellen. Ich fühlte mich wie erlöst. So dumm konnte es also gar nicht sein, was ich mir da über den geliebten Dichter zusammengedacht hatte. Als der Vortrag zu Ende war und die übliche Diskussion begann, hob ich den Finger und fragte: „Hat denn

© PD Altes Bild bearbeitet von: Twice25

Giacomo Graf Leopardi

© gemeinfrei Quelle: www.weltchronik.de
Paul Valéry (Selbstbildnis)

nun diese wunderbare Deutung Leopardis durch Ungaretti irgendeinen Einfluß auf die Leopardi-Forschung gehabt? Hat sich die Leopardi-Forschung mit ihr auseinander gesetzt?" Der Professor dachte ein paar Sekunden nach. Dann sagte er: „Nein" und nahm den nächsten Frager dran.

Pater aestheticus in aeternum

Und hatten denn z.B. Paul Valéry, André Gide, Walter Benjamin, Thomas Mann kein kritisches Gewissen? Waren sie dümmer als unsere Goethe-Professoren? Ist ihr Urteil weniger bedenkenswert? Ich gestehe, daß ich nicht nur die literarischen Produkte dieser Männer bewundere, sondern gleichermaßen auch ihre außerordentlichen intellektuellen Fähigkeiten. (Vor kurzem las ich z.B., daß die Ägyptologen anfangen, die tiefen Einsichten Thomas Manns in die Kultur Alt-Ägyptens, die er in seinen Joseph-Romanen ausgebreitet hat, zu begreifen und für ihre Arbeit auszubeuten.) Und gleichwohl kamen alle diese Männer zu dem Ergebnis, daß die vernünftigste Reaktion auf die Erscheinung Goethes Dankbarkeit und Verehrung sei. Und so hätte ich es auch für angemessener gehalten, wenn Bundespräsident Roman Herzog sich 1999, anläßlich des 250. Geburtstages Goethes, an das Urteil Paul Valérys statt an das von Herrn Professor Dr. W. Daniel Wilson gehalten hätte. Von Paul Valéry wird man noch in 200 Jahren mit hoher Achtung reden; von Herrn Wilson wird man in 20 Jahren nichts mehr wissen wollen. Und wie beendete nun Paul Valéry seine Goethe-Rede, die er am 30. April 1932 in der Sorbonne gehalten hat? Er spricht von dem erhabenen Lebensabend des Dichters. Und dann, ich zitiere:

„Welch ein Blick auf das erfüllte und goldene Leben, als, auf der Höhe des Alters, er seine eigene Abenddämmerung betrachtet – was sage ich, – gestaltet aus dem Glanze der unendlichen geistigen Reichtümer, die seine Arbeit aufgehäuft hat, und der unendlichen geistigen Reichtümer, die sein Genie ausgegossen hat.

Jetzt kann Faust zum Augenblicke sagen:
Verweile doch, du bist so schön!
Dann will ich gern zugrunde gehn!

Aber von Helena gerufen, erscheint er gerettet, durch die Zustimmung der Welt erhoben in den Rang der Allergrößten, unter die Väter des Gedankens und die Doktoren der Dichtung: PATER AESTHETICUS IN AETERNUM."

Goethe beugte sich nie dem Zeitgeist

So kann man Goethe also auch sehen. Doch spüren Sie, wie weit solches Reden von unserem Zeitgeist entfernt ist? So sollte heute noch einer von Goethe in unserem Lande zu reden wagen. Er wäre erledigt. Die Verbreitung der Valéry-Rede in Deutschland wurde übrigens von den kurz darauf an die Macht gelangten Naziverbrechern verboten. Sie konnte hier erst nach dem Zweiten Weltkrieg in einer Übersetzung von Fritz Usinger erscheinen. Goethe scheint mit dem jeweiligen deutschen Zeitgeist immer in einem recht gespannten Verhältnis gestanden zu haben. Wahrscheinlich auch deswegen, weil er sich, im Gegensatz zu den deutschen Professoren, nie dem Zeitgeist gebeugt hat.

Gleichwohl bleibt ein für mich rätselhafter Rest: Wie kommt es, daß sich Literaturprofessoren so wenig um die Meinungen von Literaturproduzenten kümmern, ohne die es doch ihren eigenen Berufsstand gar nicht gäbe? Es gibt natürlich hin und wieder Veröffentlichungen zu Themen wie „Hofmannsthal und Goethe" oder „Thomas Mann und Goethe". Aber solche Arbeiten sind in aller Regel nicht von Goethe-Forschern, sondern von Hofmannsthal-Forschern bzw. Thomas Mann-Forschern verfaßt. Die Goethe-Forschung scheint sich für solche Themen kaum zu interessieren.

Dabei lohnt es sich wirklich, darüber nachzudenken, warum so sehr viele bedeutende kreative Menschen so rühmend von Goethe sprechen. Bei den vielen Namen, die ich oben aufgezählt habe, handelt es sich um Meister des Denkens oder Dichtens.

Ein Meister erkennt die Meisterschaft eines anderen

Nun ist es so, daß jemand, der selbst ein Meister ist, die Meisterschaft eines Werkes, das ihm vor Augen kommt, sofort erkennt. Er setzt es sofort zu seiner eigenen Meisterschaft in Beziehung. Da sind nun dreierlei Ergebnisse möglich: entweder, das fremde Werk ist genausogut, wie er es selber schaffen könnte, oder es ist nicht so gut oder es ist besser. Im ersten Fall wird er es lobend anerkennen, im zweiten seine Verdienst hervorheben, im dritten Fall aber wird er es in aller Regel preisen. Das geht nun schwer in das Gehirn eines Professors hinein, denn die Wissenschaft als Ganzes ist ein Schlachtfeld des Neides. Ich finde es immer wieder erstaunlich, mit welcher Bestialität, natürlich äußere Formen wahrend, Professoren einander abzustechen versuchen. Das ist noch schlimmer als im Theaterwesen, das mir von Vaters Seite sehr vertraut ist. Das ist bei kreativen Menschen anders. Hofmannsthal hat einmal den schönen Gedanken geäußert, das eigentlich tiefste Wesen der Poesie sei die Gerechtigkeit. Ich habe immer wieder über diesen Satz nachgedacht und ihn immer wieder bestätigt gefunden.

Die Ausnahmen von diesem Satz sind nur scheinbar. Charakteristisch wird das bei Novalis deutlich. Seine unbedingte jugendliche Begeisterung für Goethes Wilhelm Meister schlägt in heftigste Abwehr um, als er sich an seinen Heinrich von Ofterdingen begibt. Und das ist auch sehr verständlich. Seine Anerkennung eines so gewaltigen Vorbilds hätte seine eigenen kreativen Kräfte, die er für sein Werk benötigte, völlig lahmgelegt. Einen ähnlichen Umschwung beobachten wir bei Kleist: Als sich Goethe weigerte, ihn auf den Dichterthron neben sich zu setzen, schlägt seine unbedingte Verehrung in Haß um. Denn Kleist verlangte das Höchste von sich – er wollte besser sein als Goethe. Er mußte das wollen. Er konnte Goethe wohl an seiner Seite, aber nicht über sich dulden. Wer hatte ein besseres Recht, so zu reagieren, als Kleist? Schiller hat zehn Jahre zwischen Liebe und Haß geschwankt, ehe er, nach persönlicher Begegnung, sich für die Liebe entschied: *“Gegenüber dem Vortrefflichen gibt es kein anderes Rettungsmittel als die Liebe“* (aus dem Gedächtnis zitiert). Paul Claudels Ablehnung Goethes hängt aufs Engste damit zusammen, daß er mit seinem Seidenen Schuh Goethes Faust II übertreffen wollte. Die Abgrenzung gegen Goethe war eine notwendige Bedingung für die Vollendung des eigenen Werks. Man sieht: Auch die Ablehnungen Goethes durch Meister sind eine Folge der geistigen Macht und Meisterschaft der goetheschen Werke. Dafür hat jeder wirkliche Meister ein ursprüngliches Gespür.

Goethe hat für zwei Menschengruppen geschrieben, für die unmittelbar empfindenden „Laien“, die sich, ohne Dazwischenkunft von Literaturtheorien, der Poesie öffnen, und für die „Meister“:

Daß es Laien gern empfinden,
Meister es mit Freuden hören.

Mit Freuden. Das ist das erste, was ein Meister beim Anblick eines Meisterwerks empfindet. Denn es setzt sein geistiges Leben, seine Kreativität, in freudige Erregung, es öffnet ihm Türen, die er zuvor noch nicht durchschritten hat. Als Mozart die Thomaskirche in Leipzig besuchte, um auf der dortigen Bach-Orgel zu spielen, legte ihm der damalige Thomaskantor die Noten von Bachs unveröffentlichten Kantaten vor. Mozart blieb viele Tag in Leipzig, bis er diese Noten ausstudiert hatte. So reagiert ein wahrer Meister auf einen anderen wahren Meister. Diese Erweiterung des eigenen geistig-kreativen Horizonts ruft nun eine andere seelische Befindlichkeit hervor: die Dankbarkeit. Hermann Hesse hat ein schönes Büchlein mit dem Titel „Dank an Goethe" geschrieben. Thomas Mann hat seiner Dankbarkeit gar in einem dicken Roman, in dem die Gestalt Goethes als wirksamste Gegenfigur gegen die Barbarei des Nazitums aufgerichtet wird, sowie in vielen Aufsätzen und Reden seiner Dankbarkeit Ausdruck verliehen.

Dank an Mozart

So weit war ich gestern gekommen, als ich in die Stadt mußte, um mir eine Bahnfahrkarte nach Berlin zu kaufen. Ich fahre nämlich übermorgen nach Berlin, um der Präsentation des dritten Bandes von Katharina Mommsens Monumentalwerk „Die Entstehung von Goethes Werken in Dokumenten" beizuwohnen. (Sie sehen: Goethe bringt mich immer wieder auf Trab.) Auf dem Weg zum Bahnhof kam ich an einem Bücher-Flohmarkt vorbei, den ich durchstöberte. Und da fiel mir ein kleines Büchlein des großen Theologen Karl Barth mit dem Titel „Wolf-

 Doris Stock
Wolfgang Amadé Mozart 1789, Silberstiftzeichnung

gang Amadeus Mozart" in die Hände, in dem ich einen bezaubernden „Dankbrief an Mozart" fand. Und darin steht in wunderbar heiterer Form eigentlich alles, was ich hier zu sagen versuche. Manchmal gibt es Zufälle, an deren Zufälligkeit man nicht so recht glauben kann. Lassen Sie mich aus diesem Büchlein zitieren:

„Was ich Ihnen danke, ist schlicht dies, daß ich mich, wann immer ich Sie höre , an die Schwelle einer bei Sonnenschein und Gewitter, am Tag und bei Nacht guten geordneten Welt versetzt und dann als Mensch des 20.Jahrhunderts jedes Mal mit Mut (nicht Hochmut!), mit Tempo (keinem übertriebenen Tempo!),mit Reinheit (keiner langweiligen Reinheit!), mit Frieden (keinem faulen Frieden!), beschenkt finde. Mit Ihrer musikalischen Dialektik im Ohr kann man jung sein und alt werden, arbeiten und ausruhen, vergnügt und traurig sein, kurz: leben. Sie wissen jetzt noch viel besser als ich, daß dazu noch mehr nötig ist als auch die beste Musik. Aber es gibt Musik, die dem Menschen (nachträglich und beiläufig) dazu hilft, und andere, die das weniger tut. Die Ihrige hilft dazu."

Diese Worte beschreiben sehr genau meine persönliche Erfahrung mit der Poesie Goethes und Puschkins, (der mir immer wie ein Zwillingsbruder Mozarts erschienen ist). Kennen Sie einen Goethe-Aufsatz irgendeines Goethe-Professors, in dem von Dankbarkeit die Rede ist? Nein, dergleichen Gefühle kennt man in der Wissenschaft nicht. Goethe sagt einmal:

Nur weil es dem Dank sich eignet,
Ist das Leben schätzenswert.

Von der geistigen Macht berührt sein

Dank – das ist eine humane Befindlichkeit, die die Wissenschaft in sich selbst erwürgt hat. Und das sieht sie als einen Fortschritt an. Freude oder auch nur ein ganz kleines Berührtsein von der geistigen Macht, von dem Leben eines Verses sucht man in der Wissenschaft vergebens.

Die Wissenschaft braucht die Poesie eigentlich nur noch zu dem Zweck, um an ihr eine Literaturtheorie nach der anderen zu exemplifizieren. Und dazu muß die Poesie, bitteschön, mausetot sein. Ist sie aber nicht. Sie ist der höchste geistige Ausdruck des Lebens selbst. Und das eben wissen kreative Menschen. Daher der Unterschied zwischen den Reaktionen kreativer Menschen, in denen sich der Geist ausspricht, und der Professoren, in denen sich der Zeitgeist ausspricht.: „PATER AESTHETICUS IN AETERNUM" auf der einen Seite und „Prinzipieller Verächter der Menschenrechte" auf der anderen Seite. Die Unterschiede sind groß.

Den Geist der Poesie preisen

Was verstehe ich unter Geist? Die Antwort ist in einem tiefsinnigen Vers Goethes (oder Marianne von Willemers, das hat die Forschung noch nicht herausgefunden) enthalten:

O wie schmeichelt´s meinem Triebe,
Wenn man meinen Dichter preist,
Denn das Leben ist die Liebe
Und des Lebens Leben Geist.

Künstlerische Kreativität, und so natürlich auch poetische Kreativität, ist die höchste Form geistigen Lebens. Die Begegnung mit einem Werk des Geistes empfindet jeder Geist als Glück. Und dieses Glückserlebnis ist der Ursprung der Liebe zur Poesie. Und in dankbar glücklicher Liebe preist der Geist die Poesie. Die Preisung des Poeten ist das sicherste Zeichen dafür, daß ein Geist dessen Poesie verstanden hat. Deshalb, nur deshalb, preist der Geist den Poeten, nicht etwa, weil er dumm ist und einem spätbürgerlichen unreflektierten Goethe-Kult anhängt oder weil er nicht über ein ausreichendes kritisches Vermögen verfügt. Übrigens: Macauly, einer der großen Literaturkritiker Englands, machte die überraschende Entdeckung, daß Goethe der bedeutendste Literaturkritiker der Weltliteratur sei. (er kannte Puschkin nicht).

Sei das Wort die Braut genannt,
Bräutigam der Geist,
Diese Hochzeit hat gekannt,
Wer Hafisen preist.

Wieder taucht hier der Reim „Geist – preist" auf. Hier stehen wir am Ursprung des West-östlichen Divans Goethes. Dieses Wunder an Poesie verdankt seine Entstehung nicht zuletzt der schöpferisch liebenden Begegnung des Dichtergeistes Goethes mit der Poesie des großen Persers Hafis, die Goethe schier überwältigt haben muß:

Hafis, mich dir gleichzustellen,
Welch ein Wahn!
Dein Lied ist drehend wie das Sterngewölbe,
Anfang und Ende, immerfort dasselbe.

Selbst zum Schöpfer werden

Der gesamte Divan Goethes ist auch eine begeisterte Preisung des persischen Kollegen. Und just diese Preisung des Hafis durch ein herrliches schöpferisches Werk zeigt, wie wunderbar tief Goethe den Perser verstanden hat.

Divan von Hafiz
Miniaturmalerei, Persien, 1585

Die zitierten Verse zeigen aber noch ein anderes: Das Verstehen von Poesie ist selbst ein schöpferischer Akt, ist die Frucht der liebenden Begegnung zwischen dem Wort des Dichters und dem Geist des Lesers. Im Verstehen von Poesie wird der Mensch selbst schöpferisch, nimmt er teil an dem Schöpfungsakt des Dichters. Die Poesie bietet jedem Menschen die nur so ihm zugängliche Möglichkeit, im Nachvollzug selbst schöpferisch zu sein. Und das ist letztlich der Sinn der Poesie wie aller wahren Kunst.

Der Geist der Moderne

Das setzt natürlich zunächst voraus, daß man den Unterschied zwischen der Poesie und anderen „Textsorten" überhaupt erst einmal wahrnimmt. Ich glaube, ich gehe nicht fehl in der Annahme, daß die moderne Literaturwissenschaft diesen Unterschied schlichtweg leugnet. Ich bringe ein Textbeispiel. In einem Aufsatz über Lessing lese ich:

„Auch die Frage, ob Lessing ein „echter" Dichter gewesen sei, ist keine Frage mehr, die die (...) Gemüter ernsthaft erhitzen könnte. In einer Zeit, in der man Literatur im Rahmen der Kommunikationstheorie und unter dem Aspekt ihrer möglichen sozialen Funktion betrachtet, verliert eine Fragestellung logischerweise an Brisanz, die davon ausging, daß Dichtung nur dann Dichtung sein könne, wenn sie in sich selbst ruhend ewig-gültige, das Gemüt treffende Inhalte über alle Zeiten hinweg erstrahlen ließ, unabhängig von denen, die diese Dichtung aufnehmen. Vermutlich können wir heute Lessing mehr Verständnis entgegenbringen als alle Interpreten der letzten 200 Jahre."

Ich bitte Sie, lieber Herr Weirauch, mir zu glauben, daß ich dieses Zitat nicht zu suchen brauchte. Man muß nur irgendeine literaturwissenschaftliche Zeitschrift der letzten 30 Jahre aufschlagen, um diesem ewigen Kehrreim zu begegnen. Sie können diesen Text also guten Gewissens als repräsentativ für den Geist der modernen, vom Zeitgeist tief geprägten Literaturwissenschaft nehmen. Es gibt Tausende solcher Äußerungen.

Zu diesem Text sage ich Folgendes: Die Frage, was Dichtung sei, ist für den Professor keine Frage mehr. Er hat offenbar auch gar nicht begriffen, was seit Pindars bis hin zu Bert Brechts und Paul Celans Tagen die Dichter unter Poesie verstanden haben. Denn was er hier verächtlich als obsoleten Dichtungsbegriff beschreibt, ist der pure Unsinn. Das ist das Niveau der Obertertia. Was sich der Professor unter dem Dichtungsbegriff der Menschheit vorstellt, mag auf

 Künstler: unbekannt
Friedrich Hölderlin (1770-1843)

Hermann Löns und Emanuel Geibel ja durchaus zutreffen, auf Hölderlin z.B. trifft es ganz sicher nicht zu. Ich möchte das anhand von einigen Epigrammen Hölderlins deutlich machen:

Pros heauton
Lern im Leben die Kunst, im Kunstwerk lerne das Leben,
Siehst du das eine recht, siehst du das andere auch.

Sophokles
Viele versuchten umsonst, das Freudigste freudig zu sagen,
Hier spricht endlich es mir, hier in der Trauer sich aus.

Der zürnende Dichter
Fürchtet den Dichter nicht, wenn er edel zürnet, sein Buchstab
Tötet, aber es macht Geister lebendig der Geist.

Von „in sich ruhend" ist hier offensichtlich nicht die Rede. Im Gegenteil, Hölderlin spricht von Leben und Töten und Lebendigmachen. Er stellt einen direkten Bezug zwischen Leben und Poesie her. Von „ewig-gültigen Inhalten" ist auch nicht die Rede, dagegen von elementaren menschlichen Befindlichkeiten : Freude und Trauer. Und daß Hölderlin beabsichtigt haben soll, das „Gemüt" treffen zu wollen, ist einfach putzig. Als eine mögliche Reaktion des Lesers stellt er sich Zorn vor. Nein, Herr Professor, Poesie hat mit dem, was Sie unter „Gemüt" verstehen auch nicht das Geringste zu tun. Man muß sich fragen, wer dem Professor diesen Quatsch in den gelehrten Kopf praktiziert hat. Aber das ist nicht mein Problem. Man halte, wenn all dies noch nicht überzeugt, Paul Celans „Todesfuge" oder irgendeinen Song aus Brechts „Dreigroschenoper" an die Beschreibung dessen, was der Professor als „Dichtung" verächtlich zu machen sich bemüßigt fühlt, um zu erkennen, daß er keine Ahnung von wirklicher deutscher Poesie haben kann. Seine Definition von Dichtung hat freilich keine Brisanz und hat sie nie gehabt. Goethes und Hölderlins Begriff von Dichtung aber werden ihre Brisanz bis in alle Ewigkeit behalten.

Der Professor weiß einfach nichts vom Geheimnis der Kreativität, die jeder Dichter seit Pindars Zeiten als eine unerklärliche Gnade empfunden hat. Das erklärt vielleicht auch, warum die Literaturprofessoren einfach keinen akzeptablen Vers zustande bringen. Das ist doch seltsam: Leute, die sich ihr Leben lang mit Poesie beschäftigen, sind einfach nicht in der

Lage, einen einzigen lebendigen Vers selbst zu machen. Das hat seinen Grund vielleicht darin, daß sie nie Hochzeit mit einem Vers gehalten haben. Da sind sie immer keusch geblieben.

Wer das Tiefste gedacht, liebt das Lebendigste

Also reden wir etwas ernsthafter über das, was Dichtung ist und nicht ist. Ganz sicher ist sie nicht eine Funktion der Kommunikationstheorie. Um das zu erkennen, braucht man bloß einmal Hölderlins Gedicht „Mein Eigentum" zu lesen. Dieser Dichter hat seine größten poetischen Schöpfungen geschrieben, ohne auch nur entfernt hoffen zu können, daß sie jemals gedruckt werden würden. Gleichwohl hat er sie geschrieben. Dieses Faktum dürfte kommunikationstheoretisch schwer zu erklären sein. Für Hölderlin war, so ist das nun einmal bei Dichtern, ihre Poesie zunächst nichts anderes als der ihnen zum Überleben notwendige reine Ausdruck seiner jeweiligen geistig-seelischen Befindlichkeit: Freude, Trauer, Sehnsucht, Hoffnung Verzweiflung, Liebe, Empörung, Scham, geistiges Streben, Einsamkeit, Glauben, Leere, Begeisterung, Ruhe, Aufgewühltsein, Erschlaffung, Jubel, Mut, Angst, Ehrfurcht, Hybris, Schuld, Demut und was der menschlichen Zustände es sonst noch gibt, die der Dichter durchlebt und durchleidet.

Also keine „ewig-gültigen das Gemüt treffende Inhalte", sondern die mit dem Menschsein gegebenen menschlichen Befindlichkeiten werden mit einem unbedingten Willen zur Wahrhaftigkeit in gestaltete Sprache transformiert, und zwar in der Weise, daß diese menschliche Befindlichkeit zur lebendigen Form der Sprache wird. Da nun all diese menschlichen Befindlichkeiten rein ausgesprochen werden, wird das sonst undurchschaubare menschliche Leben dem Leser in Sprache wenn auch nicht begreiflich, so doch transparent. Die Lebensmächte schließen sich zu einem Kreis zusammen, in dem sich die Gewichte des Schicksals in ein dem Menschen adäquates Verhältnis setzen. Daher kommt es, daß Hölderlin in der furchtbarsten Tragik das „Freudigste" ausgesprochen findet, weil es dort aufgehoben ist in der Form der Poesie. Der Glaube daran, daß das in Sprache tatsächlich möglich ist, ist die einzige und zugleich unerschütterliche Grundlage seiner Existenz.

Doch schon Goethe war bekannt, daß die Form – und er meinte hier ganz präzise die Form der Poesie – „ein Geheimnis den meisten" ist, ein Geheimnis, das nur zu entschlüsseln ist, wenn man den Bezug zwischen

Poesie und Leben begreift, wie ihn Hölderlin ausgesprochen hat. Davon aber kann, wie das Professoren-Zitat beweist, überhaupt nicht mehr die Rede sein. Der Professor glaubt, er habe das Problem der Form der Poesie mit seinem kommunikationstheoretischen Gelehrtenkram erledigt. Dabei hat er nichts anderes getan, als mit einer Theorie das Leben des Gedichts zu morden Es herrscht eine ungeheure Disproportion zwischen der Größe und Tiefe des Problems und der brutalen Leichtfertigkeit, mit der diese Wissenschaft mit dem Geist verfährt. Dieser Mann glaubt doch tatsächlich, daß es besser denken könne als all die nun wirklich verehrungswerten Geister, die in den letzten zweihundert Jahren mit diesem Problem gerungen haben. Eine furchtbare Verkümmerung wird als Fortschritt gepriesen. Doch

wer das Tiefste gedacht, liebt das Lebendigste,

nicht eine Literaturtheorie, in der nun von gestaltetem Leben wirklich keine Rede ist.

Die Theorien unterhalten sich nur noch mit sich selbst

Es stellt sich natürlich die Frage, ob und welchen Erkenntniswert die Literaturwissenschaft überhaupt hat. Da sie die Literatur lediglich als Material ihrer abstrakten theoretischen Konstruktionen behandelt, kann man aus ihr durchaus eine Menge Kenntnisse über die Geschichte poetischer Formen, Kultur- und Soziologiegeschichtliches, kurz eine Menge von mehr oder minder Wissenswertem herauskratzen, was alles mit der Poesie als Poesie nicht das Geringste zu tun hat. Freude, geistiges Glück, Ehrfurcht, Demut, Jubel, das Gefühl für die Würde des Menschen, die am besten in der Poesie aufgehoben ist, sind auf wissenschaftlichem Wege in der Poesie wohl nicht zu finden. Aber just darin bestand und besteht ihr Sinn und ihre Funktion für die menschliche Gemeinschaft seit dem Tage, da die Menschen begannen, eine Sprache zu sprechen.

Nach meiner Beobachtung tut sich denn auch die Literaturwissenschaft sehr schwer, ihren Anspruch, eine „Wissenschaft" zu sein, zu begründen. Neidisch schaut sie auf die Naturwissenschaften und deren exakte Methoden, denen sie sich in immer neuen und immer vergeblichen Versuchen anzunähern trachtet. In ihrem vergeblichen Bemühen, nachprüfbare, ob-

©GNU Foto:Markv
Alexander Puschkin-Denkmal
in Sankt Petersburg

jektive Kriterien für ein Studienobjekt zu entwickeln, das sich, eben weil es lebendig ist, jeden Augenblick anders darstellt, ständig seine Farbe wechselt, manchmal sich in sein Gegenteil verkehrt, verliert sie sich in immer abstraktere Höhen, in denen sie das ursprüngliche Objekt ihrer Betrachtung, die Poesie, immer mehr aus den Augen verliert, so daß sich die Theorien am Ende nur noch mit sich selbst unterhalten. Es ist ein erbarmungswürdiges Schauspiel. Haben Sie schon einmal einen Professor ein Gedicht lesen hören? Es ist zum Davonlaufen. Eine Computersprechmaschine würde ein Gedicht seelenvoller darbieten. Und so hat denn auch unser Professor das in der Poesie aufgehobene Humanum durch seine Kommunikationstheorie ersetzt.

Die ganze Welt trägt gleiche Bürde:
Regt irgendwo sich Menschenwürde,
Droht Wissenschaft, droht ein Tyrann.
(Puschkin)

Das ruchlos Mörderische des wissenschaftlichen Denkens

Puschkin hat die dehumanisierende Wirkung einer vom Humanum losgelösten Wissenschaft schon zu Beginn des 19. Jahrhunderts erkannt. Sein Zeitgenosse Leopardi, nicht nur ein großer Dichter, sondern auch ein kühner Denker, hat die Moderne charakterisiert als eine Zeit, „die nur auf Zahlen, nicht auf Lieder hört." und das „ruchlos Mörderische" eines wissenschaftlichen Denkens, das Menschliches gar nicht mehr wahrnehmen kann, immer wieder ausgesprochen. Und Goethe empfand die Moderne als eine von tosendem Lärm erfüllte Zeit, in der das Lied am Wegesrande „nur noch heimlich piepet" In einer Zeit, in der die Wissenschaft allein bestimmt, autoritärer als es je eine Religion gewagt hat, was als wahr zu gelten hat, kann die Poesie ihre Gemeinschaft stiftende Funktion gar nicht mehr haben. Und so ist sie denn ja auch zur hermetischen Feisinnigkeit „kultivierter“ Leute verkommen, die damit ihre langweiligen Kulturpartys kümmerlich ausfüllen.

Es kann kein Zweifel daran bestehen, daß der Deutschunterricht das zentrale Fach in unserem Schulsystem sein sollte. Und da werden, weil es die Kultusministerien aus geheimnisvollen Gründen immer noch vorschreiben, unsere Klassiker den armen Schülern vor die Nase gesetzt, obwohl sich weder die Lehrer noch gar die Schüler dafür interessieren. Und das hat seinen Grund. Denn die Deutschlehrer und Studienräte haben Germanistik auf unseren Universitäten studiert. Und da wurden ihnen unsere Dichter als totes Material vorgestellt, anhand dessen man die neueste Literaturtheorie exemplifizierte. Und so lernten und lehrten sie denn Literaturtheorie statt Literatur. Und daß Schüler Literaturtheorie langweilig finden, ist ihnen schließlich nicht zu verdenken. Gockelhaft spreizen die Professoren ihre grauen Theoriefedern und beweisen, daß z.B. Goethe für unsere Zeit völlig irrelevant ist. Nur so ist das Wunder zu erklären, daß 16jährige Schüler, kritisch, wie sie erzogen worden sind, den Faust II völlig überzeugt als dummes langweiliges Zeug verdammen können und dürfen. Ich kann mich deutlich erinnern, wie mein eigener Sohn, der in Mailand zur Schule ging, unter der erzwungenen Lektüre von Manzonis Promessi Sposi litt. Bleibt die Frage, warum man bei solchen Folgen die armen Schüler und Studenten damit immer weiter belästigt.

Ich meine dagegen, daß man die Schüler ganz schlicht auf die sprachlichen Herrlichkeiten großer Poesie aufmerksam machen sollte, daß man ihnen die Gründe aufzeigen sollte, die KZ-Insassen dazu bewegten, den ganzen Faust aus dem Gedächtnis auf Klo- und Packpapier zu schreiben und sich darüber zu unterhalten. Denn es ist eben nicht Funktion und Aufgabe der Poesie, Material für Theorien oder Feuilletons oder Partygeschwätz zu liefern, sondern es ist ihre Aufgabe, dem Geist der Schüler substanzhaltige Nahrung zu geben, in der das Humanum als ein Lebendiges rein aufgehoben ist, an das sie sich auch in der Stunde höchster Not halten können. Und es ist gar nicht so schwierig, Mörikes „Gelassen stieg die Nacht ans Land“ einem jungen Menschen unvergeßlich zu machen. Freilich – man muß dazu als Mensch und nicht nur als wissenschaftlicher Verstand von der Geistesmacht solcher Verse ergriffen sein; denn Poesie ist für den Menschen und *nicht* für die Wissenschaft gemacht.

Und ich bin durchaus auch davon überzeugt, daß ein 18jähriger, der gelernt hat, Hölderlin zu lieben, schwerlich auf den Gedanken kommt, mit einem Gewehr auf seine Mitschüler und Lehrer zu schießen. Überall wird der Werteverlust beklagt. Man glaubt, diesem Übelstand mit wissenschaftlich erarbeiteten Lehrplänen beizukommen. Nein, man muß der Jugend geistige Dinge als mögliche Objekte ihrer Liebe vorstellen, ohne sie zu etwas zu zwingen. Da wird der eine dies, der andere anderes ergreifen. Texte und Theorien liebt man nicht, man analysiert sie. Poesie aber kann man, muß man lieben, wenn man das Humanum, d.h. sich selbst darin gefunden hat. Für einen Menschen, der geistige Dinge liebt, löst sich das Werte-Problem von selbst. „Wandelt wie die Kinder des Lichts. Die Frucht des Lichtes ist lauter Gütigkeit und Gerechtigkeit und Wahrheit" (Eph 5,8–9).

Doch es gibt in unseren Landen wohl keinen Kultusminister, der solch fremdartige Gedanken in unser Schulsystem einführen wollte .Er könnte es auch gar nicht, da er den erbitterten Widerstand der Wissenschaft zu gewärtigen hätte, die höchst autoritär darüber entscheidet, was hierzulande als „Geist" zu gelten habe und was nicht. Und so hat der wissenschaftliche Zeitgeist Generationen hervorgebracht, die die Liebe zum Humanum für Mumpitz und die Trennung vom Humanum für Fortschritt halten. Überall baut man rationale Systeme auf , in denen die Menschen gar nicht mehr vorkommen. Professoren entwerfen Vorstädte und Mietskasernen und berechnen sorgfältig die Einfallswinkel und die Geschwindigkeit der Aufzüge. Spielplätze, Gemeinschaftsräume werden jedoch vergessen. Folgen: Die Menschen vereinsamen in diesen Steinwüsten, werden Kriminelle, stürzen sich aus den Fenstern. Professoren bauen Betonkirchen und wundern sich, daß niemand da hineingeht. Städteplaner genehmigen Rieseneinkaufzentren, die unsere Innenstädte veröden lassen. Faust sagt zu Mephisto:

Dein widrig Wesen, bitterscharf,
Was weiß es, was der Mensch bedarf?

Den Menschen zum Ausgangs- und Zielort machen

Das, was der Mensch bedarf, danach wird in unseren rationalen Systemen nicht mehr gefragt. Und so haben die Psychiater und Psychotherapeuten Hochkonjunktur, da nahezu überall wissenschaftlich am Menschen vorbeigeplant wurde. In der Wirtschaft spielen nur Geld- und Warenströme, Bilanzen, Gewinne und Aktienkurse eine Rolle. Die Menschen erscheinen nur noch als Funktionen dieser abstrakten Mechanismen. Deshalb hat mir der Friedensnobelpreis für Herrn Junus so viel Freude gemacht. Dieser Mann zeigt: es geht auch anders. Man kann Wirtschaft auch erfolgreich betreiben, wenn man den Menschen zum Ausgangs- und Zielpunkt des Wirtschaftens macht. Und, das ist das Schöne daran: es funktioniert! Herr Junus ist mit seinen Kleinkrediten reich geworden! Die Wirtschaft ist kein Schicksal. Der Mensch kann die Wirtschaft bestimmen. Nichts anderes meinte auch der Herr Jesus, als er sagte: „Trachtet zuerst nach dem Reiche Gotte, und alles Übrige wird euch hinzugegeben werden." Wann endlich kommt der Tag, an dem das christliche Abendland sich anschickt, über eine christliche Wirtschaftsordnung nachzudenken?

Wir planen eine Gesundheitsreform. Kosten und Einnahmen, Steuern und Beiträge, Fonds und Versicherungen, die Wirtschaftsinteressen von unzähligen Interessengruppen werden hin- und hergeschoben und in einen Gesetzesentwurf gegossen. Und dann stellt man fest, daß man die chronisch Kranken, die Schwerbehinderten schlicht vergessen hat. Und erst jetzt werden die Menschen, die Hilfe am dringendsten brauchen, irgendwie in den Gesetzesentwurf hineingequetscht.

Die Menetekel stehen blutrot an der Wand

Man kämpft gegen den Terror, weil ca. 3 000 Menschen am 11. September 2001 ermordet wurden. Ein rationales Militärsystem übernimmt die Aufgabe: Kanonen, Flugzeuge, Flugzeugträger, Panzer, Raketen, Transport – an alles wird gedacht. Inzwischen sind 655 000 Menschen, wie seriöse Studien errechnet haben, also ca. das 220fache der Toten des 11. September, im Irak getötet worden.

Zwei israelische Soldaten werden gewaltsam entführt. Da gebietet es die Militärwissenschaft, ein ganzes Land in Schutt und Asche zu legen und Hunderttausende von Menschen aus ihren Dörfern und Städten zu vertreiben.

Ich überlasse dem Leser, diese Liste fortzuführen. Stichworte: Klimawandel, Artenschutz, Meeresverschmutzung, Ausbreitung der Wüsten, Wasserversorgung der Erdbevölkerung, Agrarsubventionen der Industrieländer, Massenmorde in Afrika. Wohin man auch guckt: Überall kann man feststellen, daß des Menschen entweder überhaupt nicht oder nur ganz am Rande gedacht wird.

So wie der Herr Professor glaubt, mit seinem wissenschaftlichen Instrumentenkasten der Poesie den Todesstoß versetzen zu können bzw. schon versetzt zu haben, so glaubt Herr Bush, mit seinen rationalen militärischen und wirtschaftlichen Instrumentenkästen die Probleme dieser Welt lösen zu können. Beide vergessen, daß sie es auf der Gegenseite mit dem Menschen und nicht mit einem abstrakten rationalen System zu tun haben.

Bin ich nun ein Feind der Rationalität, der Wissenschaft? Keineswegs. Die Rationalität ist ein Teil des Humanum. Sie ist, notwendigerweise, mörderisch, wenn sie sich vom Humanum trennt, sich absolut setzt und behauptet, Geist zu sein.

Wenn sich die Rationalität in das Humanum integriert, d.h., wenn sie den Menschen zum Ausgangspunkt und Ziel ihres Denkens macht, wenn sie erkennt, daß sie dem Menschen zu dienen hat, statt ihn und sein Bestes zu töten, dann wäre sie ein Segen für die Welt.

Wir brauchen eine Rationalität, die sich an den Menschen zurückbindet. Zurück-Bindung – das ist der Sinn des Wortes Re-ligio. Die Sicherheit der Staaten ruht schon lange nicht mehr auf der Poesie. Diese Grundlage haben wir in den letzten 200 Jahren systematisch zerstört. Der Terrorismus ist eine direkte und notwendige Folge dieses Prozesses. Die Menetekel stehen blutrot an der Wand. Was wir im Irak sehen, ist nicht irgendeine normale Krise, die wir mit unseren rationalen Methoden schon irgendwie in den Griff bekommen werden. Hier hat sich ein Abgrund geöffnet, der uns alle zu verschlingen droht.

Es würde Frieden herrschen

Wieviel hat dieser Krieg nicht schon gekostet! Viele Billionen. Stellen wir uns vor, dieses Geld wäre dazu verwendet worden, allen Menschen in der Welt ein Dach über dem Kopf, ausreichende Nahrung, sauberes Trinkwasser, eine angemessene Ausbildung und eine elementare Gesundheitsvorsorge zu verschaffen. All das hätte sehr viel weniger gekostet als dieser Krieg, der – und das sollte uns eigentlich zu denken geben – so ganz nebenbei, als Kollateralschäden, 655 000 Menschen das Leben gekostet hat. Das wäre, glaube ich, ein im humanen Sinne ungemein rationaler Gedanke gewesen. Im Grunde hat Hölderlin in seinen späten Hymnen, insbesondere in der „Friedensfeier“, nichts anderes verkündet.

Und was wäre die Folge gewesen, wenn wir so, im humanen Sinne, rational gedacht und gehandelt hätten? Es würde der Frieden herrschen, der Haß wäre besiegt. Alle Menschen hätten wirklich Brüder werden können. Wir haben die materiellen Mittel dazu. Aber wir verwenden sie zum Morden. Das ist, will mir scheinen, sehr dumm.

Diese Erwägungen sind ja nicht besonders kompliziert. Sie liegen auf der Hand. Jedes Kind kann sehen, daß sie vernünftig sind und daß das, was wir in dieser Welt tun, der reine Wahnsinn ist. Warum handeln wir nicht nach einer menschlichen, sondern nur nach einer mörderischen rationalen Logik, selbst unter Gefahr des eigenen Untergangs? Ich weiß es nicht. Was ich aber ganz sicher weiß, ist, daß Hölderlin Recht hat, und nicht der Herr Professor, nicht Herr Bush.

Puschkin war um seinen Nachruhm nicht besorgt. Er schrieb:

Und preisen wird man mich, solange
Auch nur ein einziger Dichter lebt.

Ich werde, solange ich lebe, Puschkin und seinesgleichen preisen, unbekümmert darum, was der herrliche Zeitgeist dazu meint. Das ist nicht nur eine nicht zu unterdrückende Reaktion der Liebe zum Geist, es ist auch notwendig, damit in der schwarzen Finsternis der Zeit ein kleines Lichtloch die Richtung zum Frieden weist.

Lieber Herr Weirauch, ich weiß, das alles widerspricht auf geradezu verrückte Weise dem Zeitgeist, es ist – und war immer – „unzeitgemäß“. Na und?

Nehmen Sie sehr herzliche Grüße von Ihrem

Michael Engelhard.

Das mehrschneidige Schwert

Wie Zeitgenossen den Zeitgeist denken

ein kleines Gedankenspektrum,
zusammengestellt von Katharina von Bechtolsheim

Die Frage, die hier von Menschen unterschiedlichsten Alters, unterschiedlichster Gesinnung, tätig in unterschiedlichsten Lebensbereichen, beantwortet wurde, lautete:

Welche Frage oder welche wesentlichen Gedanken ruft der Begriff Zeitgeist in Ihnen wach?

Ich bat um schriftliche Beantwortung. Die Zeitgenossen sollten ganz mit dieser Frage auf sich gestellt sein.
Viele Beteiligte reagierten mit Verwunderung darauf, mit einer Frage wie dieser konfrontiert zu werden. Einige wollten sich zunächst als inkompetent erklären, etwas Wesentliches dazu zu äußern. Oft wurde ich gefragt, unter welchem Aspekt man sich mit dem Begriff Zeitgeist auseinandersetzen solle; ich gab niemandem eine Eingrenzung an die Hand. Die einzige Auflage war, eine Weile lang wirklich über die Frage nachzudenken. Mehrere Menschen gerieten mit der Beantwortung förmlich in Not und erbaten längere Bedenkzeit. Einige wollten sich von Anfang an nicht zum Begriff Zeitgeist äußern. Das war ihr gutes Recht. Andere antworteten umgehend und mit Leichtigkeit.
Was schließlich an Gedanken über den Zeitgeist hervorgebracht wurde, finden Sie im folgenden.

Irgendwie klingt „Zeitgeist" nach Beliebigkeit, Oberflächlichkeit und Schnellebigkeit. Wer etwas auf sich hält, möchte diesem Geist keineswegs nachlaufen. Vor allem Konservativen ist er ein Greuel, denn ihnen geht es um ewige Wahrheiten. Realistisch betrachtet sind wir aber alle (auch) Kinder des Wandels; nicht frei vom mimetischen Begehren, das auf andere und anderes gerichtet ist. Ich wäre bereit, meine skeptische Haltung zum Zeitgeistbegriff aufzugeben, wenn „Zeitgeist" mehr Geist in unserer Zeit bedeuten würde. Leider kann ich den (noch) nicht erkennen.
Reinhard Loske, 47, Politikwissenschaftler, Ökonom und Bundestagsabgeordneter von Bündnis 90/Die Grünen

---

Der Begriff „Zeitgeist" wirft bei mir keine Fragen, sondern zunehmend Antworten auf, da ich auf meiner Fahrt mit dem OMNIBUS seismographisch Zeitströmungen wahrnehmen kann. Der „Zeitgeist" ist das Element, in dem ich mich bewege. Ich spüre den Zeitgeist wie eine Brise aus der Zukunft, wie einen Fahrtwind. Ich spüre sich überlappende Ideenfelder und –geflechte, die in die Zeit, in die Verwirklichung drängen, und lese sie aus Gesprächsfetzen und Mienenspielen, aus sozialen Abläufen und aus Stimmungen bestätigend heraus. Ich kann immer mehr Parallelprozesse vertragen. Ich fürchte mich nicht vor kompliziertesten Netzwerken. Ich gewinne Vertrauen in meine Intuition.

Und ich ahne die große Ruhe des ZEITOZEANS auf meiner Fahrt zu den „kugelförmigen Hierarchien".
Werner Küppers, 56, Fahrer des OMNIBUS für Direkte Demokratie in Deutschland

Wohl kaum ein Begriff der neueren Zeit erweist sich als so schillernd wie der des „Zeitgeistes". Aus der kaum überschaubaren Vielfalt seiner Bedeutungsebenen seien hier nur zwei herausgegriffen.
Zum einen könnte jener Zeitgeist gemeint sein, dem wir bequemerweise „hinterherlaufen" – im Sinne einer opportunistischen Anpassung an vorherrschende Einstellungen und Verhaltensmuster: „Geiz ist geil" oder „Gib Gas, ich will Spaß".
Zum anderen kann es sich aber auch um jenen Geist handeln, der gegen Ende eines historischen Zeitalters – oft unvermittelt – auftaucht und sich anschickt, einem neuen (umfassenderen?) Weltbild den Weg zu bahnen. In diesem Verständnis wäre Zeitgeist also jener „Hauch des Neuen", der sozusagen als Aufbruch-Stimmung das geistig-kulturelle Kielwasser und den Begründungszusammenhang für ein neues „Paradigma" liefert und auf diese Weise zum Geburtshelfer einer neuen Zeit werden kann. In diesem (wohlverstandenen) Sinne: GEIST IST GEIL!
Erhard O. Müller, 50, Redakteur des Zukunftsforschungsjournals ZUKÜNFTE

Der Zeitgeist – das sind wir selbst.
Jeder von uns ist Teil des Zeitgeistes – wir sind Zeitgeister!
Für mich macht das das Leben erst aus.
Wäre ich nicht Teil des Zeitgeistes, würde meine Existenz keine Rolle spielen, sie wäre egal.
Luise Sammann, 21, Publizistikstudentin

Was fordert der Zeitgeist?
Der Zeitgeist fordert, Aufgaben und Herausforderungen der Gegenwart zu erfassen; und er fordert den Mut zu antworten.
Nach dem „Priesterzwang" unzeitgemäßer Autoritäten und dem politischen Zwang hypertrophierender Staatsmächte sind wir in kaum 50 Jahren unter den Wirtschaftszwang der Börsianer geraten.
Diktatur und Krieg haben sich anonym in die Finanzmärkte verkrochen. Globalisierung ist deswegen Fortschritt zum alle verbindenden Weltmarkt und Unterdrückung zugleich.
Gegen den Privategoismus des Kapitals, der Menschen und Erde zerstört, hilft nur die breiteste Basis einer zum Selbstbewußtsein erwachenden Zivilgesellschaft:
– ein staatsfreies Schulwesen
–eine direktdemokratische Kontrolle unserer finanzgesteuerten Repräsentanten
–das Aufwachen des träumenden Konsumenten als Weichensteller
… und nicht zuletzt eine Währungs- und Finanzverwaltung, die das Menschheitskapital der Talente allen Menschen zur Ausbildung und Ausübung ihrer Fähigkeiten zur Verfügung stellt.

Zur Auflösung eingefahrener Machtvorstellungen braucht es allerdings einen frischen Schluck aus der Quelle: Der Geist ist's, der da lebendig macht.
Michael Wilhelmi, 71, Lehrer

Der Begriff „Zeitgeist" scheint mir in unserer Zeit fast verloren. Ist Zeitgeist nur in der Vergangenheit zu erkennen?
Der Geist im Jetzt und Hier hat keine Chance, Fuß zu fassen, da die Zeit uns festhält, uns mit ihrem unerbittlichen Tempo und Druck vorwärtstreibt – in die Leere.
Der Geist jedoch bleibt zurück, so auch unsere Seelen, die sich verweigern.
Zeitgeist gleich Ungeist?
Nur im Vertrauen auf unseren Schöpfergeist können wir getrost hoffen und ruhig bleiben.
Prinzessin Angela zu Öttingen, 64, ehem. Restauratorin

Was liegt für uns in der Zeit?
Unter den Jugendlichen meines Alters herrscht große Perspektivlosigkeit. Wir bekommen einerseits viel geboten an Technik und Bildung (allgemeine Schulpflicht), aber es hat den Sinn verloren, weil wir nicht mehr wissen, wofür wir lernen. Durch die Sinnleere, die uns umgibt und die in uns entsteht, suchen viele den Nervenkitzel. Weil wir alles geboten bekommen, wird uns „langweilig": Die Bundeswehr gewinnt an Attraktivität, man reagiert sich an Computerspielen ab oder betrinkt sich. Viele wollen am liebsten nur „chillen", um sich nicht um die Zukunft sorgen zu müssen. Wer arbeiten will, ist bisweilen mehr darauf aus, das große Geld zu machen, als etwas Neues in die Welt zu setzen.
Dennoch liegt eine Chance in der Zeit: Bei aller Vielfältigkeit — auch sie ist eine Chance! — entsteht in uns Jugendlichen der Wunsch, etwas zu finden, das uns allen gemeinsam ist. Wir sind unglaublich verschieden, verfolgen die unterschiedlichsten Interessen, aber die Suche nach dem Verbindenden treibt uns und bringt uns dazu, füreinander einzustehen. Die Technik kann sogar unser Vehikel werden, wenn wir ihr nicht verfallen. Die Sehnsucht nach Überwindung dessen, was uns voneinander trennt – bei gleichzeitiger voller Anerkennung des Individuellen – ist die Chance meiner und der folgenden Generation, wie ich glaube. Aus ihr kann viel Fruchtbares entstehen, wenn wir es wirklich wollen.
Adris Weis, 18, Schülerin

Es zeigt sich ein wachsendes Bewußtsein dafür, Bedrohungen, die in der Zeit liegen, nicht passiv auf sich zukommen zu lassen, sondern sie beim Namen zu nennen und an ihnen aufzuwachen. Ich erlebe, daß junge Menschen für neue Weichenstellungen kämpfen und sich ohne Rücksicht auf Bequemlichkeit oder unangenehme Konsequenzen für das Neue einsetzen.
Cordula Zeylmans van Emmichoven, 66, Eurythmistin

Hegel hat sich bekanntlich mit der Phänomenologie des Geistes ebenso wie mit der Philosophie der Weltgeschichte befaßt. Von ihm stammt der Gedanke, daß – was

den Geist anbelangt – einzelne Formen des Bewußtseins und Formen sittlicher Einstellungen für geschichtliche Epochen repräsentativ erscheinen; das wäre dann der jeweilige Zeitgeist.
Er meint auch, daß sich aus der geschichtlichen Abfolge des in den Staaten jeweils manifestierten Volksgeistes „Fortschritt im Bewußtsein der Freiheit" ergibt.
Nehmen wir die letzten 200 Jahre auf dieser gedanklichen Grundlage unter die Lupe, so erkennen wir auf geistiger Ebene in unserem Land etwa vier Epochen: Da wäre zunächst der in der Folge der Aufklärung einsetzende Drang nach Befreiung von totalitären Staatsformen und Institutionen. – Dieser ist gefolgt von der vom Volk mitgetragenen Hinwendung zu Militarismus und Hegemonie. – Als drittes ist die kurze Phase der Verirrung durch Massenpsychose zu nennen. – Bis heute dauert der „Fortschritt im Bewußtsein der Freiheit" an.
Der Zeitgeist der geschichtlichen Periode, in der wir leben, ist somit geprägt von der uns wiedergegebenen Freiheit des Geistes.
Aber wie gehen wir damit um?
Ein allgemeines Streben nach Verwirklichung von Idealen ethischer und ästhetischer Natur ist nicht erkennbar. Statt dessen steht das Streben nach persönlichen Vorteilen jeder Art im Vordergrund.
„Freiheit, ein schönes Wort, wer's recht verstünde", das hat einer der deutschen Geistesgrößen schon vor etwa 200 Jahren geschrieben. Schiller mahnt in seinem „Lied von der Glocke" zu Recht: „Weh denen, die dem ewig Blinden des Lichtes Himmelsfackel leihn!"
Die Freiheit – vielfach eingeengt durch bürokratische Fesseln – hat unserem Volk Wohlstand gebracht, also auch Fortschritt, zumindest im ökonomischen Sinn. Das Streben nach Wohlstand wäre zu begrüßen, blieben nicht sittliche Werte vielerorts auf der Strecke und ließen den Ruf nach staatlich gelenktem Sozialismus laut werden. Doch einiges scheint mir als Ausfluß der Freiheit des Geistes und Bestandteil unseres heute zu beobachtenden Zeitgeistes repräsentativ geworden zu sein: Die gewachsene Bedeutung der Frau in der Gesellschaft und die Sensibilisierung für die Natur und ihre Ressourcen.
Walder Schuldes, 76, Wirtschaftsprüfer/Steuerberater

Erweist sich das Chaos, auf das wir zusteuern, als ein kreatives? Sind wir in der Lage, es als ein solches für wirkliche Neugestaltungen zu nutzen?
Cornelie Samman, 53, Hausfrau

Der Begriff Zeitgeist ruft in mir wach, daß wir heute bereit, d.h. offen sein müssen, immer wieder neue Wege zu gehen. Wir müssen „Althergebrachtes oder Gewohntes" zwar tolerieren, gleichzeitig aber immer zu Veränderung bereit sein, da, wo sie sich als notwendig erweist.
Heute müssen auch manchmal zwei Situationen nebeneinander stehen können. Ich erinnere mich an eine Zeile von Rudolf Steiner, die mich selbst lange Zeit begleitet hat: „Das Neue ist aus den Tiefen der Einzelseele zu holen".

Unser neuestes Projekt: Zwei Downsyndrom-Frauen arbeiten in dem ganz normalen Arbeitszusammenhang unserer Großküche als anerkannte und gleichberechtigte Mitarbeiter neben anderen. Unsere Gesellschaft leistet sich einen unglaublichen Luxus, indem sie in extra für "Behinderte" gebauten Werkstätten nur „Arbeit inszenieren läßt". Wir werden noch viele Arbeitsprozesse tiefgreifend umgestalten müssen.
Ich habe das Empfinden, der Zeitgeist fordert uns auf, Wege zu gehen, wo noch keine sind. Wir schaffen Trampelpfade, die eines Tages – vielleicht in ferner Zukunft – „Autobahnen" sein werden. Jeder, der sich mit Situationen auseinandersetzt, die verändert, neu gestaltet oder überhaupt neu gedacht werden müssen, schafft für sein gesamtes Umfeld solche Trampelpfade. Wichtig ist mir, daß bei fruchtbaren Initiativen versucht wird, alle Menschen mitzunehmen und nicht von vornherein auszusortieren, wer zukunftsfähig ist und wer nicht.
Dorothee Brosi-Burmann, 54, Hauswirtschaftsmeisterin

Der Begriff Zeitgeist ruft bei mir eher Beklemmung hervor, ein Gefühl von Mainstream, den Gedanken an Volksverdummung. Authentische Lebensfreude entsteht, wenn man gegen den Strom schwimmt und andere vom Virus des Gegen-den-Strom-Schwimmens infizieren kann.
Erik, 39, ausgebildeter Opernsänger, Zeitungsausträger

„Du weißt, daß just Vergänglichkeit
Das Schwert, womit der Geist der Zeit
Sich selber überwindet."

(aus C. Morgenstern: Blätterfall)

Zeitgeist als *Alltagsbegriff* = Trends/Moden: „Das ist dem Zeitgeist geschuldet"
= das, was uns zieht und treibt, wenn wir darauf verzichten, selber zu denken, wenn wir unser Ich nicht dabei haben.
Es gibt nichts außer mir, was noch trägt und Halt gibt – nicht Konvention, nicht Tradition, kein bisheriger Wert.
Vor dem Zeitgeist wird all das nicht nur in Frage gestellt, sondern *es zerstiebt zur Nichtigkeit.*
Auferstehung der tragenden, bildenden, menschenwürdigen, zukunftsgestaltenden Werte = **allein im Ich**
Ein Leben, welches beginnt, dem wahren Zeitgeist gerecht zu werden, ist ein Leben völlig ohne Netz und doppelten Boden.
Michael = Wer ist wie Gott? – ist ein guter Name dafür!
Susanne Haub, 50, Lehrerin

Der Zeitgeist hat unendlich viele Feinde. Jeder meint, sich über ihn lustig machen zu können, jeder sagt, er lehne ihn ab. „Zeitgeist", das scheint ein luftiger Bursche zu sein, ohne Überzeugungen, heute fliegt er in diesem Wind, morgen schon in jenem. Alle Menschen mit Verstand sagen: Zeitgeist – schön, aber ohne mich. Das

ist etwas für die Opportunisten des Windes, die Fähnleinschwinger, die ewige Mehrheit. Ich wehe woanders. Wo der Zeitgeist nicht weht.
Ja, aber wenn ein jeder so denkt und sich brüsk von ihm abwendet – wie kann er dann zum Zeitgeist werden? Was ist das für ein flüchtiger Geselle, mit dem niemand was zu tun haben will?
Er ist – ein Kampfbegriff seiner Gegner, die sich wohlfühlen, immer in der Minderheit zu sein; die ihn aufstellen als Vogelscheuche, die sie beschimpfen können – ohne damit rechnen zu müssen, zurückbeschimpft zu werden. Denn niemand fühlt sich verantwortlich für diesen wohlfeilen Begriff. Niemand wird ihn je verteidigen.
Niemand liebt den Zeitgeist. Nur die, die ihn hassen. Man kann ihn nicht positiv verwenden. Der Zeitgeist ist: ein einsamer, bekämpfter, trauriger Begriff. Von seinen Gegnern erfunden. Ein Phantom. Gegen das zu kämpfen ein schönes, besseres Lebensgefühl vermittelt.
Volker Weidermann, 36, leitet das Feuilleton der Frankfurter Allgemeine Sonntagszeitung

---

Ich erlebe den Zeitgeist als einen sich hinter mir öffnenden Raum, in den ich gehen kann und aus dem ich schöpfen kann, was ich für die Gestaltung der Zukunft brauche
Helmut Meisenburg, 56, Kneipenbesitzer, Lehrer

Der Begriff Zeitgeist nimmt in der betreffenden „Zeit" (gestern, heute, morgen) für die er bemüht wird, ganz unterschiedliche Bedeutungen an:
– In der Vergangenheit gilt er meist absolut – ***das*** war der Zeitgeist damals (kollektive Deutungshoheit).
– In der Gegenwart ist seine Bedeutung eher subjektiv und deshalb auch unverbindlich (individuelle Deutungshoheit).
– In der Zukunft ist der Begriff Zeitgeist eigentlich bedeutungslos.
Aber was sagt uns das über den Begriff Zeitgeist? Mir fällt auf, daß der Begriff (ob für die Vergangenheit, die Gegenwart oder eventuell auch die Zukunft gebraucht) für mich unscharf und beliebig bleibt – obwohl ich zu den Bestandteilen „Zeit" und „Geist" ein ausgenommen gutes Verhältnis habe.
Eine mathematisch Antwort wäre dann wohl: + + = -
Axel Ulmer, 35, leitender Entwicklungsberater der Bundesregierung

---

Ich glaube, daß ein typischer Geist einer Zeit immer schwieriger auszumachen ist, denn die Gesellschaft differenziert sich immer mehr.
Mein persönlicher Zeitgeist tendiert derzeit dazu, mich kräftig in den Streit um die Atomenergie einzumischen und so laut für aktiven Protest zu trommeln, daß sich möglichst viele Geister anschließen, um den Stromkonzernen mächtig auf den Geist zu gehen.
Jochen Stay, 41, außerparlamentarischer Bewegungsberater

Über weite Strecken war der Zeitgeist mein Freund, mein Verbündeter. Wir waren einig. Der Zeitgeist beflügelte mich.
Heute empfinde ich den Zeitgeist als lähmend und niederziehend. Anstelle von Lebensmut, Zuversicht und Gottvertrauen stehen Angst und biedermeierliche Flucht aus der Wirklichkeit. Der Zeitgeist ist mein Feind geworden.
Die Veränderung des Zeitgeistes vom beflügelnden Zukunftsglauben zur irrealen Zukunftsangst geht einher mit einem Verlust an Selbstgewißheit – z.B. bei den Managern: Uns ist in der Wirtschaft das gleiche passiert wie in der großen Weltpolitik. Mit dem Ende des Ost-West-Konflikts sind der Politik und der Wirtschaft die absoluten Gewißheiten abhanden gekommen. Beim Zusammenbruch des Sozialismus und der Staatswirtschaften 1990 war für jedermann offenkundig und klar: Unser Wirtschaftssystem hat gesiegt, ist richtig und wird auf Dauer die ganze Welt erobern. Heute müssen wir zugeben: Es gibt keine Gewißheiten mehr.
Wie können der Zeitgeist und die Wirtschaft wieder versöhnt werden?
Ich nenne drei Stichpunkte: Transparenz, Werte und Vorbild.
Roland Horster, 66, Sprecher der Geschäftsleitung der Fürstlich Castell'schen Bank

---

Meine Fragen an den Zeitgeist: Wie ist eigentlich unser Verhältnis? Was habe ich mit Dir zu tun? Treibst Du mich? Gestalte ich Dich? Laufe ich Dir aus der Vergangenheit hinterher? Komme ich Dir aus der Zukunft entgegen? Bist Du wirklich? Bist Du gemaEcht? Bist Du inszeniert?
Meine Gedanken an den Zeitgeist: weniger Wirkung und mehr Ursache; mehr Intuition und weniger Intellektualität; mehr Beschreibung und weniger Analyse; mehr regional und weniger global; mehr hier und weniger dort; mehr Kapital und weniger Geld; mehr Kulturgesellschaft und weniger Arbeitsgesellschaft.
Lukas Beckmann, 55, Fraktionsgeschäftsführer der Grünen Bundestagsfraktion

---

Zeitgeist? Dem ist nicht mehr zu helfen!
Antiquar aus Berlin Kreuzberg, 47, namenlos

JOHANN WOLFGANG VON GOETHE

AUS „FAUST"

Wagner:

Verzeiht! es ist ein groß Ergetzen,
Sich in den Geist der Zeiten zu versetzen;
Zu schauen, wie vor uns ein weiser Mann gedacht,
Und wie wir's dann zuletzt so herrlich weit gebracht.

Faust:

O ja, bis an die Sterne weit!
Mein Freund, die Zeiten der Vergangenheit
Sind uns ein Buch mit sieben Siegeln.
Was ihr den Geist der Zeiten heißt,
Das ist im Grund der Herren eig'ner Geist,
In dem die Zeiten sich bespiegeln.
Da ist's denn wahrlich oft ein Jammer!
Man läuft euch bei dem ersten Blick davon.
Ein Kehrichtfaß und eine Rumpelkammer
Und höchstens eine Haupt- und Staatsaktion
Mit trefflichen, pragmatischen Maximen,
Wie sie den Puppen wohl im Munde ziemen!

DER ZEITGEIST

Zu lang schon waltest über dem Haupte mir,
Du in der dunkeln Wolke, du Gott der Zeit!
Zu wild, zu bang ist's ringsum, und es
Trümmert und wankt ja, wohin ich blicke.

Ach! wie ein Knabe, seh' ich zu Boden oft,
Such' in der Höhle Rettung von dir, und möcht',
Ich Blöder, eine Stelle finden,
Alleserschütt'rer! wo du nicht wärest.

Laß endlich, Vater! offenen Aug's mich dir
Begegnen! hast denn du nicht zuerst den Geist
Mit deinem Strahl aus mir geweckt? mich
Herrlich ans Leben gebracht, o Vater! -

Wohl keimt aus jungen Reben uns heil'ge Kraft;
In milder Luft begegnet den Sterblichen,
Und wenn sie still im Haine wandeln,
Heiternd ein Gott; doch allmächt'ger weckst du

Die reine Seele Jünglingen auf, und lehrst
Die Alten weise Künste; der Schlimme nur
Wird schlimmer, daß er bälder ende,
Wenn du, Erschütterer! ihn ergreifest.

Friedrich Hölderlin

Gott hat keine anderen Hände als die unseren

Interview mit Jean Ziegler

von Wolfgang Weirauch

Jean Ziegler, *geboren 1934, Soziologe, arbeitete bis 1999 als Abgeordneter der Sozialdemokratischen Partei der Schweiz und Nationalrat im Schweizer Parlament und lehrte Soziologie an der Universität Genf und an der Pariser Sorbonne. Zur Zeit ist er UNO-Sonderberichterstatter für das Recht auf Nahrung. Bekannt wurde er als Kritiker der Banken seines Heimatlandes und der Globalisierung, und er machte sich einen Namen durch seine engagierten Bücher, wie z.B.:*

- *„Die Schweiz wäscht weißer" (Droemer Knaur, München 1996),*
- *„Die Barbaren kommen" (Goldmann Verlag, München 1999),*
- *„Wie kommt der Hunger in die Welt?" (Goldmann Verlag, München 2002),*
- *„Die Schweiz, das Gold und die Toten" (Goldmann Verlag, München 2002),*
- *„Die neuen Herrscher der Welt und ihre globalen Widersacher" (Goldmann Verlag, München 2003),*
- *„Das Imperium der Schande" (C. Bertelsmann, München 2005); eine überarbeitete Fassung mit neuem Vorwort erscheint im Januar im Pantheon-Verlag.*

Stellen Sie sich vor, daß morgen eine Atombombe auf Berlin fiele und alle 3,4 Millionen Einwohner mit einem Schlag auslöschen würde. Stellen Sie sich das wirklich konkret vor! Alle, die Sie dort kennen, wären mit einem

Schlag tot. 3,4 Millionen Lebenswege wären abgeschnitten. – Erinnern Sie sich an die 3 000 Toten vom 11. September 2001 und wie massiv sich dieser Anschlag in das Bewußtsein der Welt eingezeichnet hat. Aber bei einer Atombombe auf Berlin hätten wir mehr als 1 000mal so viele Tote zu beklagen.

Stellen Sie sich weiter vor, daß drei Tage später eine Atombombe auf Hamburg fiele und alle 1,7 Millionen Menschen dort ebenfalls auslöschen würde, und drei weitere Tage später wäre München mit seinen 1,2 Millionen Menschen dran. Von diesem Schock würde man sich lange nicht mehr, wenn überhaupt, erholen.

Aber es ginge weiter. Weitere Atombomben fielen. Die nächstgrößere Stadt, die es treffen würde, wäre Köln, drei Tage später Frankfurt, dann Stuttgart, Dortmund usw. In Deutschland gibt es 81 Städte mit mehr als 100 000 Einwohnern – zusammen wohnen in ihnen 30,5 Millionen Menschen. Nehmen Sie alle diese Menschen, denken Sie, daß diese konkreten Menschen innerhalb eines Jahres gewaltsam sterben müßten und rechnen Sie weitere 5,5 Millionen Menschen hinzu, so daß sie auf 36 Millionen Menschen kommen.

So viele Menschen verhungern weltweit! Jedes Jahr!

Diese Zahlen sind erschreckend brutal. Aber sie zeigen, in welcher Welt wir wirklich leben. Und sind die Menschen, die jährlich am Hunger und seinen unmittelbaren Folgen sterben, weniger wert als die Einwohner Berlins - bloß weil sie in fernen Gegenden verenden, weil wir sie nicht kennen, weil sie arm sind und eine andere Hautfarbe haben? Sicherlich nicht!

Aber warum sind wir dann nicht fortwährend gleichermaßen entsetzt, wie wir geschockt wären, wenn die Atombomben auf deutsche Städte fielen? Warum springen wir nicht auf und schreien: Schluß! So geht es nicht weiter! Es muß etwas getan werden, und ich bin dabei!? Diese Fragen muß sich jeder selbst beantworten.

Das Allerschlimmste an dieser täglichen Katastrophe der verhungernden Menschen ist, daß der Hunger menschengemacht ist, daß er nicht sein müßte. Jean Ziegler nennt die heutige Weltordnung der Ausbeutung der Südländer durch die Nordländer und durch die transkontinntalen Konzerne eine kannibalische Weltordnung.

1,8 Milliarden Menschen – also fast jeder dritte – müssen mit weniger als einem Dollar pro Tag auskommen, 850 Millionen Menschen sind derzeit Analphabeten. 842 Millionen Menschen leiden an chronischer Unterernährung, 2 Milliarden an ‚hidden hunger', also an schlechter

Ernährung, die über kurz oder lang zu schweren Mangelerscheinungen und Krankheiten führt.

Für dieses Verbrechen, für dieses Leid, gibt es viele Gründe: Spätfolgen der Kolonisierung, korrupte Regimes, Umweltzerstörung und vieles mehr – vor allem aber ist es die mit der Globalisierung einhergehende ständig steigende Macht der transkontinentalen Konzerne sowie verschiedener Länder des Nordens. Kernpunkt dieser Tragödie ist die Kreditvergabe der Institutionen des Nordens und die fortwährend steigende Verschuldung der Südländer.

Die öffentliche Entwicklungshilfe an die 122 ärmsten Ländern der Welt betrug im Jahr 2003 54 Milliarden Dollar. Im gleichen Jahr überwiesen diese Länder aber 435 Milliarden Dollar Schuldendienst – also Zinsen und Tilgung – an den Norden. Und die Verschuldung der Südländer wächst beständig. Sehr viele dieser Länder werden sich aus diesem Teufelskreis nie wieder befreien können, da ihre Schuld bereits ihre gesamten Devisenvorräte überschritten hat. Und diese hochverschuldeten Länder können ihren eigenen Menschen nicht mehr helfen – das Geld fehlt bei den Sozialausgaben, für die Gesundheitsfürsorge, in der Landwirtschaft, für die Bildung usw.

Auf der anderen Seite haben die 374 größten im S&P-Index gelisteten Firmen 555 Milliarden Dollar Reserven, und diese Summe ist seit 2003 um 11 % gestiegen. Die Militärausgaben weltweit betrugen 2004 1 000 Milliarden Dollar. Allein der Irak-Krieg kostet jede Stunde 7,4 Millionen Dollar.

Aber – so sagt es Jean Ziegler in seinem Buch „Das Imperium der Schande“ und im nachstehenden Interview – 80 Milliarden Dollar jährlich, zehn Jahre lang gezahlt, würden ausreichen, damit jeder Mensch in den armen Ländern Schulbildung, medizinische Versorgung, ausreichend Nahrung, sauberes Wasser sowie sanitäre Betreuung bekäme.

In den Ländern des Südens arbeiten sich die Menschen krank und zu Tode, um die Schuldenberge abzutragen, die ihre Länder gegenüber den Institutionen des Nordens aufgehäuft haben und die trotzdem immer größer werden. Und diese Schuld und dieser Hunger sind menschengemacht. Jean Ziegler – Sonderberichterstatter der UNO für das Recht auf Nahrung – verschweigt diese Zusammenhänge nicht, sondern benennt mutig die Schuldigen und die unmenschlichen Zusammenhänge dieser weltweiten Schande und ermahnt uns zugleich, daß nur wir als Verbraucher und bewußt handelnde Menschen es sein können, die dieses Imperium der Schande Schritt für Schritt zu einem lebenswerten verändern können.

Das heute bestehende Mißverhältnis zwischen den Ländern des Südens und des Nordens kann einen innerlich zerreißen, aber es kann einen auch befeuern, irgendwo in der Welt einen Beitrag zu leisten, damit das gegenwärtige Leid gelindert wird. Auch diese Diskrepanz gehört zum Zeitgeist.

Wolfgang Weirauch: Sie nennen die transkontinentalen Konzerne und einige Regierungen des Westens wie Ihr gleichnamiges Buch „Das Imperium der Schande". Sind die Knechtung und die Ausbeutung der Länder des Südens und ihrer Menschen heute schlimmer als z.B. zur Zeit des Imperialismus?

Jean Ziegler: Absolut. Die Macht der transkontinentalen Konzerne heute ist wesentlich größer als die der Nationalstaaten zu jeder anderen Zeit. Die 500 größten Unternehmen der Welt erwirtschafteten nach der Statistik der Weltbank im letzten Jahr 52 % des Weltbruttosozialproduktes – also von allem, was in der gesamten Welt an Waren produziert, an Kapitalien erwirtschaftet und für Dienstleistungen und Patente erbracht wird. Das ist eine Macht, wie sie niemals zuvor ein König, ein Kaiser, ein Papst oder ein ganzes Volk besaß.

Abhängig von Kosmokraten

W.W.: In welchem Verhältnis stehen die Geldströme von Nord nach Süd zu denen von Süd nach Nord – auf der einen Seite Entwicklungshilfe, humanitäre Hilfe, Investitionen; auf der anderen Seite Zinsen und Tilgung für die Kredite?

J. Ziegler: Auf der einen Seite haben wir die öffentliche Entwicklungshilfe der Industrieländer des Nordens, die im Jahr 2003 54 Mrd. Dollar für die 122 Länder der Dritten Welt betrug. Im gleichen Jahr haben aber diese Länder den Kosmokraten, wie ich sie immer nenne – also den Banken des Nordens –, 436 Mrd. Dollar an Schuldendienst – Zinsen und Tilgung – überwiesen. Daran sehen Sie mehr als deutlich das menschenverachtende Mißverhältnis in der heutigen Weltordnung. Das führt bei einigen Ländern dazu, daß sie ihre gesamten Devisenerlöse für den Schuldendienst aufbringen müssen. Die Auslandsschuld der Mongolei z.B. betrug 2004 1,8 Mrd. Dollar, was ziemlich genau dem Bruttosozialprodukt dieses Landes entspricht.

Vor über 30 Jahren prägte die UNO den Begriff Least developed countries (LDC); gemeint sind die ärmsten Länder der Welt. Zu diesen

LDC gehören heute 49 Länder, während es vor 30 Jahren nur 27 waren. In diesen meist in Afrika gelegenen Ländern leben 650 Mio Menschen, und sie produzieren lediglich 1 % des Welteinkommens. Ihre Gesamtauslandsschuld beträgt 124 % der Gesamtsumme ihrer Bruttosozialprodukte.

W.W.: Das bedeutet, daß sie niemals aus dieser Schuldenfalle herauskommen können?

J. Ziegler: Nein, sie sind in völlige Abhängigkeit von den Kosmokraten geraten.

W.W.: Wie wirkt sich das auf die Haushalte der Südländer aus?

J. Ziegler: Bei allen armen Ländern sehen wir eine große Diskrepanz zwischen dem Schuldendienst und den Sozialleistungen. Kamerun beispielsweise gibt 4 % des Haushalts für Sozialleistungen aus, aber 36 % für den Schuldendienst; Kenia 12,5 % für die Sozialleistungen und 40 % für den Schuldendienst; Sambia 6,7 % für die Sozialleistungen und 40 % für den Schuldendienst; Tansania 15 % für die Sozialleistungen und 46 % für den Schuldendienst. Aus dieser Abhängigkeit, die sich von Jahr zu Jahr verschlimmert, werden diese Länder niemals herauskommen. Und das wirkt sich natürlich auf die sozialen Infrastrukturen aus; denn für das Gesundheitssystem und die Schulbildung ist kein Geld mehr vorhanden.

W.W.: Wie hoch beläuft sich denn die Gesamtauslandsschuld der armen Länder bei den Ländern des Nordens und ihren Institutionen?

J. Ziegler: Die Auslandsverschuldung der Dritten Welt und der Länder des ehemaligen Ostblocks betrug im Jahre 2003 insgesamt 2.400 Mrd. Dollar, die fälligen Zinsen und Schuldentilgungen allein für dieses Jahr 343 Mrd. Dollar.

W.W.: Und wer sind die Gläubiger im einzelnen?

J. Ziegler: 54 % der Auslandsschuld werden von privaten Gläubigern abgedeckt, also von Banken, Handelshäusern, transkontinentalen Gesellschaften und Investmentfonds; 27 % sind bilateral – also zwischen zwei Staaten – vereinbart. Daneben gibt es noch den multilateralen Anteil von 19 %, dessen Gläubiger der IWF und die Weltbank sind.

Aber – und das ist das Entscheidende – diese Auslandsschuld betrug im Jahre 1980 nur 580 Mrd. Dollar, während sie in gut 20 Jahren um fast das Fünffache anwuchs.

W.W.: Warum geraten die Länder des Südens in eine immer höhere Schuldenfalle, wenn sie internationale Kredite aufnehmen?

J. Ziegler: Die Gläubiger stellen den Schuldnern rigide und drakonische Bedingungen. Die Länder des Südens müssen die sogenannte

© gemeinfrei Quele: wikipedia
Internationaler Währungsfonds

Risikoprämie bei den Anleihen bezahlen, also fünf- bis siebenmal höhere Zinsen als auf den Finanzmärkten üblich. Ferner drängen die Gläubiger oft auf die Privatisierung und den Verkauf der wenigen rentablen Unternehmen in den Schuldnerländern; die transkontinentalen Konzerne drängen auf Steuerprivilegien, zwingen Waffenverkäufe für die einheimischen Armeen auf u.v.m. Darüber hinaus sind die Preise für die Agrarprodukte – häufig das einzige, was die Länder der Dritten Welt exportieren können – auf dem Weltmarkt im letzten Jahrzehnt drastisch gefallen, während dagegen die Preise für Technologie – was die Länder des Südens einführen müssen – oft massiv gestiegen sind. Außerdem müssen sämtliche Kredite in harter Währung zurückgezahlt werden.

Durch diese Komponenten geraten die Südländer in immer größere Abhängigkeit von den Kosmokraten des Nordens.

W.W.: Bedeutet das also, daß allein durch die Vergabe von Krediten die Länder des Südens von den Gläubigern abhängig werden? Ist dies eine gezielte Strategie?

J. Ziegler: Absolut. Das ist Raubtierkapitalismus, das ist eine neue Knechtschaft, in einer Form, wie wir sie auf dieser Erde noch nie gehabt haben.

W.W.: Was geschieht, wenn ein Land nicht mehr zahlt?

J. Ziegler: In diesem Fall werden die Daumenschrauben angezogen. Der IWF schickt dann Abgesandte in das jeweilige Land, und die Regierungen der verschuldeten Länder müssen die Bedingungen akzeptieren, die ihnen aufgepreßt werden. Das bedeutet, daß massive Haushaltskürzungen vorgenommen werden – und die fallen natürlich alle auf die Sozialleistungen, nicht aber auf das Budget für die Armee oder die Polizei. Die Verschuldung lastet also allein auf den armen Menschen, und auf ihrem Rücken wird sie ausgetragen.

Die Gier des Raubtierkapitalismus

W.W.: Wenn die Länder des Südens durch die Kreditvergabe des IWF, der Weltbank und privater Geldgeber in immer größere Abhängigkeit von den Ländern und Institutionen des Nordens geraten, wenn sie für den Schuldendienst oft so viel bezahlen müssen, wie der Gesamthaushalt ihres Landes ausmacht, dann geraten diese Länder ja nicht nur in eine Abhängigkeit, sondern auch in die Zahlungsunfähigkeit. Schneiden sich die Geldgeber nicht ins eigene Fleisch, weil sich die Spirale der Verschuldung so sehr steigert, daß die Gläubiger eines Tages nichts mehr von den Schuldnern zurückbekommen? Warum denkt man so kurzfristig?

J. Ziegler: Damit schneiden Sie ein sehr wichtiges Problem an. Das Problem ist, daß bei dem heutigen Raubtierkapitalismus selbst mittelfristige Überlegungen – also das Denken über Zeiträume von z.B. zehn Jahren – nicht mehr zählen. Diesem Raubtierkapitalismus liegen die Gier und die scheinbar systemimmanente Markteroberung zugrunde. Von diesen transkontinentalen Konzernen geht eine strukturelle Gewalt aus. Das bedeutet nicht, daß z.B. Peter Brabeck-Lemathe, der Leiter des größten Nahrungsmittelkonzerns der Welt – Nestlé – ein schlechter Mensch wäre; aber die Gier, mit der ein Konzern wie z.B. Nestlé vorgeht, ist absolut unmenschlich.

Andererseits muß man auch die Manager der Großkonzerne verstehen, denn sie stehen unter einem enormen Erfolgsdruck. Wenn die Kapitalrendite der transkontinentalen Konzerne nicht ständig steigt, werden diese Herren der Welt, diese Hauptakteure der Großunternehmen, entlassen. Deswegen haben sie überhaupt keine Möglichkeit, solche Überlegungen, wie Sie sie eben dargestellt haben, strategisch umzusetzen.

W.W.: Aber das sind doch ganz reale Verhältnisse, mit denen auch diese Großkonzerne rechnen müssen. Eines Tages werden sie ihr Geld nicht mehr zurückbekommen. Das kann man doch nicht ignorieren!

J. Ziegler: Diese Verhältnisse sind selbstverständlich real. Sie haben absolut recht. Aber solche Überlegungen fließen nicht in die Profitmaximierungsstrategie der Manager mit ein. Der Börsenwert der börsennotierten Firmen richtet sich vor allem nach den Quartalsberichten, nicht einmal nach der Jahresbilanz. Jedes Vierteljahr müssen neue Erfolgsmeldungen an die Börse gebracht werden, sonst werden die Firmen durch die Analysten negativ beurteilt – mit allen Folgen für die Börse und die jeweilige Marktkapitalisierung.

Kalte Erpressung

W.W.: Wenn der gesamte Schuldendienst aller Länder des Südens nur 2 % der Einkommen aller Gläubiger ausmacht, so könnte man doch diese 2 % getrost abschreiben. Man täte etwas Gutes – man könnte daraus einen riesigen Werberummel machen und sich obendrein noch neue Märkte erschließen. Warum tut man dies nicht, zumindest nicht mit einigen exemplarischen Ländern?

J. Ziegler: Weil man nicht so denkt. Die Schuld im buchhalterischen Sinne ist sekundär gegenüber der Schuldknechtschaft als Unterwerfungssystem. Nehmen Sie z.B. einen Staat wie die Elfenbeinküste, die momentan im Chaos versinkt. Wäre die Côte d'Ivoire ein funktionierender Staat, könnte sie z.B. in bezug auf die Kakaopreise einem Großkonzern wie Nestlé gegenüber ganz anders auftreten. Die transkontinentalen Konzerne würden dann nicht die Bedingungen diktieren – wie z.B. Steuerbefreiung oder die Rückführung der Kredite in harter Währung statt in der Landeswährung usw. Das sind alles Brüche mit der Souveränität eines Landes, die in einer modernen Form kalter Erpressung von den Großkonzernen ausgehen.

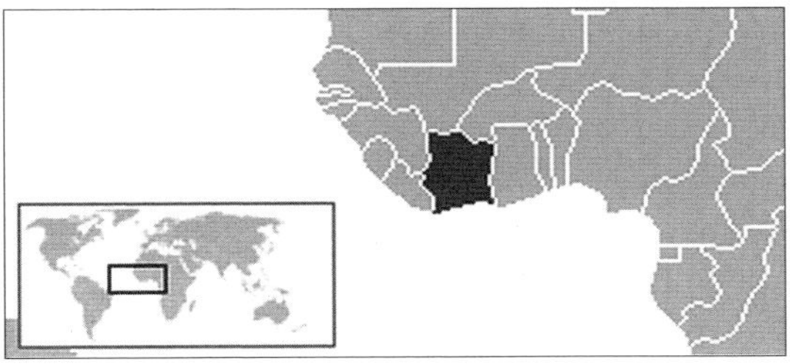

© PD Autor: Vardion

Côte d'Ivoire (Elfenbeinküste)

Dieses Abhängigkeitsverhältnis funktioniert natürlich nur dann, wenn ein Land des Südens, in dem ein transkontinentaler Konzern tätig wird, ein Schattenstaat ohne funktionierende Souveränität ist, ohne die Möglichkeit, eine partnerschaftliche Verhandlungsbasis aufzubauen. Deshalb muß ein solcher Staat des Südens aus Sicht der transkontinentalen Konzerne in bezug auf etwaige Forderungen von vornherein geschwächt werden. Und geschwächt wird ein solcher Staat mit der Schuld, die man ihm aufzwingt. Dies ist eine ganz andere Funktion der Schuld als eine lediglich zu bilanzierende Schuld.

W.W.: Wenn man Ihr Buch „Das Imperium der Schande" liest, wird man von Seite zu Seite wütender über die Ungerechtigkeit in dieser Welt.

J. Ziegler: Das ist eine vollständig richtige Empfindung.

W.W.: Was mich am meisten irritiert hat, sind die Zahlen, die Sie nennen. Stimmt es wirklich, daß 80 Mrd. Dollar jährlich – zehn Jahre lang aufgebracht – ausreichen würden, damit jeder Mensch in den armen Ländern Schulbildung, medizinische Versorgung, ausreichend Nahrung und Wasser sowie sanitäre Einrichtungen – und die Frauen zusätzlich gynäkologische Betreuung – bekommen könnte? Reicht so wenig Geld dafür wirklich aus?

J. Ziegler: Diese Zahlen stimmen absolut. Dabei geht es allerdings nicht darum, Menschen fortwährend am Leben zu erhalten. Dann würden die 80 Mrd. nicht ausreichen. Es geht darum, die Entwicklungs- und Produktionskräfte zu fördern, damit in den Ländern durch die Menschen eine Eigendynamik beginnen kann. Man muß also mit diesem Geld alle Entwicklungskräfte unterstützen, die dann eine Eigendynamik entwickeln können.

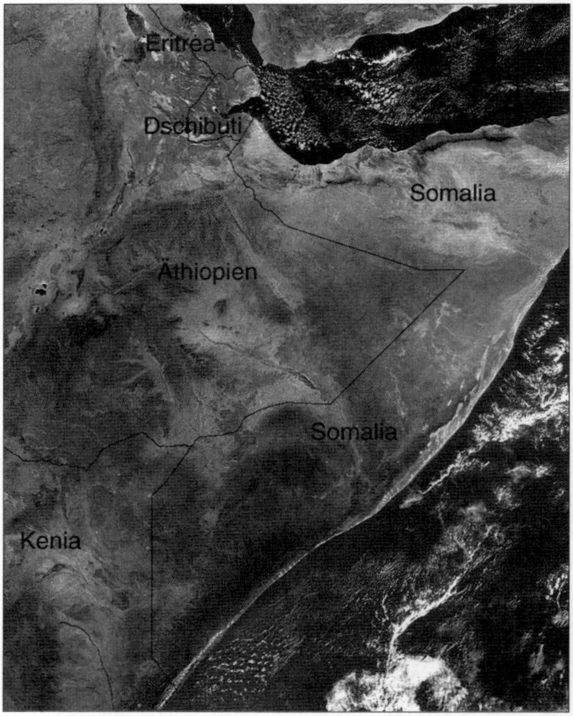

© PD Foto: MODIS Rapid Response Project at NASA/GSFC, 3. Januar 2005
Satellitenfoto von Ostafrika
(Bearbeitung: StvH)

Die meisten Länder Afrikas können heute scheinbar nicht mehr selbst für sich sorgen und sind offenbar auf die Fürsorge des Nordens angewiesen. Aber diese Sicht ist falsch. Vordergründig scheint sie zwar richtig; denn wenn z.B. in Darfur oder in Somalia keine Hilfskonvois mehr ankommen, werden die Menschen dort sterben. Aber wenn z.B. in Südsomalia, Nord-Kenia und Ost-Äthiopien mittels minimaler Investitionen Bewässerungsanlagen gebaut würden, könnten die Menschen sehr rasch aus dem Teufelskreis des Bettelns und der Fürsorge herauskommen. Denn die Menschen kommen aus uralten Kulturen, und sie sind Viehzüchter oder Ackerbauer. Sie können etwas leisten, selbst unter schlimmsten Bedingungen – und wenn man ihnen minimale Hilfe zur Verfügung stellt, z.B. auch für die pharmazeutische Unterstützung der Viehherden durch Impfungen, kämen diese Menschen in den Produktionszyklus zurück, und die Hilfe zur Selbsthilfe würde eine ganz neue Dynamik entfalten.

Deswegen ist Ihre Frage berechtigt, ob denn die 80 Mrd. Dollar genügen. Wenn man sie richtig einsetzt, reicht diese Summe.

Krieg und Gewalt setzen keine Normen

W.W.: Wenn man allein die Kosten des Irak-Krieges dagegensetzt, kommt man schon fast in die Nähe dieser Summe.

J. Ziegler: Ja; wenn man sich dieses Zahlenverhältnis wirklich vergegenwärtigt, dann realisiert man den absoluten Zynismus der heutigen Welt.

W.W.: Wie hoch sind die Kosten des Irak-Krieges?

J. Ziegler: An der Kreuzung der 47. Straße mit dem Broadway hat der Verein Project Billboard einen gigantischen elektronischen Zähler angebracht, der die täglichen Kosten des Irak-Krieges anzeigen soll. Die Kosten bis zum 25. August 2004 betrugen 134,5 Mrd. Dollar und wuchsen seitdem täglich um 177 Mio., stündlich um 7,4 Mio., minütlich um 122 820 Dollar. In der Zeit vom September 2003 bis zum September 2004 kostete der Irak-Krieg die USA also 4,8 Mrd. Dollar im Monat.

Hieran zeigt sich der totale Wahnsinn des heutigen globalen Raubtierkapitalismus. Sie haben dieses Elend vor Ort auch in Afghanistan gesehen. Wir erleben heutzutage eine Welt des Krieges, ein dualistisches Denken bei Menschen wie z.B. George W. Bush, die glauben, daß man sämtliche Probleme der Welt nur mit Gewalt und Krieg lösen könne. Aber das ist eine Wahnvorstellung! Eine solche Wahnvorstellung führt zu ganz fürchterlichen materiellen Konsequenzen. Das betrifft keineswegs nur die Zerstörung der Lebensgrundlagen der palästinensischen Familien in Gaza oder der Menschen im Süd-Libanon oder im Irak, sondern solche Wahnvorstellungen liefern auch die Illusion, daß mit Gewalt auch nur irgendeine Lösung oder ein moralischer Wert geschaffen würde. Menschen, die diese Wahnvorstellungen vertreten, glauben, daß sie mit Gewalt Normen setzen können – wie z.B. Gerechtigkeit, Demokratie oder gar Freiheit.

Diese Wahnideen steigern sich heute so stark, daß die wichtigsten Ressourcen der Welt für die Instrumentalisierung der Gewalt verwendet werden. Aber diese Ressourcen fehlen dann den Menschen; und sie fehlen dort, wo es um Solidaritätsinvestitionen geht. Ghandi hat einmal gesagt, daß es genug Güter auf dieser Welt gebe, genug für die Bedürfnisse eines jeden Menschen – aber nicht genug für die Gier eines jeden Menschen.

© gemeinfrei
Der Anwalt Gandhi in Südafrika

Der Zeitgeist legitimiert die Gier

W.W.: Sind diese Gier und die einseitige Verwendung der Ressourcen für die Gewaltanwendung Teile desjenigen, was den heutigen Zeitgeist ausmacht?

J. Ziegler: Auf jeden Fall. Es wäre natürlich naiv zu sagen, daß es ähnliche menschliche Verhaltensweisen früher nicht gegeben hätte. Aber was heute neu ist, ist die theoretische Legitimation dieser Zusammenhänge, die heute allgemein akzeptiert wird, vor allem im Denken der Neoliberalen. Aus Sicht des Neoliberalismus heißt es, daß wirtschaftliche Gesetze Naturgesetze seien, daß es die unsichtbare Hand des Weltmarktes gebe, die objektiv die Weltmärkte reguliere. Oder man behauptet, daß man z.B. gegen die 18 % Arbeitslosen in der EU nichts unternehmen könne. Es seien die Marktgesetze, die diese Opfer forderten.

Eine solche Legitimationstheorie hat es früher niemals gegeben. Es hat Rassen- und Apartheidstheorien gegeben; es gab das feudalistische Denken von verschiedenen Schichten, daß ein Proletarier z.B. nicht Fabrikbesitzer sein könne usw. Aber die neoliberale Legitimation des Raubtierkapitalismus ist neu und legitimiert die Gier. Man macht soundsoviele Konkurrenten kaputt, man erobert neue Märkte, man senkt die

Kosten durch Entlassungen, wie z.B. Herr Ackermann von der Deutschen Bank vor drei Jahren, als er öffentlich eine Kapitalrendite von 22 % und gleichzeitig die Streichung von 6 000 Arbeitsplätzen verkündete. Diese absurde Gier wird nicht nur legitimiert, sondern durch die weltumspannende Legimitationstheorie des Neoliberalismus öffentlich gefeiert. Das ist neu, und das gehört unbedingt zum Zeitgeist.

W.W.: Bedeutet das also, daß die transkontinentalen Konzerne mit ihrer Vorgehensweise der Kreditvergabe und der forcierten Schuldknechtschaft weltweit den Tod von Millionen Menschen hinnehmen bzw. sogar veranlassen?

J. Ziegler: Selbstverständlich. Aber sie sehen nicht ihre Schuld, sondern sie glauben, daß dies das Marktgeschehen sei. Wenn man z.B. mit einem Genfer Bankier über die 4 Mrd. Dollar spricht, die der ehemalige Diktator von Zaire bzw. des Kongo, Mobutu, gestohlen und auf schweizer Banken transferiert hat, dann findet dieser Bankier das mit Sicherheit schrecklich. Wenn man aber von diesem calvinistischen Bankier fordert, daß die Bank dieses gestohlene Geld an den Kongo zurückzahlen sollte, dann erwidert er einem, daß man in die Kapitalströme nicht eingreifen dürfe. Das seien natürliche Vorgänge. Ein solcher Bankier verhält sich als handelndes Subjekt wie ein Astronom, der die Sternenbahnen vermißt, Magnetfelder abgrenzt usw., aber dabei nur beobachtet. Die internationalen Kapitalströme und der freie Kapitalverkehr sind für diesen Bankier heilige Güter. Insofern entzieht sich ein solcher Mensch der Verantwortung – nicht deswegen, weil er ein böser Mensch ist, sondern weil er sich den Marktgesetzen unterwirft. Trotzdem sind seit 1997 – dem Ende der Mobutu-Herrschaft – drei Millionen Menschen im Kongo durch Bürgerkriege und durch Hunger umgekommen – und das weiß der calvinistische Bankier ebenfalls. Aber er zieht keine Konsequenzen und spricht nur von der Unabänderlichkeit der internationalen Kapitalflüsse.

Diese totale Verantwortungslosigkeit ist neu in der Welt, weil sie ideologisch abgestützt scheint.

Die Menschen sterben in der Nacht

W.W.: Wie halten Sie dieses Ungerechtigkeitssystem mit all seinen Folgen aus?

J. Ziegler: Der französische Schriftsteller Georges Bernanos (1888–1948), ein radikal-kritischer Katholik, der exkommuniziert wurde und dessen Bücher auf dem Index standen, schrieb: „Gott hat keine anderen Hände als die unseren." Entweder *wir* ändern die Welt, oder niemand tut es. Ob nun Herr Weirauch schlechter schläft, wenn er aus Afghanistan zurückkommt, oder ob Herr Ziegler schlechter schläft, wenn er aus Somalia zurückkommt, ist eine irrelevante Frage; denn wir sind in der Lage zu kämpfen. Aber in den armen Ländern sterben die Menschen in der Nacht – in Ohnmacht, unter unmenschlichen Zuständen, jeglicher Menschenwürde beraubt. Die Kinder kommen mit Würmern im Darm zur Welt und verhungern schon bald darauf wieder. Und wenn man sich das vergegenwärtigt, dann ist Ihre Frage, wie es mir damit geht, zwar sehr sympathisch, aber sie ist nicht relevant.

 Quelle: Label France, le magazine

Georges Bernanos

Man hat kein Geld mehr für die Menschen

W.W.: Wie wirkt sich der finanzielle Einsatz der westlichen Länder für den Anti-Terrorkampf auf das Welternährungsprogramm aus?

J. Ziegler: In Darfur hängen z.B. 2,2 Mio. Menschen vom Welternährungsprogramm ab. Wenn die Hilfskonvois sie erreichen, können diese Menschen gegebenenfalls überleben; wenn die Hilfe ausbleibt, sterben sie. Das Welternährungsprogramm verteilt heute nur noch Mittel für 1 900 Kalorien für einen Erwachsenen pro Tag. Das Existenzminimum – von der Weltgesundheitsorganisation festgesetzt – liegt aber bei 2 200 Kalorien.

Die Menschen, über die ich spreche, leben nicht nur in Darfur, im Sudan, sondern auch im Norden der Zentralafrikanischen Republik und in der Ostregion des Tschad. Und die verteilten Kalorien des Welternährungsprogramms an die hungernden Menschen in der Welt liegen heute deshalb um 300 bis 400 Kalorien unter dem Existenzminimum, weil das Welternährungsprogramm kein Geld mehr hat und seine Mittel über die eben angesprochenen Regionen verteilen muß – den Niger, Burkina Faso; von Bangladesch ganz zu schweigen. Man hat kein Geld mehr für die hungernden Menschen, weil die reichen Staaten der Welt dieses Geld prioritär in die Sicherheitsapparate des eigenen Landes und in den Anti-Terror-Krieg stecken.

Natürlich ist der Terror etwas Fürchterliches. Wenn ein Attentäter einen Bus in die Luft jagt, gibt es daran nichts zu entschuldigen. Wenn ein Land bombardiert wird, so ist dies mit nichts zu legitimieren – gleich, ob dies nun Staatsterrorismus ist oder ob es sich um die Taten einzelner Menschen handelt. Solche Taten sind mit keiner Ideologie oder Religion zu verteidigen. Aber den Terrorismus nur militärisch zu bekämpfen, führt in eine Sackgasse. Menschen, die für den Terrorismus rekrutiert werden, sind oft solche, die im Elend leben, die verzweifelt sind, die als junge Menschen keinerlei Horizont mehr sehen. Der Krieg gegen den Terrorismus müßte sich in einen Krieg gegen den Hunger, das Elend und die Verzweiflung wandeln. Wenn man den Terrorismus besiegen möchte, so geht dies nicht mit Raketen und Flächenbombardements, sondern nur, indem man den Hunger, die Verzweiflung, das Elend und die Zerstörung der Familien aus dieser Welt verbannt. Das sollte das Ziel einer zivilisierten Welt sein. Und wir können das heute leisten; denn zum ersten Mal ist die Welt aus dem Reich der Notwendigkeit in das Reich des Überflusses übergetreten. Die Globalisierung hat unglaubliche Reichtümer geschaffen.

Der Aufstand des Gewissens ist nötig

Ich habe die Pledging-Konferenz der UNO in Genf und London mitgemacht. Im letzten April ging es um das Horn von Afrika, also um Süd-Somalia und Ost-Äthiopien sowie Nord-Kenia. In dieser Gegend ist das Grundwasser um über 600 Meter abgesackt, und die Viehherden und die Kinder sterben. Auf dieser Konferenz stellten die Vertreter der einzelnen UNO-Spezialorganisationen (z.B. der WHO, von UNICEF usw.) ihr Notprogramm vor – die berühmten 39 Sofortmaßnahmen – und listeten auf, wieviel diese 39 Spezialprogramme für drei Monate, für sechs Monate usw. kosten würden. Dann begann das sogenannte Pledging – also die Botschafter der einzelnen Industriestaaten gaben ihre Zahlungsversprechen ab. Der japanische Botschafter versprach eine bestimmte Summe, der deutsche ebenfalls usw. Und ich erlebte, wie dabei nur völlig ungenügende Mittel zusammenkamen, aber jeder Botschafter der Industriestaaten verwies auf die Weisungen seiner Regierung, daß er nicht mehr zusagen könne. Daran kann man sehen, daß die Prioritäten heute ganz woanders liegen, z.B. in der militärischen Aufrüstung, in Polizeimaßnahmen und der Überwachung der Bevölkerung.

Dieser Wahnsinn kann nur durch den Aufstand des Gewissens beendet werden. Nur wer die Tatbestände kennt und auch entsprechend handelt, kann an diesen grausamen Zuständen in der Welt etwas ändern.

W.W.: Das größte Verbrechen an den Menschen ist derzeit der absichtlich verschuldete Hunger von Millionen von Menschen. Wie viele Menschen verhungern täglich?

J. Ziegler: Durchschnittlich sterben mindestens 100 000 Menschen pro Tag am Hunger und seinen unmittelbaren Folgen, vor allem Kinder. Allein im Jahr 2001 starb alle 7 Sekunden ein Kind unter zehn Jahren; heute stirbt bereits alle fünf Sekunden ein Kind unter zehn Jahren an Hunger oder an den damit verbundenen Krankheiten. Das ist der größte Skandal des dritten Jahrtausends, eine Schande, die durch nichts zu rechtfertigen ist, die von keinem Staat und von niemandem legitimiert werden darf und kann. Das ist das größte Verbrechen an der Menschheit.

Hunger ist übrigens die häufigste Todesursache der Menschheit. Jedes Jahr sterben etwa 62 Mio. Menschen auf der Erde an allen möglichen Todesursachen, 36 Mio. davon starben im Jahr 2000 an Hunger und damit zusammenhängenden Krankheiten. Und dieser Hunger ist von Menschenhand gemacht: Wer an Hunger stirbt, wird ermordet.

W.W.: Es gibt ja auch den sogenannten unsichtbaren Hunger, den *hidden hunger*. Was ist damit genau gemeint?

J. Ziegler: Das ist die schlechte Ernährung, an der zwei Milliarden Menschen auf unserer Welt leiden. Ihnen fehlen Vitamine und Mineralstoffe; sie leben in Slums, Favelas, haben keinen Zugang zu sauberem Wasser, leben oft auf Müllbergen, leiden an Blutarmut und Rachitis, verlieren ihre Zähne oder erblinden wegen Vitamin-A-Mangels. Auch dieses Verbrechen gegen die Menschlichkeit ist menschengemacht und zeigt das Gesicht des globalisierten Raubtierkapitalismus.

Ich akzeptiere keine Menschen ohne Kenntnisse über die Welt

Interview mit Anna Prouse

von Wolfgang Weirauch

***Anna Prouse, geb.** 1970 in Mailand. Ausbildung zur Krankenschwester, geborene Abenteurerin. Ab 1996 Botschafterin des Internationalen Roten Kreuzes in Genf. Studium der Politologie. 2000–2002 Tätigkeit bei der italienischen Zeitungsgruppe Espresso/La Republica. Verfasserin verschiedener Bücher über den Iran, Marokko und die DDR. Mitarbeit bei verschiedenen Zeitungen und Zeitschriften über Fragen des Nahen Ostens. Seit Sommer 2003 im Irak – die ersten vier Monate im Auftrag des Roten Kreuzes, danach im Auftrag des italienischen Außenministeriums. Seit November 2006 Leiterin eines Wiederaufbauteams in der irakischen Provinz Dhi Qar, im Süden des Landes.*

Anfang November 2006 veröffentliche die Johns-Hopkins-Universität in Baltimore eine Studie[1], daß seit Beginn des Irak-Krieges bis jetzt 655 000 Menschen im Irak ums Leben gekommen seien – 600 000 durch Gewaltanwendung, 50 000 durch Krankheit. Von der US-Regierung wird diese Studie bezweifelt, und nach eigenen Schätzungen seien es nur 30 000 Tote. Der irakische Gesundheitsminister Ali al-Shemari sprach zeitgleich von 150 000 Toten und 500 000 Verletzten seit dem Irak-Krieg.

Die Studie der Johns-Hopkins-Universität beruht auf der Befragung von 2 000 Haushalten. Man hat keine Leichen gezählt, sondern die Zahl der Toten in den 2 000 Haushalten ermittelt und dann auf die Bevölkerung hochgerechnet.

[1] Zahlen gerundet. Studie: http://www.thelancet.com/webfiles/images/journals/lancet/s0140673606694919.pdf

Welche Zahlen auch immer stimmen, jeder Tote im Irak ist einer zuviel. Und die Gewalt nimmt täglich zu. Der Irak versinkt in einer Gewaltorgie, und das Land steht kurz vor einer Aufteilung in drei Sektoren – für die Kurden, die Schiiten und die Sunniten. Bereits 1,2 bis 1,5 Millionen Iraker sind in die benachbarten Länder geflohen.

Die Bush-Regierung wurde durch die Kongreßwahlen im November 2006 abgestraft, Verteidigungsminister Rumsfeld entlassen, der Urteilsspruch gegen Saddam Hussein wurde gerade noch rechtzeitig zu den Wahlen gefällt. Aber gibt es eine Lösung für den Irak? Niemand scheint eine zu kennen. Die Situation ist vollkommen verfahren.

Der Irak-Krieg und die anschließende Besetzung des Landes durch die amerikanischen Truppen ist ein klassisches Beispiel, wie durch Lügen, militärische Gewalt und wirtschaftsinteressengeleitete Gier eine alte Kultur in den Abgrund gerissen worden ist.

Gunter Pleuger, bis vor etwa einem halben Jahr deutscher Botschafter bei den UN, sagte am 12.08.2006 in einem Interview der *Süddeutschen Zeitung* auf die Frage, ob es Momente im Sicherheitsrat gegeben habe, die er nie vergessen werde: „Ja, der 5. Februar 2003, als US-Außenminister Colin Powell mit einer Diashow belegen wollte, daß der Irak Massenvernichtungswaffen besaß. Es war gespenstisch. Jeder im Saal wußte, daß seine Fakten falsch waren. Jeder wußte auch, daß der Krieg bevorstand." (Süddeutsche Zeitung, 12.08.2006, S. 7)

Die Folgen erleben wir täglich, und als Auswege gibt es nur schlechte oder noch schlechtere Lösungen. Der Irak-Krieg und seine Folgen sind ein Ausdruck eines Zeitgeistes, der nur in die Katastrophe führt – sowohl in der Denk- und Vorgehensweise der Bush-Administration wie auch in der gegenseitigen Grausamkeit nicht unbeträchtlicher Teile der irakischen Bevölkerung.

Aber es gibt auch Lichtblicke – Menschen, die ihr Leben dafür einsetzen, anderen zu helfen. Die Italienerin Anna Prouse ist ein solcher Mensch. Seit dem Sommer 2003 ist sie im Irak tätig und leistet Aufbauarbeiten für die irakische Bevölkerung. Unter Einsatz ihres Lebens und unter teils unsäglichen Bedingungen ist es ihr gelungen, zahlreiche Projekte, wie z.B. die Errichtung von Schulen und Krankenhäusern, erfolgreich aufzubauen – und was am wichtigsten ist: Sie hat den Kontakt zur Bevölkerung gefunden, den andere als angebliche Bringer von Demokratie und Freiheit mit ihren Bomben nicht ermöglichen konnten.

Jeden Tag zeigt Anna Prouse mit ihrer Tätigkeit, daß Völkerverständigung möglich ist und daß im konkreten Helferwillen und im Verständnis des anderen Menschen und seiner Kultur ein neuer Zeitgeist aufleuchten kann.

Seit Anfang November ist Anna Prouse wieder im Irak und hat eine neue Aufgabe als Teamleiterin für den Wiederaufbau in der Provinz Dhi Qar, im Süden des Irak, übernommen.

Wolfgang Weirauch: Wie kam es zu Deinem Aufenthalt im Irak?

Anna Prouse: Ich bin Delegierte des Internationalen Roten Kreuzes, und ich bekam im Jahr 2003 einen Anruf des Italienischen Roten Kreuzes. Man sagte mir, daß im Irak ein Feldhospital errichtet werden solle, speziell für Menschen mit starken Verbrennungen. Man suchte jemanden mit Kenntnis in medizinischen Fragen, mit Geschick im Umgang mit US-Amerikanern, der sich gleichzeitig in der Lage sehe, mit Arabern zu kommunizieren. Außerdem sollte der oder die Betreffende journalistische Erfahrung haben und Öffentlichkeit über das Projekt schaffen können. Ich antwortete sofort mit Ja, ohne darüber nachzudenken. Ich hatte mich gleich entschieden.

©GNU Autor: Morwen/VStvH
Lage der Provinz Dhi Qar

W.W.: Hast Du nicht zunächst gezögert oder Angst bekommen?

A. Prouse: Nein, ich dachte, ich solle einfach journalistisch arbeiten. Fünf Tage später war ich bereits in Bagdad. Ich flog mit einer alten russischen Iljuschin, gemeinsam mit 15 italienischen Nonnen, was sehr lustig war.

Dort teilte ich dann zuerst mit diesen Nonnen mein Leben und lernte, mit streng katholischen Menschen umzugehen, die nur im Krankenhaus arbeiteten und sich sonst von der arabischen Welt fernhielten. Schon da trafen also zwei ganz unterschiedliche Welten aufeinander. Dazu kam dann die Begegnung mit der US-amerikanischen und der arabischen Welt.

W.W.: Hast Du denn dort auch als Krankenschwester gearbeitet?

A. Prouse: Nein, das Italienische Rote Kreuz war gezielt auf der Suche nach Menschen, die mit den lokalen Autoritäten usw. umgehen können. Sie suchten jemanden, der es wagt, sich mit dem politischen Umkreis eines solchen Projekts auseinanderzusetzen. Ich kenne mich im Umgang mit Kranken aus, weil ich zehn Jahre lang Ambulanzfahrerin war; aber hier war das nicht das Hauptkriterium.

Hier herrscht wirklich Krieg!

W.W.: Was war Dein erster Eindruck, als Du nach Bagdad kamst?

A. Prouse: Das erste, was ich dachte, war: Um Gottes willen, hier herrscht wirklich Krieg! Dieser Eindruck verschlimmerte sich noch – was daran liegt, daß ich eingefleischte Zivilistin bin und nie Umgang mit Militärs hatte. Auf einen Schlag wurden Militärs aber zu meinem einzigen Umfeld. Ich verkehrte nur noch mit Marines, war von Helmen, Gewehren, schußsicheren Westen umgeben; ständig wurde herumgeschrien – das war ein völlig neues Lebensgefühl. Diese Soldaten waren 18 bis 19 Jahre alt und gaben sich einerseits sehr kindlich, gewissermaßen typisch amerikanisch: vorbehaltlos, offen und freundlich. Andererseits hatten sie die Haltung: Wenn Du nicht tust, was ich sage, schieße ich.

W.W.: Wissen die amerikanischen Soldaten denn eigentlich, was sie im Irak tun?

A. Prouse: Nein, den Eindruck hatte ich nicht. Sie wissen nichts. Ich denke sowieso, daß die Invasion im Irak eine falsche Entscheidung der US-Regierung war. Jetzt sind die Amerikaner aber dort, und wenn Du mich fragst, was Fruchtbares aus dieser Sache entstehen soll, muß ich sagen: Ich habe keine Ahnung. Alles, was ich weiß, ist, daß dort etwas geschehen muß.

Wiederaufbau: Die Entscheidungsunfähigkeit vieler Iraker

W.W.: Was war denn nun Deine Aufgabe in Bagdad?

A. Prouse: Ich war über vier Monate Leiterin des Feldhospitals in Bagdad. Nachdem im Kanal-Hotel in Bagdad eine Bombe niedergegangen war (Suicide bomber), waren die UN und das Internationale Rote Kreuz geflohen. Auch das Italienische Rote Kreuz entschied, das Feldspital aufzugeben und in ein normales Hospital überzusiedeln. Das zu organisieren war meine Aufgabe, die ich unentgeltlich erledigte – und nach vier Monaten wollte ich nach getaner Arbeit nach Hause. Zwei Abende vor meiner Abreise wurde ich zu einem Empfang in die italienische Botschaft geladen, bei dem auch Paul Bremer[2] zugegen war. Ich wunderte mich über diese Einladung, weil ich vier Monate im Zelt zugebracht hatte, ohne daß mich je irgend jemand eingeladen hatte. Bremers Referent bat mich an diesem Abend, nicht zu gehen, sondern zu bleiben, um das irakische Gesundheitssystem wieder aufzubauen. Auch hier sagte ich, ohne zu überlegen, Ja. Ich hatte mir gar nicht klargemacht, was das für Konsequenzen hatte, und vielleicht spielte bei meiner Zustimmung auch der Weißwein eine Rolle, den ich dort trank, nachdem ich vier Monate keinen Alkohol zu mir genommen hatte.

© PD Foto: U.S. Air Force photo by Staff Sgt Ashley Brokop
Paul Bremer

Zwei Tage später rief Bremers Referent den italienischen Botschafter in Bagdad an, um ihm mitzuteilen daß ich im Irak bliebe, um das Sanitätssystem aufzubauen. Normalerweise werden solche Stellen nur in allerintimsten Kreisen vergeben! Ich machte mich bald daran, mit den Amerikanern zu arbeiten.

Das Gesundheitsministerium war völlig zerstört. Mein amerikanischer Senior adviser machte mir klar, daß ich mich jetzt absolut außerhalb der Grünen Zone bewegen müsse, um den Irakern zu helfen, denn das Rote Kreuz-Spital war auch außerhalb der Grünen Zone

W.W.: Wer hatte das Ministerium zerstört?

A. Prouse: Irakische Bürger. Alles war verwüstet, und wir brachten zuerst das ganze Gebäude in Ordnung, was enorme Arbeit bedeutete, die die Iraker alleine nie geschafft hätten. Nach so vielen Jahren Diktatur war es ihnen z.B. unmöglich zu entscheiden, ob rote oder schwarze Stühle angeschafft werden sollten. Ich forderte das aber von ihnen, indem ich sagte: „Ich bin nur für eine gewisse Zeit hier und werde Dir, der Du hier weiterleben wirst mit der Einrichtung, diese Entscheidung nicht abnehmen."

Diese Entscheidungsunfähigkeit der irakischen Bürger war für mich ein Schock. Ich versuchte immer, ihren Entscheidungswillen hervorzu-

[2] US-Amerikaner, damals Chef der Koalitions-Übergangsverwaltung des Irak

locken, und verzweifelte im ersten Jahr beinah daran, daß nicht herauszufinden war, was sie dachten, meinten und wollten.

W.W.: Hast Du in dieser Hinsicht denn bei den Irakern einen Lernprozeß wahrgenommen?

A. Prouse: Natürlich sind Iraker sehr wohl entscheidungsfähig, das fand ich heraus. Wenn man sie aber nach ihrer Meinung fragt, haben sie die Tendenz, das zu sagen, von dem sie denken, daß man es hören will. Ich war phasenweise bitter enttäuscht und sehr böse auf die Iraker, die mir die unterschiedlichsten Geschichten auftischten, auf die ich mich einfach nicht verlassen konnte. Irgendwann hatte ich mir sogar notiert: Iraker sind alle Lügner. Aber das konnte ja nicht wahr sein!

Ich stellte also eine Frage, die ich genau überlegt hatte. Ich fragte all die Menschen: „Schneit es in Bagdad im Winter?“ Und ich sammelte die Antworten. Dann fand ich heraus, daß diejenigen, die von mir wußten, daß ich gerne Ski fahre, antworteten: „Natürlich schneit es in Bagdad!“ Andere, die von mir wußten, daß ich immerzu friere und Kälte nicht leiden kann, sagten: „Nein, niemals schneit es hier, es ist immer warm.“ Die Antworten entsprachen also nicht der Wahrheit, aber es waren keine Lügen. Die Iraker antworteten so, um mir zu gefallen.

Ein Lebensumfeld für Ausgestoßene schaffen

W.W.: Wo lebtest Du denn in der Zeit, als Du das Ministerium wieder aufbautest?

A. Prouse: Ich lebte in der Grünen Zone Bagdads im Hotel „Ar-Rashid“. Jeden Morgen um sechs Uhr verließ ich die Grüne Zone und begab mich in die Rote Zone, in der ich mit Irakern zusammenarbeitete. Gegen drei Uhr nachmittags kehrten wir in die Grüne Zone zurück, in der unsere Büros mit Internetanschluß usw. lagen, und arbeiteten dort bis zum späten Abend weiter.

W.W.: Und woraus bestand Deine Zusammenarbeit mit den Irakern?

A. Prouse: Anfangs war alles Organisationsarbeit. Wir organisierten z.B. ein Einkommen für die Iraker: Wir gingen also persönlich zur Bank, um dort die Gehälter zu holen und die 2 000 Menschen, die im Gesundheitsministerium arbeiteten, zu bezahlen.

Zu meinem Bereich gehörten außerdem die körperlich Behinderten, die von Saddam völlig aus der Gesellschaft ausgesondert worden waren. Er hatte sie ghettoisiert. Nun gibt es aber im Irak sehr viele körperlich Ver-

Foto: Anna Prouse

In den Behinderten-Ghettos

sehrte, auch durch die acht Jahre des Iran-Irak-Kriegs von 1980–88. Wir entdeckten also außerhalb der Städte Ghettos, in denen jeweils 140 Versehrte ohne medizinische Versorgung, ohne Moschee, ohne normale Lebensumstände lebten. Ich versuchte, diese Menschen zu integrieren, aber es war noch zu früh, um sie mit den Mitbürgern zusammenzubringen. Also versuchte ich, dort, wo sie lebten, normale Konditionen zu schaffen. Ich organisierte medizinische Betreuung, Beschulung, Gottesdienste usw. Damit war ich sechs Monate beschäftigt.

W.W.: Durften diese Menschen denn unter Saddam ihre Ghettos nicht verlassen?

A. Prouse: Nein. Man durfte sie nicht sehen. Wie viele Ghettos es gab, war schwer herauszufinden; aber allein in Bagdad gab es zehn davon. Diese Menschen lebten ohne Arbeit, völlig ausgestoßen aus allen normalen Umständen. Als ich das entdeckt hatte, wandte ich mich an die Amerikaner. Ein Vorteil bei den Amerikanern ist: Wenn ihnen eine Idee gefällt, sagen sie: Tu, was du willst – wieviel Geld kann ich dir dazu geben?

W.W.: Wie hattest Du denn diese Ghettos entdeckt?

A. Prouse: Die Soldaten hatten mich darauf aufmerksam gemacht. Ich hatte nichts davon gewußt und ließ mich sofort dort hinbringen. Die meisten Leute kamen uns sehr positiv entgegen; das war zu Anfang noch ein wenig anders als heute.

© GNU

Muqtada as-Sadr

Es war also nicht schwer, mit den Irakern zusammenzuarbeiten. Die Probleme, die sich in der Zusammenarbeit ergaben, waren viel eher Mentalitätsprobleme als Feindseligkeiten.

Das Gesundheitsministerium ist jetzt übrigens in den Händen von Muqtada as-Sadr[3] .

[3] ein radikaler Schiitenführer in und südlich von Bagdad.

W.W.: Hast Du je mit Muqtada as-Sadr gesprochen?

A. Prouse: Ich habe ihn oft gesehen und hätte sehr gern mit ihm gesprochen; aber die Amerikaner wollten das nicht, da er für sie ein Feindbild verkörpert. Ich sah ihn aber mehrmals im Gesundheitsministerium, was erstaunlich ist, da er zu anderen Ministerien strikt den Zugang verbietet. Es liegt daran, daß man dort die ausländischen Helfer sehr genau beobachtet und gut einschätzen kann, wer dort wirklich engagiert arbeitet und wer nur für Geld Karriere macht. Ich bin im Ministerium seit 2003 bekannt, und man kennt meine Einstellung.

Das heißt nicht, daß man außer Gefahr ist. Es braucht nur ein Mensch den Plan zu fassen, mich zu töten, dann ist Ende.

W.W.: Kannst Du noch ein wenig von Deiner Arbeit mit den Behinderten berichten?

A. Prouse: Ich ließ in den Ghettos Kliniken errichten, wozu ich natürlich Ingenieure brauchte. Anfangs waren das amerikanische Ingenieure, inzwischen sind es nur noch Iraker. Es wäre heute auch viel zu gefährlich für US-amerikanische Ingenieure. Wir errichteten also Kliniken, Schwimmbäder für die Bewegungsschulung der Behinderten, Schulen für die Tausende von Kindern in den Ghettos, die dort herumliefen. Anfangs versorgten wir die Kinder eigenhändig mit Heften und Stiften.

W.W.: Das heißt also, dort ist jetzt alles ausgebaut und konstituiert?

A. Prouse: Das Problem bestand darin, daß die Pflege der Dinge und Einrichtungen den Menschen gar nicht vertraut ist; es gibt kein Gespür dafür, daß man etwas erhalten und sauberhalten muß.

Die Schwimmbäder waren also nach zwei Wochen völlig verschmutzt. In den Krankenhäusern transportierte man die Kranken nicht in Aufzügen, sondern man trug sie hinauf und hinunter, wobei sie fast starben. Ich machte mich also für zwei Monate zur „Frau der Aufzüge“ und organisierte für alle Spitäler Lifte. Als ich einige Monate später wiederkam, waren alle Aufzüge kaputt. Man sagte, als ich bestürzt reagierte: „Ja, wir haben auf dich gewartet!“ Ich versuchte verzweifelt, etwas wie Verantwortungsgefühl für Reparaturen und Instandhaltung zu erreichen.

Ungewöhnlicher Respekt vor Traditionen

W.W.: Als italienische Frau, die dort so engagiert anpackt, gibst Du doch nicht gerade ein gewöhnliches Bild ab. Wie reagieren die Menschen denn auf Dich?

A. Prouse: Was ich darstelle, ist ungewöhnlich, aber man gewöhnt sich schnell an mich. Ich beginne z.B. gezielt, zunächst mit Frauen Kontakt aufzunehmen. Das ist einfacher, weil ich damit sofort Respekt zeige. Außerdem berücksichtige ich z.B., daß ein Mann nicht gern die Hand einer Frau zum Gruß annimmt. Traditionen wie diese in Frage zu stellen ist nicht mein Kriegsschauplatz. Diesen Krieg müssen irgendwann die irakischen Frauen selber austragen.

Meine Aufgabe ist, die Frauen zu bilden, Kontakt aufzunehmen und Kräfte freizusetzen; und das gelingt mir auch. Meinen Respekt vor der Tradition spüren die Menschen. Ich habe den Koran gelesen und kenne die Kultur recht gut – insofern akzeptieren mich auch die Männer instinktiv nach einer Weile. Auch wenn ich den Ramadan nicht einhalte, so achte ich darauf, daß man mich in dieser Zeit nicht essen und trinken sieht. Diesen Respekt muß man m.E. aufbringen, wenn man etwas bewirken will. US-Amerikaner sind da oft etwas stumpfer; sie erkennen nur ungern an, daß sie die Minderheit sind, die sich nicht im eigenen Land befindet.

Dem Tod knapp entronnen

W.W.: Bist Du je in lebensgefährliche Situationen geraten?
A. Prouse: Ja. Eigentlich ist es nicht zu verstehen, daß ich noch lebe. Im September 2003 befand ich mich auf einem meiner ersten Arbeitswege. Ich hatte einen irakischen Bodyguard, der mich im Wagen zum Krankenhaus begleitete. Er stieg irgendwann aus dem Auto, zog seine Kalaschnikow und feuerte von außen ohne Pause auf den Wagen. Ich saß hinten. Er stand 1,5 m hinter meinem Kopf und zielte direkt darauf.

W.W.: Um Gottes willen! Wieso wurdest Du nicht getroffen?

A. Prouse: Ein anderer Mensch im Wagen kam zu Tode, und zwar der irakische Fahrer. Ich bin nicht der Typ, der sich sofort auf den Boden wirft – aber durch den ersten Schuß, der meinen Kopf streifte, wurde ich zu Boden gestreckt. Später sah man die Einschüsse in der Kopfstütze, in den Polstern, überall – und jeder wunderte sich, daß ich noch lebe. Für mich war es natürlich ein Schock, besonders, weil der Fahrer gestorben war.

W.W.: Was war denn das Motiv des Bodyguards?

A. Prouse: Das ist schwer zu sagen. Für ihn war ich sofort kenntlich als westliche Frau; ich war oft in Begleitung von Amerikanern und entsprach wahrscheinlich dem Bild desjenigen, was man haßte. Ich kann einen gewissen Haß auf uns Westler sogar sehr gut nachvollziehen.

Damals wurden außerdem die Gefängnisse geöffnet; man durchschaute schwer, wer an welcher Stelle eingesetzt wurde.

W.W.: Was geschah mit dem Bodyguard? Ist er geflohen?

A. Prouse: Andere Iraker hielten ihn auf und brachten ihn fast um. Ich sah, wie man ihn fast tötete; aber ich war nicht in der Lage zu reagieren, weil ich noch unter Schock stand. Eine abgefeuerte Kalaschnikow bedeutet immerhin 37 Schüsse, die fast das ganze Auto zerstört hatten. Ich funktionierte hinterher also nicht mehr normal.

W.W.: Kannst Du noch ein wenig schildern, wie Dir zumute war?

A. Prouse: Als es geschah, dachte ich nur: Es ist aus. Ich wollte aber nicht sterben; dieses Gefühl war sehr stark. Danach mußte ich mit dem demolierten Wagen zurück ins Ministerium fliehen – mit einem Toten im Auto! Die Amerikaner brachten mich in die Grüne Zone zu einem Psychologen. Ich hatte aber das Gefühl, das ganz alleine verarbeiten zu müssen. Die Menschen, die in meiner Gruppe arbeiteten, hielten eng zu mir und boten an, ich könne jederzeit mit ihnen darüber sprechen; sie wollten mich aber nicht bedrängen. Mir war gar nicht danach, darüber zu sprechen, und ich arbeitete einfach weiter, unter der inneren Maßgabe, daß ich, wenn ich überfordert sei, abreisen könne.

Schon am nächsten Tag ging ich wieder in die Rote Zone, obwohl man mich davor warnte. Das tat ich aber, um rauszukommen, denn sonst wären die Gespenster gekommen. Es gelang mir, viel darüber nachzudenken.

Mein Bodyguard wurde inhaftiert, und ich wollte ihn unbedingt sehen. Nicht etwa, weil ich Rache üben wollte, sondern weil ich ihm beweisen wollte, daß es unter westlichen Menschen auch ganz normale Menschen gibt, die nicht im Irak sind, um Rambo zu spielen, sondern um zu helfen.

W.W.: Hast Du denn mit ihm gesprochen?

A. Prouse: Nein, die Amerikaner ließen es nicht zu.

W.W.: Hast Du dieses Erlebnis denn bis heute verarbeiten können?

A. Prouse: Ich bin mir nicht sicher. Eigentlich denke ich, daß es mir gelungen ist; eigenartigerweise hatte ich aber für einige Monate Kopfschmerzen genau dort, wo die Kugel mich gestreift hatte. Vor kurzem schoß jemand hinter mir, ähnlich wie mein Bodyguard damals, und sofort tauchten diese Schmerzen wieder auf.

W.W.: Bist Du sonst noch in lebensgefährlich Situationen geraten?

A. Prouse: Ja. Ich setzte mich dafür ein, daß in jedem Gefängnis ein Klinikbereich aufgebaut wird, und kündigte an, daß ich nach Kurdistan

Foto: Anna Prouse

Mein Zimmer nach dem Angriff

fahren wollte, um zu sehen, wie dort die Gefängnisse sind. Mein Boß riet mir dringend davon ab und sagte, es sei nicht notwendig; aber ich beharrte darauf. Ich fuhr also dorthin und war für einen Abend nicht in meinem Zimmer. Am nächsten Morgen erhielt ich einen Anruf aus Bagdad. Man berichtete mir, daß früh am Morgen eine Rakete mitten durch mein Zimmer gegangen war und den Raum völlig zerstört hatte. Dieser Tag war der einzige Tag, an dem ich nicht in meinem Zimmer gewesen war.

W.W.: Unglaublich. War das ein gezieltes Attentat oder ein Zufall?

A. Prouse: Das war ein Zufall. Es wurden mehrere Raketen abgefeuert, von denen eine eben mitten in meinem Zimmer landete. Ich war mir damals unsicher, ob ich das als Aufforderung auffassen sollte, den Irak zu verlassen, oder ob es genau das Gegenteil für mich bedeutete.

W.W.: Deutetest Du diese Vorfälle in Richtung von Schicksals-Fingerzeigen?

A. Prouse: Diese beiden Vorkommnisse waren gut dafür zu erkennen, wie gefährlich es im Irak ist. Ich hatte zunächst mit meiner Unbefangenheit ein wenig hoch gepokert. Als später gesagt wurde, daß Kidnapping-Gefahr bestehe, sah ich mich sehr vor. Ich gehe also heute mit der Gesamtlage sehr bewußt um; und wenn mich jemand darauf hinweist, ich solle den Helm oder mein Flak-Jacket[4] anziehen, tue ich es auch. Angst habe ich keine, und ich gehöre zu den wenigen, die heute noch in die Rote Zone gehen. Aber ich bin sehr umsichtig.

Schattenseiten der Grünen Zone

W.W.: Gehst Du denn alleine in die Rote Zone?

A. Prouse: Nein, ich gehe inzwischen niemals allein; ich bin immer in Begleitung. Wenn ich ins Ministerium gehe, habe ich zehn Bodyguards bei mir. Das ist nicht schön, aber ich mußte mich dazu entscheiden. Ich fahre auch immer in gepanzerten Fahrzeugen oder fliege im Helikopter.

W.W.: Warst Du denn jemals alleine in der Roten Zone?

A. Prouse: Ja, zu Beginn öfter. Ich habe Freunde im Irak, die ich anfangs immer am Freitag besuchte. Das tue ich heute nicht mehr. Ich muß darauf achten, daß ich meine Freunde und Bekannten nicht in Gefahr bringe.

Foto: Matt Mulhern

Anna Prouse und ein irakischer Freund

W.W.: Wie gestaltet sich das Leben in der Grünen Zone überhaupt?

A. Prouse: Man hat dort ein anstrengendes Leben. Die Grüne Zone ist nicht etwa ein Luxusghetto mit Discos, Restaurants und Pools. Die meisten arbeiten sehr tüchtig; ob ihre Arbeit eine gute oder sinnvolle ist, ist eine andere Frage. Man lebt in winzigen Zimmern in ganz einfachen

[4] kugelsichere Weste

Verhältnissen. Mein Zimmer hatte z.B. drei Quadratmeter, und erst vor kurzem bekam ich eine eigene Toilette. Früher teilte ich mir die Toilette mit 60 Menschen. Selbst ein Botschafter macht da keine Ausnahme, schließlich hält man sich in einem Kriegsgebiet auf.

W.W.: Wie ernährt man sich denn dort?

A. Prouse: Als Vorsichtsmaßnahme gegen eventuelle Giftanschläge läßt man das ganze Essen aus dem Ausland kommen. Es gibt sehr immer das gleiche: Hühnchen. Nur die Saucen ändern sich ständig. Nur Hühnchen würde mir sehr viel besser gefallen! Im italienischen Bereich gibt es jetzt eine eigene Küche, und ich sorge dafür, daß Reis aus dem Irak herangeschafft wird; Freunde von mir bringen uns Brot. Man ißt also immer mit Tausenden von Leuten. Das gehört zum Anstrengendsten in der Grünen Zone: Man ist nie alleine.

W.W.: Fliegen die Helikopter, die euch ans Ziel bringen, die direkte Fluglinie?

A. Prouse: Nein, sie fliegen in heftigem Zickzack, um eventuellen Anschlägen auszuweichen. Man darf also einige Stunden vorher nichts essen, sonst übergibt man sich. Da ich ziemlich viel südliche Energie habe, schreckt es mich aber nicht ab, bei 60 °C Hitze im Helikopter herumzufliegen. Ich ziehe es dem ewigen Aufenthalt in der Grünen Zone vor und reise sehr viel im Irak. Inzwischen bin ich Beauftragte des Migrationsministeriums – und weil die Migrationsbewegungen riesige sind, lege ich auch große Strecken zurück, um die Lage wirklich kennenzulernen.

Foto: Anna Prouse

Am Grenzübergang zur Grünen Zone

Die meisten Menschen bleiben aber in der Grünen Zone und werten dort Statistiken aus; kaum jemand wagt sich noch heraus. So fertigen alle ihre Power-Point-Präsentationen an und zeigen sie sich gegenseitig. Aber dafür bin ich nicht im Irak; ich ziehe es vor, mich auf den Weg zu machen.

Man sieht mich als „honourable man"

W.W.: Kannst Du etwas zu Deiner zukünftigen Arbeit sagen – oder darfst Du das nicht?

A. Prouse: Man hat festgestellt, daß es nicht geht, alles von Bagdad aus zu organisieren. Man muß also Menschen in die Provinzen schicken, um vor Ort mit der Bevölkerung und den Gouverneuren in Kontakt zu treten. Die Gouverneure sind diejenigen, die wirklich informiert sind über die Infrastruktur und die Lage in den Regionen. In Bagdad weiß da niemand Bescheid.

Es gibt jetzt also ein sogenanntes Wiederaufbau-Team für Dhi Qar, eine südliche Region in der Nähe von Basra[5]. Dieses Team setzt sich aus Vertretern der großen Koalition zusammen und hat ein großes Gebiet zu betreuen. Großbritannien und die USA sagten, Italien könne sich daran beteiligen; sie bestanden aber darauf, die Führung zu übernehmen. Italien, das dort stationiert war, weigerte sich und pochte darauf, den Wiederaufbau zu organisieren und das Team zu stellen. USA und England billigten zu, daß eine italienische Person die Leitung übernehme. Diese Person bin ich. Ich wußte nicht, daß man mich dazu gewählt hatte.

Anfangs war mir das zuviel Verantwortung. Dann wurde mir aber klar, daß ich eine der wenigen bin, die das Land und die Iraker kennen, und ich machte mir klar, daß ich mir Hilfe holen kann von hervorragenden Fachleuten, an die ich delegieren kann. Ich muß nur die Verantwortung übernehmen und gut arbeiten.

W.W.: Alles ist bereits mit dem italienischen Außenministerium ausgehandelt?

A. Prouse: Ja. Dort herrschte zunächst Verwunderung, aber der italienische Botschafter verdeutlichte den älteren Herren dort, daß die Iraker mich nicht als Frau, sondern als „honourable man" betrachten, der in der Verhandlung sehr freundlich, aber auch sehr unerbittlich und „straight" sein kann und sich so Achtung verschafft. Das ist richtig: Man begegnet mir eher als ehrenhaftem Mann denn als Frau.

---

[5] s. Karte Seite 81

Die Probleme werden von oben gemacht

W.W.: Wie beurteilst Du denn die derzeitige Lage im Irak?
A. Prouse: Meiner Ansicht nach handelt es sich dort um einen großen Bürgerkrieg. Das Land wird sich in drei Teile aufspalten. Die Sunniten werden voraussichtlich die Verlierer dieser Aufspaltung sein, was mir sehr leid tut. Aber es wird Verlierer und Gewinner geben müssen.

Ich sehe allerdings nicht die Gefahr einer wirklichen humanitären Krise, so unglaubwürdig das auch klingen mag. Das liegt an der arabischen Tradition: Araber haben große Familien, guten Zusammenhalt in den Stämmen und Clans, die immer wissen, wohin sie sich wenden müssen, um ein Stück Brot oder Kleidung zu finden. Der Irak ist also nicht „the middle of nowhere". Man hilft sich dort gegenseitig sehr – und findet immer ein Dach über dem Kopf. Diese gegenseitige Unterstützung und die jahrhundertealte Gewöhnung an existentielle Schwierigkeiten machen die Iraker stark, besonders in den Provinzen.

W.W.: Wie erklärst Du Dir, daß der Haß zwischen Schiiten und Sunniten so eskalieren konnte?

A. Prouse: 2003 gab es all diese Gruppierungen in einer mehr oder weniger friedlichen Mischung, und niemand wußte, wer wozu gehörte. Selbst im Ministerium saßen Sunniten und Schiiten am gleichen Tisch, und ich hätte niemals gefragt, ob einer dies oder jenes ist. Die Problematik, die damals in den Medien heraufbeschworen wurde, herrschte nur auf allerhöchster Ebene, nicht zwischen den irakischen Bürgern.

Jetzt aber, so ist mein Eindruck, setzt die hohe Politik die Leute unter Druck, Position beziehen zu müssen. So entsteht natürlich Haß, der aber geschürt wurde.

W.W.: Stimmt es, daß sich Schiiten und Sunniten inzwischen nachts gegenseitig umbringen?

A. Prouse: Oh ja, das stimmt. Ich verbrachte eine Nacht in der Pathologie, wo die Kühlgeräte ausgefallen waren; dorthin wurden Hunderte von Menschen gebracht, die nachts ums Leben gekommen waren. Es sind eben oft fanatisierte Schiiten oder Sunniten, die in die Dörfer ziehen, um nachts alle zu töten.

Ich habe manchmal den Eindruck, es kann nicht mehr viel schlimmer werden.

In Dhi Qar saß ich vor kurzem mit Christen, Sunniten und Schiiten gemeinsam am Tisch, und man sagte mir: „Anna, wir haben von uns aus keine Probleme mit dem Glauben. Diese Probleme werden von oben gemacht."

Man muß sich klar darüber sein, daß diese Konflikte nicht das geringste mit Religion zu tun haben. Es ist ein Krieg um die Macht.

W.W.: Meinst Du mit „Krieg um die Macht" Krieg um Öl, um Geld, um Territorium?

A. Prouse: Ja, darum geht es. Für Muqtada as-Sadr haben Ehre und Gott keine wirkliche Bedeutung. Es geht ihm nicht um Allah, sondern nur um sich selbst; aber er ist eben ein Führer. Und im Irak braucht man Führer.

W.W.: Wie siehst Du die Zukunft des Irak? Können die US-Amerikaner dort abziehen?

A. Prouse: Das ist schwer zu beantworten. Augenblicklich dort abzuziehen wäre wahrscheinlich das Falsche.

Das Verbindende suchen

W.W.: Kann man Deiner Ansicht nach sagen, daß es in vielen Ländern eine Zeiterscheinung ist, daß die Menschen sich immer mehr in Gruppen zersplittern? Gehört es zu den Zeiterscheinungen, daß man im Interesse von Macht und Geld immer mehr Cliquen bildet und daß man nichts Gemeinsames mehr findet?

A. Prouse: Ja, das würde ich so sehen. Ich habe aber den Eindruck, daß wir durch diese Phase hindurchgehen müssen, um zusammenzufinden. Wenn Du mich mit einem Iraker auf einem Sofa sitzen sehen würdest, würdest Du denken: Um Gottes willen, die haben nichts gemeinsam.

Wenn sich aber beide auf den Weg machen und suchen, dann finden sie am Ende heraus, daß sie viel mehr gemeinsam haben, als es scheint. Man muß eben suchen.

W.W.: Was habt ihr denn gemeinsam?

A. Prouse: Ich denke, daß ein Europäer und ein Iraker mehr gemeinsam haben als ein Iraker und ein US-Amerikaner. Ein Mensch aus dem Nahen Osten spricht von Allah; wir sprechen von Gott. Letztlich meinen wir dasselbe. Ein Iraker betet fünfmal täglich; auch wenn ich diese Disziplin nicht aufbringe und nicht denke, daß es in unsere Zeit gehört, das zu tun, so glaube ich doch an Gott.

Araber haben dieses Familiengefühl, das uns völlig verlorengegangen ist. In dieser Hinsicht könnten wir uns ruhig ein bißchen zurückbewegen, denn wir sind ein wenig aus der Führung geraten. Araber bezeichnen uns westliche Frauen als Huren. Das klingt furchtbar; aber wenn ich nach Italien zurückkomme und den Fernseher einschalte, sehe ich nur nackte Frauen. Ich bin kein bißchen prüde, aber mir ist es auch zuviel. Man müßte die Mitte finden.

Es geht nicht um Recht oder Unrecht. Der Islam ist nicht so weit von uns entfernt, wie es scheint. Ich spreche dort sehr oft über Religion, und mir wird oft gesagt, ich sei eine perfekte Muslima. Das ist natürlich überhaupt nicht wahr, aber sie spüren das Verbindende. Sie betrachten Jesus zwar nicht als Gottessohn, aber immerhin als Propheten, *(wie Mohammed)*. So sehr weit weg ist das also nicht.

Fragen der Zukunft

W.W.: Wenn Du jetzt auf die Iraker blickst, die sich nicht aus religiösen, sondern aus Machtgründen gegenseitig umbringen: Findest Du etwas, was diese Menschen für die Zukunft wieder verbinden kann?

A. Prouse: Sie müssen das Verbindende finden. Iraker haben nicht das, was die Iraner haben – nämlich Identität. Der Irak stand fast ein ganzes Jahrhundert unter der Herrschaft Englands; und was sich dort gefestigt hat, ist das Stammesbewußtsein.

Darin liegt eine Gefahr. Ich habe im Krankenhaus gearbeitet und nirgends so viele deformierte, unkindliche Babys zur Welt kommen sehen wie dort. Ich nannte sie sogar Monster, was mein Verleger empört zurückwies. Aber ich empfand das so! Das rührt von der Inzucht. Ich befragte dazu irakische Frauen, die sagten: „Ich fühle mich nur sicher, wenn ich Blut von meinem eigenen Blut erzeuge." Vielleicht ist all das Schreckliche, was jetzt geschieht, auch eine Art Chance, damit das über Familie und Clan hinaus Verbindende gefunden wird.

W.W.: Wie könnte aber so ein Sprung in die Zukunft im Sinne eines modernen menschheitsverbindenden Zeitgeistes im Irak aussehen? Gibt es da eine gemeinsame Idee?

A. Prouse: Ich denke, die gemeinsame Religionsidee könnte wirksam werden. Eine Staatsidee sehe ich nirgends. Es muß sich aber eine Staatsidee herausbilden. Ob das nun drei Staaten sind oder einer: Sie müssen eine Lösung finden.

Ich sehe sogar in der Tatsache, daß man sich gegenseitig umbringt, inzwischen eine Chance. Zunächst brachte man nur den Feind um, also uns Westler. Wenn aber der eigene Sohn, der eigene Vater betroffen ist, dann ist man irgendwann an einer Frage angelangt, die existentiell ist. Von dieser existentiellen Not aus könnte die Suche beginnen, sogar die Suche nach geeigneten Führern. Muqtada as-Sadr kann es nicht sein.

W.W.: Ist Demokratie eine Staatsform für den Irak?

A. Prouse: Nicht jetzt. Die Stammesrituale sind zu stark. Iraker brauchen jemanden, der alles besser weiß. Auch von mir forderte man das immerzu, obwohl die meisten Iraker sehr viel mehr wissen als ich. Iraker müssen noch lernen, wirklich für sich zu kämpfen und entscheidungsfähig zu werden.

W.W.: Haben viele Iraker keine Fragen an das Schicksal, an die Zukunft? Nehmen sie alles hin?

A. Prouse: Sie nehmen es hin – oder sie wollen fliehen. Plötzlich will jedermann nach Amerika. Darauf antworte ich ihnen: Nein, Du darfst doch nicht fliehen – warum kämpfst Du nicht um Dein Land?

W.W.: Gibt es im Irak Menschen, die versuchen, mit positivem Idealismus etwas aufzubauen?

A. Prouse: Sehr wenige. Die Korruption ist sehr, sehr groß.

Tu etwas für Dein Land!

W.W.: Erzielst Du denn mit Deinem Kampfwillen und Deiner Haltung als eine Art Führerin auch einen gewissen Nachahmungseffekt?

A. Prouse: Ja, das ist so. Ich arbeite mit dem Migrations-Minister zusammen, von dem mir alle Welt erzählte, wie korrupt er sei. Wir bearbeiteten die Frage der Wasserversorgung, und ich organisierte riesige Mengen Wasserkanister, die es zu verteilen galt. Besagter Minister erhob sofort den Anspruch, sie nach Kerbela, Najaf usw. zu bringen. Ich machte ihn darauf aufmerksam, daß er an Dörfer, Schulen, Flüchtlingslager, Kliniken, Camps usw. denken müsse, und arbeitete mit ihm die Verteilerliste aus. Die Amerikaner erklärten mich für verrückt, als ich sagte, ich wolle ihm die Verteilung anvertrauen. Ich beharrte aber darauf, daß er die Aufgabe verantwortungsvoll lösen werde; denn wir haben sehr viele Kämpfe gemeinsam ausgetragen. Bisweilen sagte ich zu ihm sehr böse: „Weißt Du, daß ich morgen schon im Flugzeug nach Europa sitzen kann? Ich sehe nicht ein, wieso ich für Dein Land kämpfen soll. Sterben will ich hier auch nicht. Also tu Du etwas für Dein Land. Ich helfe." Das weckt die Menschen auf. Sie sehen, daß ich 15 Stunden am Tag in ihr Land investiere, und beginnen, sich zu fragen, warum sie es nicht selber tun.

Statt den Irakern Lektionen zu erteilen und sie zu belehren, muß man ihnen die Dinge vorleben. Inzwischen gibt mir dieser Minister sogar die Hand. Vielleicht entsteht in ihm nach und nach sogar ein anderes Frauenbild als bisher. Diese Überzeugungsarbeit geht aber nicht durch Worte, sondern nur durch Taten. Das regt ganz anders an.

Helfen, statt zu klagen

W.W.: Wenn ich das jetzt zusammenfasse, sehe ich einerseits Deine Arbeit, andererseits schaue ich auf die Welt, die immer mehr aus den Fugen gerät. Armer Süden, reicher Norden, eine zunehmend auseinanderklaffende Schere – bedeuten diese Pole nicht eine Pflicht für uns? Liegt es als Forderung an jeden westlichen Menschen in dieser Zeit, eine gewisse Zeitlang in diesen Ländern helfend zu arbeiten?

A. Prouse: Das würde ich absolut für sinnvoll halten. Sogar in den US-Staaten hat man ja jetzt eine Zeit zwischen Schule und High-School eingerichtet, in der die jungen Menschen in Entwicklungsländer reisen, um dort ein Jahr lang zu helfen.

Ich bin jetzt seit zwei Tagen aus dem Irak zurück, und ich muß gestehen, daß mir das Gejammere der Europäer sehr auf die Nerven geht. Die Menschen sind todernst und selbstmitleidig; sie lachen nicht. Dabei kennen sie gar kein existentielles Leid! Im Irak wird wesentlich mehr gelacht als hier, obwohl die Menschen vormittags nicht wissen, ob sie abends noch am Leben sind. Um da eine Verhältnismäßigkeit zwischen eigenem Leid und Weltnot herzustellen, wäre ein solches Jahr für jeden Europäer sehr gut.

W.W.: Wie erklärst Du Dir diese Neigung zum Jammern im Westen?

A. Prouse: Wir wissen nicht mehr, was Unglück ist. Ich kann nicht mehr akzeptieren, daß es Menschen ohne Kenntnis über die Welt gibt. Man muß im Leben neugierig und wissensdurstig sein; wer das nicht mehr ist, ist so gut wie tot. Man muß Anteil nehmen an dem, was über den eigenen Tellerrand hinausgeht. Das tun die Leute hier nicht mehr; es interessiert sie nur noch der eigene Garten.

Jeder trägt Gutes und Schlechtes in sich

W.W.: Du sprichst mir da sehr aus dem Herzen. Hättest Du einen Tip, was man den Menschen im Westen sagen sollte?

A. Prouse: Das fängt mit der Verantwortung der Eltern an. Sie müssen ihren Kindern das Leben vermitteln und nahebringen. Sie dürfen sie nicht vor dem Fernseher abladen und behaupten, die Fernsehsender könnten den Kleinen das Leben zeigen. Man muß reisen und forschen! Die Menschen reisen aber nur, um abzuschalten und sich zu sonnen. Damit zeige ich aber einem Jugendlichen keine andere Kultur!

Die Jugendlichen müssen in die weite Welt, sie müssen raus! Sich immer nur mit der eigenen Karriere zu beschäftigen, die eigenen Sorgen hin und her zu drehen, das ist tödlich.

Die meisten Menschen wollen nichts vom Irak hören, sie möchten ein Foto sehen, wie ich im Hubschrauber fliege – und das war's!

W.W.: Was hat sich durch diese drei Jahre im Irak für Dein Leben geändert?

© AnnaProuse Foto: John Bowersox

Anna Prouse im Hubschrauber

A. Prouse: Ich habe mich selbst sehr geändert. Ich weiß, daß das Leben wunderschön ist. Es ist aber auch kurz, und deswegen muß man es voll ein- und ausatmen. Ich neige nicht besonders zu großer Demut, aber ich bin dankbar für die Dinge, die ich tun kann. Das heißt aber nicht, daß ich nicht auch sehr schlechte Momente habe. Manchmal weine ich, bin verzweifelt über die Härte des Lebens, aber ich lebe.

Früher überlebte ich eher; heute lebe ich. Früher war ich sehr darauf aus, alles zu wissen. Ich wußte, was Weiß und Schwarz ist. Heute weiß ich, daß ich, wenn ich Weiß denken will, auch bemüht sein muß, diejenigen zu verstehen, die Schwarz denken. Daß ich jeden Tag darin gefordert bin, ist gut! Das öffnet das Denken, bringt Leben in die starren Meinungen, die man hat; und es macht handlungsfähig.

W.W.: Hat sich auch Deine Ansicht über den Menschen verändert? Du erlebst ihn ja in der ganzen Palette des Guten und Schlechten.

A. Prouse: Jeder trägt die ganze Palette in sich, sowohl die gute als auch die schlechte; das sehe ich jetzt viel deutlicher. Außerdem habe ich gelernt, mich über die kleinen Dinge zu freuen und sie zu schätzen. Ich habe gelernt, intensiv zu leben, im Kleinen und im Großen.

Es ist an der Zeit für das bedingungslose Grundeinkommen

Interview mit Götz Werner

Von Wolfgang Weirauch

Prof. Götz W. Werner *wurde 1944 in Heidelberg geboren. Nach seiner Drogistenlehre in Konstanz arbeitete er fünf Jahre lang in einem Drogerie-Unternehmen in Karlsruhe. 1973 eröffnete er den ersten dm-Drogeriemarkt in Karlsruhe. Der gute Start und eine kontinuierlich erfolgreiche Entwicklung brachten das Unternehmen zu seiner heutigen Bedeutung. Zur Zeit arbeiten in seiner Drogeriemarktkette in neun Ländern Europas mehr als 24 000 Menschen in 1 720 Filialen.*
Seit Oktober 2003 *leitet Prof. Götz W. Werner das Interfakultative Institut für Entrepreneurship an der Eliteuniversität Karlsruhe (TU). Seit Februar 2006 ist er Präsident des EuroHandelsinstituts e.V.*

Manchmal tauchen Ideen auf, die nicht nur neu, sondern sehr zukunftsweisend sind. Die Idee des bedingungslosen Grundeinkommens gehört dazu.

In einer Zeit, in der Vollbeschäftigung allerhöchstens nur noch ein Traum ist und die Maschine zunehmend die Menschenarbeit ersetzt, in einer Zeit, in der sämtliche Arbeitnehmer auf dem globalisierten Arbeitsmarkt miteinander konkurrieren und die Angst vieler Menschen vor dem Verlust des Arbeitsplatzes steigt, sind neue Ideen notwendig.

Mit der Idee des bedingungslosen Grundeinkommens wird ein Paradigmenwechsel eingeleitet. Für sehr viele Menschen ist die Notwendigkeit eines Einkommens Triebfeder zur Arbeit. Ein soziales Motiv, das darin besteht, daß man mit seiner Arbeit z.B. für andere Menschen tätig sein

dm
HIER BIN ICH MENSCH
HIER KAUF ICH EIN

könnte, wird den meisten Menschen gar nicht mehr bewußt, weil Lohn und Arbeit aneinandergekoppelt sind. Hier liegt die Quelle eines egoistischen Motivs all derjenigen, die vor allem wegen des Einkommens arbeiten wollen oder müssen.

Auf der anderen Seite steht die Industrie, für die der Faktor Arbeit – zumindest in Deutschland – in der heutigen globalen Konkurrenzsituation viel zu teuer ist und die deshalb den Faktor Menschenarbeit zunehmend abbaut oder in Billiglohnländer verlegt.

Ein Grundelement der Idee des bedingungslosen Grundeinkommens ist Rudolf Steiners Idee von der Entkopplung von Einkommen und Arbeit. Stellen Sie sich einmal vor, Sie bekämen ein bedingungsloses Grundeinkommen, das Ihnen eine bescheidene lebenslange Existenz sichern würde – wieviel kreativer und von Existenzsorgen freier könnten Sie sich der Arbeit widmen! Vielleicht könnten Sie sogar eine ganz andere Arbeit aufgreifen, die Ihren Fähigkeiten viel mehr entspricht, die Sie bisher aber nicht umsetzen konnten, weil Sie auf eine höher dotierte andere Arbeit angewiesen waren.

Der deutsche Staat zahlt heute schon jedem Bundesbürger durchschnittlich etwa 800 Euro monatlich, wenn man alle Transferleistungen des Staates an die Bürger – Pensionen, Renten, Arbeitslosengeld I und II, Sozialhilfe und die damit verbundenen Verwaltungskosten – zusammenrechnet.

Zur Idee des bedingungslosen Grundeinkommens gehört, daß alle Steuern bis auf eine Konsumsteuer gestrichen werden und daß die Unternehmen nur noch einen Nettolohn an die Arbeitnehmer auszahlen, der um die Höhe des bedingungslosen Grundeinkommens gemindert wird. Der Arbeitnehmer bezieht aber nicht weniger Einkommen, weil der Fehlbetrag in seinem Nettolohn durch das bedingungslose Grundeinkommen aus einer Staatskasse auf das Konto des Bürgers fließt.

Auf den ersten Blick sieht das wie ein erhebliches Kostensenkungsprogramm für die Unternehmen aus. Aber da die meisten Unternehmen ohnehin sämtliche Kosten inklusive Steuern auf den Preis ihrer Produkte umlegen, kann die Industrie nun – bei diesem Modell – erstmals in Deutschland wirklich zu erheblich niedrigeren Kosten produzieren. Der Faktor Menschenarbeit wird erheblich billiger, und die Preise der Waren werden – wenn alles gutgeht – erheblich sinken.

Eine Konsumsteuer muß allerdings erhoben werden und an den Staat fließen, denn sonst könnten die Grundeinkommen und die sonstigen staatlichen Ausgaben nicht bezahlt werden. Diese Konsumsteuer ist ohnehin die gerechteste Steuer; denn wer viel verbraucht, sollte auch am meisten bezahlen. Sie wird voraussichtlich auf etwa 50 % steigen.

Natürlich kann sich ein solcher Paradigmenwechsel nur schrittweise vollziehen: Der Faktor der menschlichen Arbeit wird allmählich billiger und paßt sich den Kosten für die Maschinenarbeit an; die bisherigen Steuern sinken allmählich und fallen schließlich nur noch beim Konsum an; die Waren können wesentlich billiger produziert werden, so daß auch eine steigende Mehrwert- bzw. Konsumsteuer die Waren im Endpreis gegenüber den heutigen Preisen nicht verteuert. Ein Land mit diesem Paradigmenwechsel würde verstärkt Arbeit aus dem Ausland anziehen und eine wesentlich höhere Wertschöpfung ermöglichen, so daß der Staat letztendlich vielleicht auch ein bedingungsloses Grundeinkommen in Höhe von 1 500 Euro für jeden Bürger ermöglichen könnte.

Natürlich tun sich noch viele Fragen auf, die man im einzelnen klären müßte und die sich in der Wirklichkeit erweisen würden – wie z.B.: Reicht die Konsumsteuer wirklich aus, um letztendlich ein Grundeinkommen von 1 500 Euro zu ermöglichen? Reicht sie aus, um in der Umstellungsphase von vielleicht 15 bis 25 Jahren alle die Pensionen und Renten zu bezahlen, die über 800 Euro liegen? Wie verändert sich die Situation in den Betrieben, wenn jeder Arbeitnehmer vom Staat 800 bis 1 500 Euro erhält, von seinem Arbeitgeber aber entsprechend weniger? Wie verhält es sich mit dem einzelnen Menschen, wenn er ein solches bedingungsloses Grundeinkommen bekäme – würde er sich auf die faule Haut legen oder würde das in ihm ganz neue Kreativitätspotentiale erwecken, mit dem das Gesamte des sozialen Organismus bereichert würde?

Lesen Sie in dem folgenden Gespräch mit Götz Werner, wie er eine Idee aufgreift, die in der Zeit liegt, und wie er sich mit unermüdlichem Einsatz und mit Begeisterung für diese Idee einsetzt.

Wolfgang Weirauch: Wie kommt es, daß in den letzten Jahren verstärkt über das bedingungslose Grundeinkommen gesprochen wird? Liegt das an Ihrer Anzeigenkampagne, Ihren Medienauftritten – oder ist es einfach ein Thema des Zeitgeistes?

Götz Werner: Letzteres, würde ich sagen. Ich halte mich dabei an Victor Hugo, der gesagt hat: „Nichts ist so stark wie eine Idee, deren

© gemeinfrei Autor: unbekannt

Victor Hugo, 1884

Zeit gekommen ist.“ Die Menschen merken zunehmend, daß die Parolen von der angeblich möglichen Vollbeschäftigung nicht stimmen. Die Menschen erleben in den Unternehmen, in denen sie beschäftigt sind, daß die Rationalisierung exponentiell voranschreitet.

Daß sich ein Unternehmen einerseits von 5 000 Arbeitsplätzen in Deutschland freimacht, andererseits den Umsatz um 10 % steigert, zeigt, daß sich hier ein Rationalisierungs-Rückstau gebildet hat. In den Unternehmen bemerken die Arbeitnehmer, daß viele ihrer Kollegen nicht mehr ausreichend ausgelastet sind und daß sie nur noch beschäftigt sind, weil man sie nicht entlassen kann oder will, und zwar aus den unterschiedlichsten Gründen, sei es durch Produktivitätssteigerungen oder durch die Verlagerung von Produktionsstätten in sogenannte Billiglohnländer.

Die Menschen wissen, daß irgendwann weitere Arbeitsplätze verlorengehen – sie hoffen nur, daß es sie selbst nicht treffen wird. Und sie kämpfen dafür, daß es sie nicht treffen wird. Aber jeder vernünftige Mensch weiß, daß es ein Unternehmen auf Dauer nicht aushält, Arbeitnehmer zu beschäftigen, die eigentlich in diesem Unternehmen nichts mehr zu tun haben. Das ist in unseren Filialen genauso. Wenn bei uns der Umsatz zurückgeht, wissen die Mitarbeiter, daß man Stunden abbauen muß.

Eigentlich sind wir schon alle mit einem Grundeinkommen versorgt

W.W.: Wie hoch ist die Staatsquote in Deutschland, und welche Aufgabe haben die Steuern heute?

G. Werner: Die Staatsquote – das sind sämtliche Leistungen des Staates im Verhältnis zum Bruttoinlandsprodukt – beträgt heute knapp 50 Prozent. Dieser öffentliche Konsum wird im wesentlichen durch Steuern finanziert. Diese Steuern muß man immer als ein Teilungsverhältnis verstehen:

Auf der einen Seite hat man das Ganze. Das Ganze ist die Wertschöpfung, die wir gemeinsam als Gemeinschaft hervorbringen; und diese teilt sich auf in etwa 50 Prozent gemeinschaftlichen Konsum und in 50 Prozent privaten Konsum. Die Steuer hat keine andere Aufgabe als die, zu steuern, daß der einzelne von seinem Privatkonsum zurücktreten muß, damit die Gemeinschaft konsumieren kann.

W.W.: Wenn wir einerseits ein mögliches Grundeinkommen für jeden Bürger sehen, auf der anderen Seite die Transferleistungen des Staates an die Bürger, die jetzt schon fließen – wieviel Grundeinkommen würde das bereits für jeden Bürger monatlich ausmachen?

G. Werner: Cirka 650 Euro. Wenn man hier über die Transferleistungen des Staates redet und sie für ein Grundeinkommen verkalkuliert, dann ist das aber eine Milchmädchenrechnung.

W.W.: Warum? Diese Mittel fließen doch bereits!

G. Werner: Natürlich. Insgesamt sind dies inklusive der Verwaltungskosten etwa 800 Mrd. Euro pro Jahr. Diese Mittel gehen in irgendeiner Weise an die Bürger, sei es über Rentensysteme, über die Krankenversicherung, Arbeitslosengeld II usw. Zu den Transferleistungen addieren sich noch die Aufwände für die Verteilungsbürokratie, also z.B. diejenigen der Bundesanstalt für Arbeit. Bei der derzeitigen Höhe der Transferleistungen inklusive der Kosten für die Verteilung kämen wir bereits auf etwa 800 Euro monatlich für jeden erwachsenen Bürger. Unser Grundeinkommensmodell geht von unterschiedlichen Bezugshöhen je nach Lebensalter aus, einem Lebensbogen von der Wiege bis zur Bahre.

Wir sind heute in der Bundesrepublik Deutschland alle versorgt, die Gemeinschaft der Bürger läßt niemanden mehr verhungern. Mit der Einführung eines bedingungslosen Grundeinkommens muß allerdings eine schrittweise Reform unseres Steuersystems einhergehen. Es muß unser Ziel sein, die einkommensbasierten Steuern durch eine Besteuerung des Konsums zu ersetzen. Mit einem bedingungslosen Grundeinkommen würden wir dann lediglich eine andere Zuordnung gestalten. Und ich meine nicht Umverteilung, sondern Zuordnung.

W.W.: Können Sie das an einem konkreten Beispiel erläutern?

G. Werner: Nehmen Sie einen Mitarbeiter aus Ihrem Verlag und denken Sie sich, daß dieser die gesamte Bevölkerung Deutschlands sei. Denken Sie sich weiter, daß dieser eine Mitarbeiter jetzt nicht nur von Ihnen netto 1500 Euro bekäme, sondern erst einmal von der Gemeinschaft des Staates 800 Euro. Dann müßten Sie diesem Arbeitnehmer nur noch 700 Euro bezahlen, aber sie müßten 800 Euro an die Gemeinschaft abführen, damit die Gemeinschaft diesem Arbeitnehmer die 800 Euro zahlen kann. Und da wir von den Gütern und nicht vom Geld leben, ist alles schon bezahlt. Man muß es nur konsequent denken.

Also, Sie zahlen dem Mitarbeiter in Ihrem Betrieb nur noch 700 Euro, 800 Euro zahlen Sie auf ein Konto des Staates; diese 800 Euro fließen dann wieder auf das Konto des Mitarbeiters. Dann hat der Mitarbeiter wieder seine 1 500 Euro auf seinem Konto, und Sie als Verlag haben wie bisher 1 500 Euro gezahlt. Der entscheidende Unterschied ist nur der, daß der Mitarbeiter im Falle der Entlassung aus Ihrem Verlag immer noch die 800 Euro bekommt. Und wenn Sie einen anderen Mitarbeiter einstellen, müssen Sie ihm wieder nur 700 Euro bezahlen.

W.W.: Noch einmal zur Verdeutlichung: Der Nettolohn reduziert sich also um die Höhe des Grundeinkommens?

G. Werner: Ja.

Die Einkommenssteuer ist ein Sargnagel einer freiheitlichen Gesellschaft

W.W.: Fallen außerdem nicht auch noch sämtliche Lohnnebenkosten weg?

G. Werner: Jetzt haben wir das wichtige zweite Thema, die Steuerreform. Ein großer Sargnagel einer freiheitlichen Gesellschaft ist das einkommensbasierende Steuersystem. Denn dieses einkommensbasierte Steuersystem hemmt einerseits die Initiative der einzelnen und verteuert zugleich die menschliche Arbeit. Zusätzlich wird die Arbeit durch die Sozialabgaben verteuert, so daß also Steuern und Abgaben die immer kleinere Anzahl von Erwerbstätigen in unserem Land immer stärker belasten. Der größte Teil der Finanzierung der Gemeinschaftsaufgaben wird in Deutschland an der menschlichen Arbeit angesetzt. Leistung wird bestraft. Wir verteuern einerseits die menschliche Arbeit, andererseits verbilligen wir zugleich durch erhebliche Subventionen die Maschinenarbeit.

W.W.: Daraus ergibt sich also die Grundidee, Steuern und Lohnnebenkosten nicht mehr an die Einkommen zu koppeln?

G. Werner: Genau, die Steuern und Abgaben dürfen nicht mehr am Pol der Arbeit, sondern sie müssen am Pol des Verbrauchs angesetzt werden. Damit werden menschliche und maschinelle Arbeiten gleichmäßig besteuert. Wenn man Steuern und Abgaben an den Konsum koppelt, kann die menschliche Arbeit weitgehend entlastet und die Maschinenarbeit im gleichen Maße wie die menschliche Arbeit belastet werden.

© PD Foto: Ingersoll

Arbeitsplatz eines Steuereintreibers
Museum der Burg Stolpen

Wir zahlen keine Steuern

W.W.: Welche Folgen hätte das? Reicht die Konsumsteuer aus?

G. Werner: Ja, weil man die Höhe sehr fein justieren kann und weil man wie bereits heute schon unterschiedliche Steuersätze für je unterschiedlichen Konsum anwenden kann.

Ein zweiter Effekt ist nicht zu unterschätzen. Eine Konsumsteuer statt einer Besteuerung der Erwerbsarbeit würde dazu führen, daß man in Deutschland wieder Arbeit anziehen würde und Arbeitsplätze schaffen könnte. Auch würde es dazu führen, daß man jegliche wirtschaftliche wie soziale Initiative von Belastungen befreit. In aller Konsequenz umgesetzt würde das bedeuten, daß auf die Arbeitsleistungen keinerlei Steuern mehr gezahlt würden, sondern daß die Steuern ausschließlich dort anfallen würden, wo sie heute in letzter Konsequenz schon bezahlt werden, nämlich im Konsumbereich.

An dieser Stelle wird immer wieder der Einwand erhoben, daß ich als Unternehmer keine Steuern mehr zahlen will. Viele Politiker plädieren sogar für Reichensteuern, weil es ihnen opportun erscheint, den Wählern eine Nähe zur Basis zu demonstrieren. Es ist aber eine reine Illusion zu glauben, daß die Betriebe, und damit die Unternehmer, heute Steuern zahlen. Ein kluger Unternehmer zahlt keine Steuern, er verkalkuliert sie in die Preise. Und wenn es ihm nicht mehr gelingt, seine Steuern, ob Reichensteuer, Vermögenssteuer, Einkommensteuer oder Erbschaftssteuer, zu verkalkulieren, dann macht er Verluste. Macht er aber Verluste, zahlt er sowieso keine Steuern mehr. – Sie z.B., Herr Weirauch, zahlen mit Ihrem Betrieb keine Steuern.

W.W.: Weil ich alle Steuern in den Preis meiner Bücher mit einrechne.

G. Werner: Genau. Sie müssen sämtliche Steuern in den Preis Ihrer Bücher einkalkulieren. Wenn Sie dies nicht mehr tun bzw. nicht mehr können, ist Ihr Laden pleite. Und wenn Ihr Laden pleite ist, was müssen Sie dann nicht mehr zahlen?

W.W.: Steuern.

G. Werner: Genau.

Aber auch Ihr Mitarbeiter, den wir eben im Gespräch als Beispiel aufgegriffen hatten, zahlt in Ihrem laufenden Betrieb keine Steuern. Er kalkuliert nur, was sie ihm netto zahlen. Der Bruttolohn interessiert ihn letztendlich gar nicht. Jeder Mensch, auch jeder Investor, rechnet seine Investitionen netto. Wir alle rechnen nur netto. Wir meinen immer, wir würden viele Steuern zahlen – aber in Wirklichkeit zahlen wir keine Steuern; denn die Steuern wandern alle in die abgerechneten Preise. Damit haben wir faktisch bereits ein Konsumsteuersystem – aber mit der schrecklichen Folge, daß wir die menschliche Arbeit an allen Stellen der Wertschöpfungskette verteuern.

© GNU Foto: Heidas

Kaufhaus in Frankfurt am Main

Dies führt dazu, daß die Unternehmen ihre Investitionsentscheidungen viel zu oft nach den steuerlichen Abschreibungsmöglichkeiten ausrichten. Darum gibt es einerseits viele Investitionen, die ökonomisch sinnlos sind – was man an den vielen Abschreibungsruinen betrachten kann-, und andererseits werden sinnvolle Investitionen unterlassen, weil sie sich steuerlich nicht rechnen.

Deutschland würde zum Arbeitsparadies

W.W.: Wie ist das außenwirtschaftlich zu sehen?

G. Werner: Momentan belasten wir mit einkommensbasierten Steuern den Export, weil in den Preisen alle einkommensbasierten Steuern enthalten sind, die bis zum Zeitpunkt des Exports angefallen sind. Andererseits subventionieren wir die Importe, weil in den Preisen des Auslands nicht die Steuern enthalten sind, die eigentlich hineingehören.

W.W.: Sie meinen, weil in den Waren, die in Billiglohnländern hergestellt worden sind, kaum Sozialabgaben enthalten sind?

G. Werner: Ja, und auch weil in ihnen keine Kosten für eine vernünftige Infrastruktur enthalten sind. Die sogenannten Billiglohnländer haben überhaupt nicht den Sozialstandard, den wir in Deutschland haben. Dieser wird verhindert. Im Grunde erlebt und spürt das jeder Bürger, wenn er die Preise aufmerksam beobachtet: Wie kann diese Ware eigentlich so billig sein?

W.W.: Die Schaffung bzw. Verhinderung von Sozialsystemen anderer Länder findet also eigentlich in den Regalen unserer Kaufhäuser statt.

G. Werner: Ja, so ist es.

W.W.: Welche Folgen hätte es für ein Land wie Deutschland, wenn man das Grundeinkommen einführen und die Arbeit von allen Abgaben und Steuern befreien würde?

G. Werner: Wenn wir erstens die Arbeit von den Steuern und Abgaben entlasten und uns auf diese Weise konkurrenzfähiger machen und zweitens die Investitionen ebenfalls steuerlich entlasten, dann könnte Deutschland ein Arbeitsparadies werden. Wir würden Arbeit anziehen, und Firmen würden nicht nur aus Sicherheitserwägungen heraus ihre Produktionsstätten nach Deutschland verlegen. Wir würden noch mehr Kapital anziehen, Deutschland würde zu einem Investitionsparadies – auch für die Deutschen, die durch die Grundsicherung von ihrem Sparzwang befreit würden und bereit wären zu investieren.

UMSATZSTEUER IN EU-LÄNDERN Stand: Februar 2006

Land	Steuersatz				
	Normalsatz	Ermäßigter Satz	Stark ermäßigter Satz	Zwischensatz	Nullsatz möglich
Zypern	15 %	8 %	5 %	–	ja
Luxemburg	15 %	6 %	3 %	12 %	–
Spanien	16 %	7 %	4 %	–	–
Deutschland	16 % (ab 1. Januar 2007: 19 %)	7 %	–	–	–
Großbritannien	17,5 %	5 %	–	–	ja
Estland	18 %	5 %	–	–	ja
Lettland	18 %	5 %	–	–	ja
Malta	18 %	5 %	–	–	ja
Litauen	18 %	9 %	5 %	–	–
Slowakei	19 %	–	–	–	–
Tschechien	19 %	5 %	–	–	–
Niederlande	19 %	6 %	–	–	–
Griechenland	19 % (auf Inseln: 13 %)	9 % (auf Inseln: 6 %)	4,5 % (auf Inseln: 3 %)	–	ja
Frankreich	19,6 %	5,5 %	2,1 %	–	–
Slowenien	20 %	8,5 %	–	–	–
Italien	20 %	10 %	4 %	6 %	–
Österreich	20 %	10 %	–	12 %	–
Ungarn	20 % (vor 1. Januar 2006: 25 %)	15 %	5 %	–	ja
Portugal	21 % (auf Madeira: 15 %)	12 %	5 %	–	–
Belgien	21 %	6 %	–	12 %	ja
Irland	21 %	13,5 %	4,4 %	–	ja

UMSATZSTEUER IN EU-LÄNDERN Stand: Februar 2006					
Land	**Steuersatz**				
	Normalsatz	Ermäßigter Satz	Stark ermäßigter Satz	Zwischensatz	Nullsatz möglich
Polen	22 %	7 %	3 %	–	ja
Finnland	22 %	17 %	8 %	–	ja
Schweden	25 %	12 %	6 %	–	ja
Dänemark	25 %	–	–	–	ja

Das wäre viel besser als die derzeit diskutierten Investivlohnmodelle, die wieder nur Lenkung statt Freiheit bedeuten. Es gäbe keine Steuerflucht und keine Schwarzarbeit mehr. Wir hätten Initiative weckende statt Initiative hemmende Rahmenbedingungen.

W.W.: Bisher haben wir ein Grundeinkommen in einer Höhe von 800 Euro angenommen. Sie selbst sprechen in der öffentlichen Diskussion ja auch von einem Grundeinkommen in Höhe von 1 500 Euro. Wie kommen Sie auf diese 1 500 Euro Grundeinkommen?

G. Werner: Wenn Deutschland in diesem Sinne zum Investitionsparadies geworden ist, dann wird auch genügend Prosperität vorhanden sein, um das bedingungslose Grundeinkommen schrittweise auf 1 500 Euro zu erhöhen. Aber für eine solche Dimension bedarf es bestimmt einer 15- bis 20jährigen Entwicklung. Der Kuchen muß schon größer werden.

W.W.: Wenn man das System entsprechend umstellen würde, dann würden Sie also vorerst mit 800 Euro beginnen und das Grundeinkommen Schritt für Schritt steigern?

G. Werner: Ja; denn auch heute sind wir schon bereit, jedem Menschen etwa 800 Euro zu bezahlen, also Arbeitslosengeld II plus Wohnungszuschlag plus Verwaltungskosten. Wir müssen es bloß bedingungslos und nur in Abhängigkeit vom jeweiligen Lebensalter tun.

Konkurrenzfähig im internationalen Konzert

W.W.: Wenn der Betrieb vom Nettolohn das Grundeinkommen einsparen kann, zusätzlich noch alle Steuern und Abgaben mit Ausnahme der

Konsumsteuer: Ist dies dann nicht letztlich doch ein großes Entlastungsprogramm zugunsten der Unternehmen?

G. Werner: Nein, denn der Betrieb muß dann bei der Preisfindung die Konsumsteuer am Ende des Wertschöpfungsprozesses einkalkulieren. Heute kalkuliert er die anfallenden Steuern und Abgaben mit ein, später die Konsumsteuer.

W.W.: Nehmen wir an, Deutschland würde dieses Modell einführen: Wie würde sich das auf die transnationalen Konzerne auswirken?

G. Werner: Da sich die Arbeit in Deutschland verbilligen würde, würden auch diese ihre Produktionsstätten wieder nach Deutschland verlagern. Vor einigen Wochen sprach ich mit einem Konzernmanager über das Modell des Grundeinkommens, und er sagte mir: „Dann würden meine deutschen Standorte gerettet."

Wenn die Mehrwertsteuer, also die Konsumsteuer, die einzige Steuer wäre, wären wir mit einem Schlag wieder konkurrenzfähiger im internationalen Konzert. Denn ein Manager fragt lediglich nach dem finanziellen Aufwand von Menschen- zu Maschinenarbeit und danach, wo er was am billigsten durchführen kann.

W.W.: Werden die Betriebe wirklich die doch beträchtlichen Einsparungen in Form von niedrigeren Preisen ihrer Waren an die Bürger zurückgeben?

G. Werner: Selbstverständlich.

W.W.: Aber transnationale Konzerne investieren ja nicht ihre gesamten Gewinne, sondern sie füllen ihre Kriegskassen auf, um Fusionen durchzuführen, oder sie schütten mehr Dividenden aus bzw. vergeben Kredite an die Südländer. Diese Summen verringern nicht den Preis ihrer produzierten Waren.

G. Werner: Wenn der Markt das hergibt, werden viele Unternehmen wie schon bisher Gewinnmaximierung zum Ziel haben.

Das Grundeinkommen evolutionär einführen

W.W.: Wollen Sie das Grundeinkommen und das neue Steuersystem mit einem Schlag oder schrittweise einführen?

G. Werner: Gedacht werden muß es radikal bzw. revolutionär, umgesetzt werden muß es evolutionär. Ich könnte mir z.B. vorstellen, daß man Jahr für Jahr oder Halbjahr für Halbjahr die Mehrwertsteuer um einen Prozentpunkt erhöht und im Gegenzug die anderen Steuern und Abgaben entsprechend zurückfährt.

W.W.: Mit einem Schlag wäre es nicht möglich?

G. Werner: Auf keinen Fall, denn dadurch würde alles durcheinanderkommen. Dies muß ein evolutionärer Prozeß sein. Man kann schon heute damit beginnen, muß aber den gesamten Prozeß etwa auf 20–25 Jahre anlegen. In 25 Jahren werden die Steuern ohnehin ganz andere als heute sein.

Man steuert aber mit Steuerreform und Grundeinkommen nicht nur Geldströme. Wenn man es philosophisch betrachtet, dann versetzt das Grundeinkommen den Bürger eigentlich in eine entscheidende Lage, nämlich in die zu verzichten. Wenn Ihr Mitarbeiter nur noch 700 Euro von Ihnen und 800 Euro von der Gemeinschaft bekommt – und zwar garantiert bis an ihr Lebensende –, dann könnte er z.B. kündigen, wenn ihm die Arbeit nicht mehr paßt, ihm bliebe dann eine materielle Basis.

Der menschliche Egoismus als Hinderungsgrund?

W.W.: Das genau ist der Knackpunkt. Ich finde die Idee des Grundeinkommens faszinierend, hoffe auch, daß sie durchführbar ist, und würde auch alles dafür tun; trotzdem sehe ich dann in der Zusammenarbeit von Arbeitnehmern und Arbeitgebern erhebliche Probleme auf uns zukommen.

G. Werner: Heute möchten doch die meisten Manager oder Unternehmer viele Menschen in ihre Abhängigkeit bringen. Ein richtiger Arbeitsmarkt mit Angebot und Nachfrage existiert aber nur scheinbar. Wer diese Abhängigkeiten will, wird natürlich eine andersgeartete Zusammenarbeit – wenn Arbeit und Einkommen entkoppelt sind – fürchten wie der Teufel das Weihwasser.

W.W.: Denken Sie einen Nettolohn von 1500 Euro ohne Grundeinkommen und vergleichen Sie dies mit einer künftigen Situation – sagen wir 800 Euro Grundeinkommen und 700 Euro Nettolohn. Glauben Sie wirklich, daß die-

© GNU Foto: Neitram

Weihwasserbehälter

© CC
Foto: Kawana
dm-Zentrale in Karlsruhe

ser Mensch dann noch für 700 Euro mit den gleichen Belastungen arbeitet?

G. Werner: Wenn dieser Mensch in der Arbeit keine Notwendigkeit und keinen Sinn mehr sieht, dann ist es auch richtig, daß er nicht mehr arbeitet.

W.W.: Die Arbeit mag notwendig sein, aber sie wird nicht für jeden Arbeitnehmer sinnvoll sein.

G. Werner: Notwendig für wen? Dann müssen Sie eben etwas dazulegen!

W.W.: Was machen Sie mit dem Egoismus der Menschen? Der Egoismus der einzelnen Menschen kann auch dazu führen, daß z.B. ein Betriebsleben unzumutbar wird.

G. Werner: Das stimmt nicht. Sich einzubringen ist keine Frage von Egoismus oder Altruismus. Ich könnte gar keinen Betrieb mit 850 Filialen führen, wenn die Menschen sich nicht beteiligen wollten.

W.W.: Vielleicht ist das Betriebsklima bei Ihnen besser, weil Sie bessere Bedingungen in Ihren Filialen schaffen?

G. Werner: Nein, an unserem guten Betriebsklima liegt es nicht. Was meinen Sie, was meine Kollegen in Köln oder Konstanz alles für Ausreden bringen könnten, wenn sie den Laden morgens nicht pünktlich aufmachen: Verkehrsstau, verschlafen, Schlüssel verlegt usw. Wenn nur solche Entschuldigungen vorgebracht würden, könnte ein Unternehmen gar nicht laufen. Wenn jeder nur daran dächte, wie er mit möglichst wenig Arbeitseinsatz zu einem größtmöglichen Einkommen käme, liefe unser Betrieb nicht.

W.W.: Aber wir haben heute doch ein ganz anderes System, da Arbeit und Einkommen nicht entkoppelt sind und jeder um seinen Arbeitsplatz fürchtet.

G. Werner: Trotzdem werde ich niemanden entlassen, der mir erzählt, daß er im Stau hängengeblieben ist, obwohl er in Wirklichkeit eine halbe Stunde später von zu Hause losgefahren ist.

W.W.: Ich glaube, daß sich bei einer Höhe von 1500 Euro Grundeinkommen nicht nur im Positiven etwas verändern wird, sondern daß sich seitens vieler Arbeitnehmer auch ein gewisser Egoismus im Betrieb breitmachen wird, wenn man die gleiche Arbeit dann für 700 Euro machen muß.

G. Werner: Dann zeigt dies, daß dieses Unternehmen unattraktive Arbeitsplätze anbietet – und dann ist es Zeit, daß dieses Unternehmen verschwindet.

Zwei Menschenbilder

Ich weiß ja, daß wir momentan eine Art Advocatus-diaboli-Diskussion führen.

W.W.: Klar. Ich möchte auch nichts lieber, als daß die Idee des Grundeinkommens verwirklicht wird. Aber in diesem Punkt des menschlichen Egoismus und des ausschließlich positiven Menschenbildes bin ich nicht Ihrer Meinung.

G. Werner: Wie wäre es denn bei Ihnen mit dem Arbeitswillen?

W.W.: Ich bin kein Maßstab, ich würde immer arbeiten. Ich würde von morgens bis abends nur arbeiten.

G. Werner: Sehen Sie, ich stelle immer wieder fest, daß die Menschen zwei Menschenbilder haben, und zwar eines von sich und eines von den anderen Menschen. Man müßte aber seinen Mitmenschen das gleiche Menschenbild zubilligen, das man für sich selbst in Anspruch nimmt. Dann wäre uns allen viel geholfen.

Glauben Sie mir: Wenn ich das nicht immer angewendet hätte, hätte ich niemals einen so großen Betrieb aufbauen können. Ohne Vertrauen in die Menschen kann man nicht einen solch großen Filialbetrieb aufbauen. Ich könnte überhaupt nicht mehr ruhig schlafen.

Was meinen Sie, wie mich die Mitarbeiter in einer Filiale betrügen könnten. Ich wäre längst vorwärts und rückwärts pleite. Menschen sind von Grund aus entwicklungswillig und -fähig. Wir sind keine Ansammlung von Dieben und Egoisten!

Daß wir so gut leben können – und zwar sehr viel besser als unsere Vorfahren –, liegt nur daran, daß sich die Menschen einbringen wollen. Hätten die Menschen keine soziale Initiative, dann gäbe es z.B. auch keinen Sportverein, keine einzige Partei, keine einzige Sozialeinrichtung, keine einzige ehrenamtliche Tätigkeit.

W.W.: Das stimmt natürlich; aber so schwarz-weiß habe ich das nicht gemeint. Der Teufel steckt wie immer im Detail.

G. Werner: Genau da, und genau da muß man genau hinschauen.

Der Bürger ist der Souverän

W.W.: Ich unterrichte auch Politik an einer Waldorfschule, zur Zeit in einer 11. Klasse. Demnächst werden wir auch über das Grundeinkommen sprechen; und ich habe die Schüler schon vorsorglich einmal gefragt, wer von ihnen noch arbeiten würde, wenn er lebenslang 1500 Euro Grundeinkommen bekäme. Alle – ohne Ausnahme – erklärten, daß sie arbeiten würden.

G. Werner: Sehen Sie, man muß den Menschen vertrauen! Ich mache in der letzten Zeit die interessante Beobachtung, daß der Trennungsstrich zwischen unserem politischen Spektrum nicht mehr vertikal verläuft – also hier links, dort rechts –, sondern horizontal. Es gibt diejenigen, die auf die freie menschliche Initiative bauen, und diejenigen, die daran nicht glauben und auf Anreizsysteme und auf Kontrolle setzen. Das zieht sich durch alle Parteien hindurch. Je höher Sie in der Hierarchie nach oben kommen, desto eher herrscht das Anreizprinzip vor; je weiter Sie in die Parteibasis schauen, desto größer wird der Anteil derer, die auf Eigeninitiative setzen.

Bei immer mehr Menschen setzt sich der Gedanke durch, daß wir die Bürger sind und daß wir unsere Initiativen bestimmen wollen – und daß die Politiker sich heraushalten sollten. Der Souverän ist der Bürger – das wird immer mehr erkannt. Man will sich nicht mehr von Politikern bevormunden lassen und fordert von ihnen, daß sie gefälligst das tun, was die Bürger wollen.

Mit der eigenen Individualität konfrontieren

W.W.: Wenn ein ganzes Land Schritt für Schritt das bedingungslose Grundeinkommen einführt, wenn jeder mehr oder weniger um das positive Menschenbild ringt, wenn niemand mehr finanzielle Existenzangst hat und jeder in Freiheit seine Kreativitätspotentiale entfaltet und auch in die Arbeit einbringt: Was verändert sich dann für dieses Land, für die Erde und auch für die geistige Welt, für die Engel, die Erzengel – und nicht zuletzt für den Zeitgeist?

© YORK

Meister der Ménologe des Basilius II.
Ménologe des Kaisers Basilius II., Szene: Erzengel Michael
um 1000, Rom, Vatikan, Biblioteca Apostolica

G. Werner: Aus anthroposophischer Sicht betrachtet würde sich der Astralleib der Erde verändern. – Konkret bei den Menschen würde sich verändern, daß niemand mehr in der heutigen Opferrolle wäre. Schauen Sie einmal in Ihrem Bekanntenkreis herum, dann werden Sie ganz viele Menschen finden, die in etwa aussagen: Wenn ich damals gekonnt hätte, dann hätte ich etwas anderes gemacht; wenn ich genügend Geld gehabt hätte, dann hätte ich andere Projekte gestartet; wenn mein Vater mir andere Chancen ermöglicht hätte, dann wäre ich jetzt ein anderer; wenn ich könnte, hätte ich schon längst den Job gewechselt ... aber ich bin auf mein Einkommen angewiesen.

Diese Tausende von Opferrollen, in denen es sich die heute lebenden Menschen gemütlich machen, fallen dann weg; das geht dann objektiv nicht mehr. Die Menschen wären dann auf sich selbst zurückgeworfen; sie müßten sich mit ihrer Individualität konfrontieren und sich eingestehen, daß sie diese Rollen nur ausfüllen, weil sie es selbst nicht anders wollen. Oder mit Goethe gesprochen: „Von der Gewalt, die alle Wesen bindet, befreit der Mensch sich, der sich überwindet.“

Brüderlichkeit

Weiterhin entstünde ein gemeinsamer Akt der Brüderlichkeit; denn man teilt einen großen Teil des Gesamtvermögens so, daß jeder von diesem Kuchen das bedingungslose Grundeinkommen erhält. Dieser Akt der Brüderlichkeit gibt die Möglichkeit, eine ganz neue Kreativität zu entfalten.

Stellen Sie sich eine Waldorfschule vor: Die Lehrer haben ein Grundeinkommen, die Eltern haben ein Grundeinkommen, die Schüler haben ein Grundeinkommen. Das bietet eine ganz neue Möglichkeit, diese freie Schule zu entfalten oder auch anderswo weitere zu begründen. Diese Situation können Sie auf alles Gemeinschaftliche übertragen.

Heute aber ist der Staat Kindergartenunternehmer, Schulunternehmer und Universitätsunternehmer, Krankenhausunternehmer, Sozialeinrichtungsunternehmer und Sozialhilfeverteiler usw. In einem Land mit bedingungslosem Grundeinkommen könnte die Politik sich weitgehend aus dem Operativen zurückziehen und könnte so die wesentlichen Rahmen- und Regelungskompetenzen gestalten und verwalten, die weiterhin nötig sein werden. Das würde der Idee der sozialen Dreigliederung Rudolf Steiners viel näherkommen.

© PD Greudin, 2003

Brüderlichkeit
(französische Briefmarke 1989)

Auf der anderen Seite würde das Soziale Hauptgesetz von Rudolf Steiner – die Trennung von Arbeit und Einkommen – anfangen, Wirklichkeit zu werden. Sicherlich würde man nicht den idealen Zustand erreichen, in welchem alle Menschen ohne Einkommen arbeiten; aber der Prozeß würde zumindest in diese Richtung angeschoben werden.

Fakt ist doch, daß die meisten Menschen heute überhaupt keinen Arbeitsplatz, sondern einen Einkommensplatz suchen. Das Bewußtsein verformt sich in den heutigen Rahmenbedingungen. Wenn der Mensch ein bedingungsloses Grundeinkommen hätte, würde er tendenziell keinen Einkommensplatz suchen, sondern dann wäre er auf der Suche nach etwas Sinnstiftendem.

Sich der Idee erlebend gegenüberstellen

W.W.: Was sind Ihre größten Widerstände heute?

G. Werner: Eigentlich nur uneinsichtige Menschen. Aber ich habe nichts zu verkaufen. Ich bin kein Politiker und muß keine Wahl gewinnen. Ich stelle eine Idee vor. Schauen Sie sich vielleicht daraufhin noch einmal den letzten Satz der „Philosophie der Freiheit“ (GA 4) von Rudolf Steiner an, der da heißt: „Man muß sich der Idee erlebend gegenüberstellen können, sonst gerät man unter ihre Knechtschaft.“

Das Entscheidende aus der Perspektive der Anthroposophie ist, daß wir die ganzen Zusammenhänge mit dem Grundeinkommen noch auf der Ideenebene halten. In dem Moment, in dem man aus den Ideen ein Programm konstruiert, generiert man die Gegnerschaft. Und dann kämpfen Menschen dagegen an – nicht, weil sie die Idee schlecht finden, sondern weil sie aus einem anderen Lager kommen.

Deswegen versuche ich, die Zusammenhänge mit dem bedingungslosen Grundeinkommen auf der Ideenebene zu halten. Ich versuche, mich auch von irgendwelchen parteipolitischen Verbandelungen fernzuhalten, und bemühe mich, diese Idee in den öffentlichen Diskurs zu bringen.

Die Idee muß von möglichst vielen Menschen aufgegriffen werden, bevor irgendwer daraus ein Programm macht. Die Idee geht zugrunde, wenn man daraus eine einseitige oder gar fanatische Ideologie macht. Deshalb versuche ich, daran mitzuwirken, daß diese Idee sich weit verbreitet – und wenn eine genügend große Anzahl von Menschen die Idee als Idee denkt, dann wird sie zwangsläufig von den Politikern aufgegriffen. Wenn jeder über diese Idee spricht und an ihr mitgestaltet, dann könnte es sein, daß die Entwicklung plötzlich sehr schnell geht; und so kann es gelingen, daß man die Idee eines bedingungslosen Grundeinkommens relativ rasch in die Wirklichkeit umsetzen kann.

In meinen Vorträgen weise ich immer wieder darauf hin, daß man die Kraft des Denkens nicht unterschätzen sollte. Man kann sogar sagen: Während des Schlafs sind wir mit unserem Denken zusammen. Ich erläutere dies auch in meinen Vorträgen, um zu erklären, warum die Welt an einem Morgen anders aussehen kann, nämlich weil die Kraft des Denkens gewirkt hat. So meinte es vermutlich Victor Hugo mit seinem Ausspruch, daß nichts stärker sei als eine Idee, deren Zeit gekommen ist.

Ich erlebe derzeit auch noch etwas anderes als Resonanz auf meine Überlegungen: Menschen äußern ganz offen, daß man aufgrund der Idee eines bedingungslosen Grundeinkommens wieder Hoffnung haben könne. Daß mir dieses im Grunde altmodisch gewordene Wort „Hoffnung" von den Menschen zurückgespiegelt wird, überrascht mich sehr positiv.

Hoffnung (spes): Wird durch einen Anker symbolisiert und gibt die Hoffnung auf die himmlische Seligkeit sowie den Widerstand gegen die Verzweiflung wieder.

Quelle: www.wikipedia.de

Jugend heute

Zeitgeistbetrachtungen

von Johannes M. Wagner

Zeitgeist, als intellektuell-kulturelles Klima einer Zeit oder Epoche, ist schwer konkret greifbar und beschreibbar. Er bildet schließlich die Gesamtheit der intellektuellen und kulturellen Strömungen innerhalb einer Gesellschaft – und diese alle zu fassen und zu untersuchen ist quasi unmöglich. Zeitgeist äußert sich jedoch sichtbar in Phänomenen, welche einen bestimmten Zeitabschnitt charakterisieren und diesen dadurch von anderen Zeitabschnitten abgrenzen lassen.

Wenn wir versuchen, den Zeitgeist eines bestimmten Zeitabschnittes in einer bestimmten Gesellschaft näher zu untersuchen, müssen wir uns also an solche Phänomene halten – sie sind sozusagen sichtbarer Ausdruck von Entwicklungen innerhalb der intellektuell-kulturellen Sphäre dieser Gesellschaft. Solch ein Phänomen wäre beispielsweise die gegenwärtig massive Nutzung des Internets, welche beispiellos ist in der Geschichte, welche unsere Zeit charakterisiert und sie damit von anderen Zeiten abhebt. Dadurch wird auch der Geist unserer Zeit greifbar und diskutierbar.

Nehmen wir den Begriff der Generation hinzu, so müssen wir noch weiter spezifizieren. Generation ist ebenfalls ein recht vager Begriff, der erst durch bestimmte Phänomene konkret wird. Er meint eine gewisse Menschengruppe, welche in sich bestimmte Merkmale vereint und sich dadurch von anderen abhebt. Wir können auch feststellen, daß eine Generation sich oft durch ihren Zeitgeist definiert. Wenn das Schlagwort „68er" fällt, so ist dies meist ein Hinweis auf den damaligen Zeitgeist, welcher diese Generation prägte. Längst nicht alle Menschen waren zu dieser Zeit Hippies und revoltierende Studenten – aber das war damals der vorherrschende Zeitgeist, zumindest in der entsprechenden Generation. Der Zeitgeist eines Zeitabschnitts ist fast immer auch der einer bestimmten Generation; denn den größten Einfluß übt Zeitgeist immer auf die Heranwachsenden aus – ob bewußt oder unbewußt.

In diesem Artikel soll nun auf die derzeitig heranwachsende Generation eingegangen werden, mit Schwerpunkt auf etwa 21jährigen Studenten und Studentinnen, und auf den Zeitgeist, welcher sie prägt und welchen sie prägen.

Wie ist denn etwa die Situation für Studienanfänger heutzutage? Wo machen die jungen Menschen, die einmal unsere Gesellschaft tragen sollen, eigentlich Zeitgeist aus? – Natürlich: daß die Finanzen allgemein knapp sind, die Hörsäle überfüllt, die Professoren immer weniger, ist allgemein bekannt; denn das erfährt man ja aus den Nachrichten. Doch sind dies die einzigen Probleme, mit denen sich junge Studenten konfrontiert sehen?

Dazu möchte ich gleich einen solchen zu Wort kommen lassen: **Atilla Yilmaz**, 21 Jahre alt, geboren und aufgewachsen in Berlin, studiert an der Ruprecht-Karls-Universität Heidelberg Philosophie und Germanistik auf Lehramt.

Siegel der Ruprecht-Karls-Universität Heidelberg

Eine Zeit des Rückschritts

„Wir leben in einer Zeit des allgemeinen Rückschritts – in der unsere Eltern noch sicher waren, daß die kulturelle Entwicklung sich unbeirrbar vorwärtsschiebe, ist heute offensichtlich, daß man auf vielen Gebieten Rückentwicklung in Kauf nehmen muß. Doch immerhin ist es für den einzelnen möglich, sich zu entscheiden, wo er sich einbringen will – und wo er bereit ist, gesellschaftlichen Rückschritt in Kauf zu nehmen.

Jugendliche Studenten treffen heute schon sehr früh Entscheidungen darüber, in welchen Bahnen sie ihr gesamtes Leben führen wollen, da es zwecks zielorientierten Studiums und rascher beruflicher Profilbildung nötig erscheint, Grundrisse des gesamten Lebenslaufs bereits mit Beginn des Studiums festzulegen. Zum einen ist es heutzutage bereits zu diesem

Zeitpunkt möglich (und außerdem scheint es nötig), sich den Anforderungen des Wirtschaftslebens früh anzupassen. Der ganze Lebensweg ist im Alter von etwa 20 Jahren schon in Umrissen absehbar; man wählt sich bereits eine Identität, an der man dann zu bauen beginnt.

Nicht zuletzt ist dies ein Grund für die herrschende Interesselosigkeit gegenüber der restlichen Umwelt: Die jungen Menschen ziehen sich in ihre spezielle Nischen zurück, die sie für ihr berufliches Weiterkommen für wichtig halten, und schauen nicht über ihren engen Horizont hinaus. So haben selbst Studierende der politischen Wissenschaften eine Oberflächlichkeit beim Umgang mit aktuellen politischen Entwicklungen; diese interessieren nur, sofern der Dozent sie zum Thema des Seminars macht.

Es geistert eine Schimäre in den Köpfen herum

Zu Beginn des Studiums geistert eine Schimäre in den Köpfen herum: ‚Ich habe Abitur gemacht, jetzt muß ich wohl studieren.' Dies, kombiniert mit der Ansicht, bei einem geisteswissenschaftlichen Fach weniger beansprucht zu werden, ist die Begründung für viele Jugendliche, beispielsweise mit dem Studium der Germanistik oder der Philosophie zu beginnen, und wird erst viel später wieder hinterfragt – wenn überhaupt. Damit hängt auch zusammen, daß kaum noch Studierende der einzelnen Fachrichtungen tiefergehendes Interesse für ihr Fach aufbringen, welches über die für das Seminar benötigten und aufbereiteten Informationen hinausgeht."

Yilmaz kritisiert also eine Interesselosigkeit der Studenten und geht gar nicht auf die schlechte wirtschaftliche Situation der geisteswissenschaftlichen Disziplinen an der Universität ein. Er sagt, die frühe Entscheidung für einen vordefinierten Lebensweg trüge zur Interesselosigkeit gegenüber der Umwelt bei – ist diese Interesselosigkeit nicht vielleicht auch Ursache für den allgemeinen Rückschritt, den er in seinem ersten Satz als Zeitgeisterscheinung nannte? Doch hören wir ihn weiter:

Die Menschen sind schlichtweg verroht

„Als grundlegendes Problem sehe ich, daß die eigene Position im Gesamtgefüge nicht reflektiert wird; bei sehr vielen steckt keine tiefere persönliche Motivation mehr hinter dem Studium eines bestimmten Faches, es fehlt quasi eine eigene innere Zielsetzung.

Diese geistige Haltung zieht sich auch durch viele andere Lebensbereiche. Die jungen Menschen haben zwar eine enorme Entscheidungsfreiheit: Alles ist möglich; doch die Eigenständigkeit fehlt – sie sind offenbar vom Angebot übersättigt.

Man kann sagen, die Menschen heute sind schlichtweg verroht. Sie zeigen einen krassen Mangel an Interesse und meist nicht einmal einen Hauch an kulturellem Engagement. Die persönliche Individualität wird nur noch an Äußerlichkeiten festgemacht; es geht nicht mehr darum, anders zu sein, sondern anders auszusehen. So gibt es, um ein Beispiel zu nennen, keine Distanz mehr zwischen Studenten verschiedener Fachrichtungen – denn Inhalte spielen keine Rolle mehr, nur noch Äußerlichkeiten. Vorurteile fallen zwar weg; aber dies geschieht, da kein Interesse mehr am gegenseitigen inhaltlichen Austausch besteht. Es herrscht eine kollektive soziale Gleichgültigkeit – mein Gegenüber interessiert mich etwa soviel wie die Talkshow letzte Woche im Fernsehen.

Das Stadttheater Heidelberg schrieb zum Beispiel kürzlich 10 Praktikumsplätze für Germanistikstudenten aus; es meldeten sich schließlich insgesamt sage und schreibe 6 Bewerber! – Wie gesagt, viele studieren ein Fach, obwohl sie gar kein echtes Interesse und damit auch kein Engagement mitbringen.

Jeder einzelne Mensch gestaltet den Zeitgeist mit; dort, wo man sich nicht engagiert, hat man auch den gesellschaftlichen Rückschritt mitzuverantworten. Gleich die ganze Welt auf einmal verbessern zu wollen ist Quatsch; aber man sollte versuchen, sich in seinem Rahmen und seinen Möglichkeiten entsprechend einzubringen.

Aufbruchsungünstige Konstellation

Die alte Weisheit, daß man Freiheit nicht besitzen kann, sondern sie sich stets erst erkämpfen muß, gilt in gleichem Maße auch für die Existenzlegitimation jedes einzelnen. Offensichtlich können sich politische und intellektuelle Strömungen heute nicht mehr wie früher in der Gesellschaft durchsetzen, da einfach kein Interesse besteht – unsere Generation macht ihre Probleme nicht zum Thema wie beispielsweise die 68er-Generation, welche im Gegensatz zu unserer hoch politisiert war. Unserer Generation fehlt ein sinnstiftendes Thema und ein innerer Aufbruch, jedoch sei ihr zugute gehalten, daß sie auch wirklich in eine aufbruchsungünstige Konstellation hineingewachsen ist.“

Wie sieht diese „aufbruchsungünstige Konstellation“ genauer aus? Woran liegt es, daß diese Generation generell sowenig Interesse aufbringt, beispielsweise für das politische Geschehen[1]? Das wäre eine erkenntnisleitende Frage auf der Suche nach Verständnis des Zeitgeistes dieser Generation.

Eine Ursache der Interesse- und Antriebslosigkeit scheint tatsächlich eine gewisse Übersättigung zu sein: Es gibt für die Heranwachsenden ein sehr umfassendes und rasch verfügbares Angebot in vielerlei Hinsicht, nicht nur materiell. Sei es nun das neueste Handy (welches sich im Schrank irgendwann zu den bereits vorhandenen einreiht), eine billige Reise in ein fremdes Land (welche man dann in einem Hotel verbringt), die gesuchte Information (die über das Internet sofort zur Verfügung steht) oder vieles mehr: Sobald etwas benötigt wird, ist es recht einfach verfügbar; man muß sich nicht lange darum bemühen. Ob das rasche Ergebnis dann auch das beste ist, wird oft nicht mehr hinterfragt.

Ist das Aufbruchsstimmung verhindernde Element vielleicht das, was wir gemeinhin als „Wohlstandsgesellschaft" bezeichnen? Diese These wäre jedenfalls nicht neu[2]. Oder können wir vielleicht auch noch weitere hindernde Ursachen ausmachen?

Hören wir doch einmal **Vera Metzen**, 22. Sie kommt aus Bitburg und macht eine Ausbildung in International Office Management an der Heidelberg International Business Academy.

Erziehung vermittelt keine Lebenspraxis

„Heute sind die Menschen zwar einerseits offener als früher, aber auf der anderen Seite sondern sie sich auch mehr ab oder werden abgesondert; so gibt es heute eine wesentlich stärkere Randgruppenbildung als noch vor wenigen Jahrzehnten.

Das soziale Verhalten, speziell der Jugendlichen, hat sich definitiv zum Negativen verändert. Dies liegt zu einem großen Teil an der einfach qualitativ schlechteren Erziehung. Es wird keine Lebenspraxis vermittelt; die Jugendlichen lernen nicht, mit ihren Möglichkeiten umzugehen. Denn Jugend bedeutet heutzutage – im Vergleich zu früheren Zeiten wie etwa in den 80ern –, viel mehr Wahlmöglichkeiten bezüglich Freizeitgestaltung, Ausbildung usw. zu haben. Und durch die in diesen

---

[1] Statistisches Bundesamt, Datenreport 2006: Am geringsten von allen Bundestagswahlen war die Wahlbeteiligung bei der 16. Bundestagswahl am 18. September 2005 mit 77,7 %

[2] vgl. u.a. Karl-Georg Michel, Konsumethik in der Wohlstandsgesellschaft, Schöningh 1997; Klaus Braden (Hrsg.): Achtung Mitmensch. Wohlstandsgesellschaft herausgefordert, Württembergische Bibelanstalt 1970; Walter Bien, Alois Weidacher (Hrsg.): Leben neben der Wohlstandsgesellschaft. Familien in prekären Lebenslagen, Verlag für Sozialwissenschaften 2004.

Bereichen zu treffenden Entscheidungen wird es für die Jugendlichen wesentlich schwieriger anstatt leichter. Früher waren die Anforderungen diesbezüglich nicht dermaßen hoch – allerdings hatten auch Hauptschüler oder Realschüler noch wesentlich bessere Chancen, das ist heute nicht mehr so ausgeglichen. Dadurch gelten die genannten Wahlmöglichkeiten für diese Jugendlichen nicht in dem Maße wie für Gymnasiasten; die Anforderungen jedoch sind nicht geringer.“

Vera Metzen ist also der Meinung, daß die hohe Entscheidungsfreiheit den Jugendlichen das Leben eher schwerer als leichter macht, da sie nicht gelernt hätten, richtig mit dieser Freiheit umzugehen. Auf diese interessante Beobachtung werden wir später noch zurückkommen.

Die Gesellschaft verändert sich, doch die Menschen bleiben im Grunde gleich

„Etwas zwiegespalten stehe ich auch der inzwischen enormen Verbreitung des Internets gegenüber: Auch wenn es viel Positives bietet wie etwa Online-News, so haben sich dadurch auch eine Menge unschöner Phänomene wie Pornographie und Gewaltvideos ausgebreitet. Für mich ist diese unkontrollierte Freizügigkeit auch eine Ursache für die gestiegene Kriminalität.

Ich glaube, daß der Mensch an sich kaum eine Entwicklung, einen tatsächlichen Fortschritt gemacht hat, seit langer, langer Zeit; denn auch wenn sich Äußerlichkeiten verändern, so bleiben die grundlegenden Verhaltensweisen doch stets gleich. Menschen lieben sich, erfinden Werkzeuge, begehen Straftaten – sie haben bloß andere Motive dafür. Die Gesellschaft verändert sich, doch die Menschen bleiben im Grunde gleich. Und für den einzelnen ist es sehr schwierig, auf den Zeitgeist Einfluß zu nehmen und die gesellschaftliche Entwicklung zu verändern; denn selbst Eltern z.B. haben nur einen begrenzten Einfluß auf die Erziehung ihrer Kinder. So bleiben große finanzielle und persönliche Anstrengungen oft verhältnismäßig fruchtlos. Die einem jeden Menschen eigene Persönlichkeit läßt sich durch solche Aktionen nicht so leicht beeinflussen, und die Auswirkungen auf die Gesellschaft bleiben sehr gering.

Eine Bewegung für mehr Realität

Interessant finde ich die Überlegung, wie ein Leben ganz ohne Internet oder ohne PC aussähe. Ohne Internet hätte ich allgemein weniger Informationen über aktuelle Ereignisse; und wenn ich sie dennoch wollte, wäre dies zeitaufwendiger und kostspieliger, und es würde mehr Arbeit bedeuten. Außerdem wäre es nicht so leicht, mit Leuten, die man anderswo kennengelernt hat, in Kontakt zu bleiben. Allerdings haben rasch verfügbare Informationen aus dem Internet im Verhältnis zu gedruckten Informationen auch oft eher oberflächlichen Charakter, ebenso wie Freundschaften oder Bekanntschaften über das Internet; diese ersetzen auf keinen Fall reale Begegnungen.

Überhaupt hätte ein Leben ohne Computer seine Vorteile – wo Rechtschreibprogramme auf dem Computer ein eigenes orthographisches und grammatisches Verständnis unwichtiger machen, wäre dieses im Leben vielleicht gar nicht mal unangebracht! Der Hauptgrund für mangelnde Kenntnisse ist einfach die allgemeine Interesselosigkeit. Ohne Computer wären diese Kenntnisse einfach notwendiger, und man müßte sie sich aneignen. Das Erlernen spezieller IT-Fähigkeiten wie 10-Finger-Technik oder ähnliches wäre dann nicht mehr erforderlich, und man könnte sich diese Mühe sparen. Das beste wäre, wenn die Leute sich wieder mehr Zeit nehmen würden, um mit ihren Freunden wirklich zu kommunizieren, am Telefon, in Briefen, in der Realität. So etwas macht doch Freundschaft aus!"

Es ist tatsächlich frappierend, wie abhängig viele Menschen, vor allem junge Erwachsene, von PC und von Internet sind[3]. Abhängigkeit an sich ist bereits nicht gut – und inzwischen erforscht die Wissenschaft auch bereits klinisch die negativen Folgen von zuviel Internetkonsum[4]. Es wird

---

[3] In einer nicht repräsentativen Umfrage der Kantonalzürcher Suchtpräventionsstelle vom November 2006 bezeichneten sich von den 2727 unter 18jährigen 114 Männer und 25 Frauen als abhängig. Das entspricht 5,1%. Als suchtgefährdet wurden 500 Männer und 143 Frauen dieser Alterskategorie eingestuft, das sind 23,6%. Statistisches Bundesamt, Datenreport 2006: Im Schnitt 98,5 PCs auf 100 Haushalte; 57,2 Internetanschlüsse auf 100 Haushalte. Laut einer Studie der European Interactive Advertising Association (EIAA) verbringen Europäer mittlerweile doppelt soviel Zeit im Internet wie mit dem Lesen von Zeitungen. Während das Internet im Vorjahr nur zu zehn Prozent von allen Medien genutzt wurde, ging der Anteil der Schriftmedien um zwei Prozent auf elf Prozent zurück. Insgesamt verbringen Europäer durchschnittlich elf Stunden pro Woche im Web (Guardian). Die Hälfte aller Befragten gab an, das Internet als ihre bevorzugte Quelle für Informationsbeschaffung zu nutzen. Jeder dritte gab sogar an, ohne das Internet verloren zu sein, und jeder zehnte verbringt 25 Stunden in der Woche online. (Für die Studie wurden insgesamt 7000 telefonische Interviews in Belgien, Deutschland, Frankreich, Großbritannien, Italien, den Niederlanden, Skandinavien und Spanien durchgeführt.)

[4] Forscher der Stanford University School of Medicine haben in den USA eine telefonbasierte Studie mit ca. 2500 TeilnehmerInnen durchgeführt, um die Debatte voranzubringen, ob der übertrieben häufige Gebrauch des Internets Anlaß für eine medizinische Diagnose gibt. Sie fanden heraus, daß eine kleine, aber wachsende Zahl von Internet-Usern ihre Hausärzte wegen krankhafter Folgen des Internetkonsums konsultieren. Ihr starker Drang, das Internet übermäßig häufig zu benutzen, um Emails zu checken, Blog-Einträge zu machen, Webseiten oder

also klar, daß wir es hier mit einer fatalen Entwicklung zu tun haben, die ihren Höhepunkt noch lange nicht erreicht hat. Denn vor allem immer jüngere Menschen verbringen immer mehr Zeit im Internet[5] – von der Zeit für Videospiele mal ganz abgesehen.

Doch hören wir erst einmal weiter, was **Vera Metzen** noch zu sagen hat:

„Ich glaube, daß sich schon bald eine Gegenbewegung für mehr wirkliche Kommunikation, für mehr Realität bilden wird – die Menschen vermissen einfach unbewußt etwas, wenn sie kaum noch reale Kontakte haben und den ganzen Tag nur chatten, anstatt sich wirklich zu treffen; und diese Gegenbewegung wird auch einiges bewirken, da bin ich mir sicher.

Mangel an Sozialleben führt zu Kriminalität

Der Mangel an Sozialleben und wirklicher Kommunikation führt meiner Meinung nach ganz konkret zu mehr Kriminalität: Da die Menschen innerlich unglücklich werden, lassen sie ihren Frust aus. Sie brauchen mehr Realität – und auch einfach mal etwas Ruhe. Ich bin absolut nicht gegen Veränderungen, aber diese extreme Schnellebigkeit heutzutage ist definitiv die Ursache für viele Probleme. Nicht zuletzt aus diesem Grund würde ich mich gerne in eine solche Gegenbewegung, wie ich sie eben beschrieb, einbringen. Dies wäre ein Ansatzpunkt, um den negativen Strukturen und Erscheinungen unseres Zeitgeistes entgegenzuarbeiten.“

Tatsächlich läßt sich eine stetige Steigerung der Kriminalität feststellen[6]; und daß ein Mangel an sozialen Kontakten kriminalitätsfördernd ist, steht sicherlich außer Frage. Daß übermäßiger Internetkonsum zudem auf Kosten des Soziallebens geht[7], liegt eigentlich auf der Hand.

Chatrooms zu besuchen, ist einer Sucht infolge von Medikamentenmißbrauch oder anderen Drogen nicht unähnlich: ein wiederholter, eindringlicher und unwiderstehlicher Drang, etwas zu tun, was im Augenblick angenehm sein mag, aber im Endeffekt deutliche persönliche oder auch berufliche Probleme verursacht.

[5] Nach einer Studie vom Oktober 2004 besuchten damals Kinder von zwei bis elf Jahren im Schnitt monatlich 264 Websites. 2002 waren es noch 128 gewesen (Analysen von Nielsen/NetRatings Marktforschung). Gehen wir davon aus, daß sich diese Tendenz nicht gesteigert hat, sondern etwa gleichgeblieben ist, so bedeutet dies heute durchschnittlich über 530 Websites im Monat – das sind ca. 16 Webseiten jeden Tag!

[6] Statistisches Bundesamt, Datenreport 2006: Zahlen erledigter Verfahren sämtlicher Gerichte, mit Ausnahme der Arbeits- und Finanzgerichte, im Vergleich zu den Vorjahren kontinuierlich gestiegen.

[7] Ein knappes Viertel der Teilnehmer der Befragung aus [4] gab außerdem an, es nicht auszuhalten, mehrere Tage nacheinander dem Internet fernzubleiben. Zudem seien sie sehr oft

Die Interesselosigkeit, die wir weiter oben bereits festgestellt haben, führt also, unterstützt durch Reizüberflutung, Medienüberangebot sowie ständige Verfügbarkeit von Bedürfnisbefriedigung zu einer Entsozialisierung, welche schließlich meßbar in Kriminalität mündet – in eine Kriminalität, die meist nicht durch akute Not oder Bedürftigkeit motiviert ist, sondern eher durch eine Art Langeweile und Unterfordertheit der Protagonisten.

©GNU Foto: NewPapillon
Universität Oldenburg, Zentralgebäude

Hören wir jetzt noch eine weitere Stimme: **Illona Hoffmann**, 21, kommt aus Norddeich und studiert Kunst/Medien und Slawistik an der Carl-Ossietzky-Universität Oldenburg.

Zeitgeist-Epochen nicht mehr einfach definierbar

„Ich denke, Zeitgeist ist durchaus anzusehen als eine Art Grundstimmung einer bestimmten Epoche oder Generation, setzt sich jedoch zusammen aus einer Ambivalenz von Für und Wider, Plus und Minus, Angst und Hoffnung und muß daher stets differenziert betrachtet werden. Als Beispiel dafür könnte man die Industrielle Revolution nennen: In den Geschichtsbüchern schon allein durch die Namensgebung als Epoche der Aufbruchstimmung gekennzeichnet, beinhaltet diese Zeitspanne doch mindestens genau so viele Ängste und regressive Tendenzen, die ebenfalls für das Gesamtbild wichtig sind.

Seit dem Ende des letzten Jahrtausends bis in die heutige Zeit hinein schreitet die Globalisierung so schnell voran, daß Trends, Gruppierungen, Meinungen – somit viele Faktoren, die Zeitgeist ausmachen – sich so schnell erneuern, verändern, individualisieren, vermehren, daß die Epochen, in denen man einen Zeitgeist festzustellen sucht, immer kürzer werden müssen oder schließlich gar nicht mehr definierbar sind. Vielleicht wird man in einigen Jahrzehnten auf unsere heutige Gegenwart zurückblicken und

länger online, als sie sich vorgenommen hätten. Knapp 10% gestanden, daß sie versuchten, ihren Internetkonsum vor anderen zu verbergen; daß sie ins Internet gingen, um Problemen auszuweichen, und daß die Beziehungen zu ihren Mitmenschen deutlich unter ihrem Internetkonsum litten.

irgendeine Strömung als signifikant feststellen – ich zumindest kann aktuell keinen eindeutigen Zeitgeist, so wie ich versucht habe, ihn zu definieren, erkennen; eher unzählige Trends, in denen fast jeder sich als Individualisierungsopfer fühlt. Vielleicht ist dies ja normal, wenn man seine eigene Zeit betrachtet; vielleicht muß sich eine Strömung erst herauskristallisieren und Veränderungen herbeiführen, damit sie von der Nachwelt als kennzeichnend für den Zeitgeist einer Epoche befunden wird; vielleicht jedoch wird auch gerade dieses Phänomen des Trendwirrwarrs in einiger Zeit von jemandem als Zeitgeist unserer Epoche bezeichnet werden."

Planlose, respektlose und hemmschwellenbefreite Jugendliche

Ein weiteres Kennzeichen unserer Zeit ist eine vollkommen neue Form des Individualismus. Eine Individualisierung der Jugendlichen als Übergang von der Fremd- zur Selbstbestimmung findet in unserer bereits sehr liberalisierten Gesellschaft ohnehin kaum noch als wahrnehmbarer Prozeß statt. Verursacht wird diese Individualisierung entweder durch die bereits vorhin festgestellte Zunahme einer allgemeinen Interesselosigkeit auch der Eltern gegenüber der Entwicklung ihrer Kinder oder auch durch andere Erziehungsfehler – wie schlicht und einfach erzieherische Ahnungslosigkeit und Unfähigkeit der Eltern, eigene Probleme der Eltern, übermäßige Bindung eines alleinerziehenden Elternteils im Beruf o.ä. Die Folgen all dieser Erziehungsfehler können durch andere Institutionen der Gesellschaft, wie etwa durch die Schule, nicht mehr aufgefangen werden. Dadurch finden wichtige persönlichkeitsbildende Prozesse nicht rechtzeitig statt, und dies äußert sich dann z.B. in der von Atilla Yilmaz genannten inhaltslosen Oberflächlichkeit der Jugendlichen im Umgang miteinander. Dazu weiter **Illona Hoffmann**:

„Wenn wir es einmal funktional betrachten, würde ich behaupten, daß sich die allgemeine Rolle neuer Generationen nicht wesentlich geändert hat – ob wir nun das Jahr 1900 schreiben oder 2006.

Was sich jedoch geändert hat, ist die vermehrte Freiheit und sind die vermehrten Freiheiten der Jugendlichen – trotzdem wird dem instinktiven Wunsch nach Rebellion gegen die vorherigen Generationen, welcher in den Jugendgenerationen des 20. Jahrhunderts noch vielfältig zum Ausdruck kam, immer weniger entsprochen. Ein Grund dafür mag sein, daß die Generationsgrenzen zunehmend verschwimmen: Wenn die Eltern sich aufführen, als seien sie 24, und jegliche Leitung und Kritik an ihren Kindern unterlassen – aus Angst, spießig zu sein –, wiederholt sich meiner Meinung nach einer der eminentesten Fehler der 68er. Diese Entwicklung hat mittlerweile den gesunden Höhepunkt schon längst überschritten und macht sich inzwischen beängstigend bemerkbar durch ein von völlig planlosen, kultur- und respektlosen, hemmschwellenbefreiten Jugendlichen bevölkertes Straßenbild.

Aufbrechen von Kultur, Werten und Traditionen

Vielleicht wiederholte ich damit gerade unwissentlich eine Äußerung, die genau so ein „Spießer" über die „Jugend von heute" im Jahre 1980 machte, nachdem er sich über Punks geärgert hatte. Recht behalte ich trotzdem. Denn zu leugnen ist das Aufbrechen jeglicher Kultur, jeglicher Werte und Traditionen im Mainstream der Jugend nicht – eher mit Beklemmung zu beobachten.

Auch wenn ich jetzt nicht wüßte, wie ich alleine mit meinen begrenzten Mitteln auf etwas so Komplexes wie diesen Zeitgeist konkret Einfluß nehmen könnte, bin ich dennoch der Meinung, daß dies generell möglich ist – wie uns die vielen Erfindungen, Thesen und Entdeckungen einzelner Menschen zeigen, die unser Weltbild und die Hoffnungen und Ängste der gesamten Menschheit geprägt haben. Und unternommen werden muß etwas!

Eine weitergehende Überlegung wäre: Ist diese Problematik nicht neu, war sie vielleicht schon immer da? Haben wir jetzt nur deshalb den Eindruck, sie seien wie eine Woge aus der Menschheit herausgebrochen, weil wir immer und überall durch die Medienflut damit konfrontiert werden?

In jedem Fall haben wir es mit einer bedrohlichen Entkulturalisierung der nachfolgenden Generation zu tun, welche noch kulturloser zu sein scheint, als es unsere Gesellschaft ohnehin schon ist."

Perspektivlosigkeit macht sich breit

Fassen wir nun einmal zusammen, welche Zeitgeisterscheinungen wir ausfindig gemacht haben – aus dem Blickwinkel von Jugendlichen auf die Jugend –, die unsere Zeit heute, unsere Situation, von anderen unterscheiden und damit unseren Zeitgeist charakterisieren. Dies muß – wie bereits gesagt wurde – sehr differenziert und gründlich geschehen, wenn man den Zeitgeist wirklich erfassen will. Deshalb erheben wir hier keinerlei Anspruch auf Vollständigkeit, sondern fassen einfach die genannten Phänomene zusammen.

Auch wenn die Jugendlichen heute eine enorme Entscheidungsfreiheit und viele Wahlmöglichkeiten haben, so wird ihnen das Leben dadurch nicht wirklich erleichtert, daß sie unter einem starken wirtschaftlichen Erfolgsdruck stehen, der sie zwingt, sich bereits früh für einen bestimmten Lebenslauf zu entscheiden, wenn sie erfolgreich sein und nicht zu den Verlierern zählen wollen.

In kausalem Zusammenhang damit steht die allgemeine Interesselosigkeit, welche die Jugendlichen nur noch auf äußeren Druck hin agieren läßt – wie etwa dann, wenn der angepeilte Lebenslauf und damit die wirtschaftliche Sicherheit in Gefahr gerät. Dadurch kann ein kulturelles oder sonstwie freiwillig geartetes Engagement gar nicht erst entstehen.

Schließlich macht sich eine Perspektivlosigkeit breit, da es neben dem Streben nach wirtschaftlicher Sicherheit keine persönliche eigene innere Zielsetzung gibt. Diese Zusammenhänge werden den meisten Jugendlichen allerdings gar nicht klar, da sie kaum zu einer Selbstreflexion und einer Betrachtung der eigenen Position im Gesellschaftsgefüge in der Lage sind. Darum kommt es auch nicht mehr so häufig zu Erscheinungen der Rebellion gegen bestehende Strukturen.

Eine weitere Folge dieser Zusammenhänge ist die Veräußerlichung der Individualität, die Fokussierung auf Äußerlichkeiten im sozialen Umgang mit anderen. Dies kommt beispielsweise in der Auswahl der Lebens- und Sexualpartner zum Ausdruck bzw. in der Anzahl und Frequenz der sehr kurzen Beziehungen gerade in der Jugend – oder auch in der immer geringeren Anzahl von Eheschließungen und hohen Anzahl von Scheidungen[8], da die Menschen sich meist nicht mehr richtig kennenlernen können. Sie finden kein Vertrauen zueinander.

Angst vor Armut

Eine weitere Zeitgeisterscheinung ist auch das Zusammenbrechen der Wohlstandsgesellschaft, respektive das Erstarken einer Mehrklassengesellschaft. In gewissen Schichten der Bevölkerung kann man zwar noch von Wohlstandsgesellschaft sprechen; dies zieht sich aber bereits deutlich nicht mehr durch die breite Bevölkerung. Ein Schlagwort in diesem Zusammenhang wäre das der „Zweidrittelgesellschaft", in der zwei Drittel der Gesellschaft in einem gesicherten Beschäftigungsverhältnis einem

[8] vgl. Statistisches Bundesamt, Datenreport 2006: Abb. 8, Eheschließungen und Ehelösungen, f.

Drittel ohne feste Arbeit gegenüberstehen[9]. Konkrete Auswirkungen auf die Jugend hat dies insofern, als junge Menschen schlichtweg Angst davor bekommen, zum unteren Drittel zu gehören. Als Reaktion kommt es dann zu dem bereits oben erwähnten wirtschaftlichen Erfolgsdruck. Dessen Folgen haben wir eben beschrieben.

Auf den Anstieg der Kriminalität[10]sowie auf den deutlichen Rückgang sozialer Beziehungen sind wir auch bereits eingegangen. Auch wenn der direkte kausale Zusammenhang zwischen sozialer Isolation und dem Begehen von Straftaten hier nicht nachgewiesen ist, so können wir doch beides zumindest einzeln als Erscheinungen des Zeitgeistes betrachten.

Schwer zu beurteilen ist, ob der „Trendwirrwarr", den Illona Hoffmann ausgemacht hat, ein exklusives Phänomen unserer Zeit ist oder ob dies alle Zeitgenossen ihrer jeweiligen Zeit gegenüber so erleben. Auf alle Fälle ist er eine Erscheinung, der unsere Zeit prägt; ob sie nun einzigartig ist oder nicht.

Entwicklungen kommen nicht in Gang

Nun haben wir also eine Menge Zeitgeisterscheinungen ausgemacht – doch was bedeuten diese konkret für uns? Sicher ist: Diese Generation, die in diesem Artikel zu Wort kam und die betrachtet wurde, wird in absehbarer Zeit den Kern unserer Gesellschaft ausmachen.

Der Zeitgeist einer Generation oder auch eines bestimmten Zeitabschnitt (was, wie bereits eingangs bemerkt, bei dieser Betrachtung keinen wesentlichen Unterschied macht) beeinflußt ganz wesentlich die Lebensart dieser Generation und damit die spätere Kultur der Gesellschaft. Darin liegen die Schwere und der Ernst unserer Überlegungen.

Auch wenn es in unseren bisherigen Darstellungen vielleicht den Anschein machte, als sei die Jugend völlig uninteressiert an gesellschaftlichen oder auch geisteswissenschaftlichen Entwicklungen, so bedeutet dies nur, daß sie ihre Anliegen nicht zum Thema macht, nicht, daß sie keine habe! Mangels Interesse und Bewußtsein für die entsprechenden Zusammenhänge bei einer ausreichend großen Anzahl junger Menschen kommen Entwicklungen nicht in Gang, ja, werden nicht einmal beachtet, welche sich doch eigentlich förmlich aufdrängen und nach Beachtung schreien.

---

[9] Siehe auch „Neue Armut" (http://www.neue-armut.de). vgl. Berichte vieler Zeitschriften zu diesem Thema (beispielsweise die taz: http://www.taz.de).

[10] Statistisches Bundesamt, Datenreport 2006: Zahlen erledigter Verfahren sämtlicher Gerichte, mit Ausnahme der Arbeits- und Finanzgerichte, im Vergleich zu den Vorjahren kontinuierlich gestiegen.

Die wahren Bedürfnisse werden ausgehebelt

Viele der Beobachtungen, welche wir im Laufe dieses Aufsatzes gemacht haben, deuten darauf hin, daß die eigentlichen Bedürfnisse der Jugendlichen durch vielfältigste Mechanismen der materialistischen Gesellschaft ausgehebelt werden und dann umschlagen in Äußerungen destruktiver Art. Sieht ein an sich allgemein interessierter Studienanfänger im Fach Psychologie sich etwa plötzlich der Tatsache gegenüber, daß es in seinem Fach nicht um ein Verständnis von Menschen geht, sondern darum, Firmen zu sagen, wie sie am besten Werbung machen, damit 5- und 6jährige Kinder ihre Eltern möglichst lange und effektiv drängen, ihnen diese oder jene Actionfigur zu kaufen, so wird er sein Studium wohl nicht abbrechen wollen; aber er wird seine Ideale hinten anstellen müssen. Solch eine Erfahrung kann sehr desillusionierend wirken, so daß sich seine Einstellung komplett verändert und er sich der Werbepsychologie voll und ganz hingibt, auch wenn sie in ihm einen innerlichen Ekel verursacht. Oder ein junger Mensch mit dem Bedürfnis, Menschen anderer Kulturen kennenzulernen, ist begeistert vom Internet – bis er mit 25 merkt, daß das, was er da hatte, keine echten Begegnungen waren. Doch dann ist er bereits isoliert und praktisch abhängig, da er nie gelernt hat, soziale Kontakte zu Mitmenschen aufzubauen. Diese Beispiele sind nicht aus der Luft gegriffen, sondern tatsächlich so geschehen.

Die Gesellschaft unterdrückt die geistigen Impulse

Außerdem enthebt unsere moderne, materialistisch hochentwickelte Gesellschaft durch ihre Verhaltensvorgaben, ihre technischen Errungenschaften und Erleichterungen des täglichen Lebens die Jugendlichen der Notwendigkeit einer wahrhaften Auseinandersetzung mit existentiellen Fragen des Lebens und des Verständnisses der eigenen Existenz; es findet auch keine inhaltliche, grundsätzliche Reibung mehr zwischen der Jugend und dem Rest der Gesellschaft statt, welche eine innere Entwicklung herbeiführen würde. Dadurch bilden sich keine unabhängigen, eigenen Gedankensysteme und Wertvorstellungen; ein Vakuum bleibt. Das seit der jüngsten Kindheit den Heranwachsenden eigene „Warum?" bleibt unbeantwortet. Die Heranwachsenden werden einfach in das bestehende gesellschaftliche Leben integriert, ohne ihren eigenen Beitrag zur Gesellschaft, den jeder junge Mensch eigentlich aus der geistigen Welt mitbringt, verwirklichen zu können. So unterdrückt die moderne Gesellschaft fatalerweise die geistigen Impulse, die sich eigentlich durch die neue Generation verwirklichen wollen. Dafür verantwortliche Wesenheiten benennen zu wollen, sparen wir uns an dieser Stelle; denn wesentlicher ist, gesellschaftliche Zusammenhänge aufzuzeigen – und damit Ansatzpunkte für eine Lösung des Problems.

Kulturelle Tätigkeiten sind unerwünscht

Wirtschaftliche Gesetze und Zwänge regeln und bestimmen alles – ob Politik, Kunst oder Bildung. Die jungen Leute haben zwar die Entscheidungsfreiheit; doch die Spielregeln sind durch die Gesellschaft bereits vorgegeben. Das „Institut für Neue Soziale Marktwirtschaft" etwa, eine gigantische organisierte Wirtschaftslobby-Organisation, bekennt sich offen dazu, daß es versucht, vor allem junge Menschen in dieser Hinsicht zu manipulieren und ihnen ein wirtschaftszentriertes Weltbild zu vermitteln – die nationale Marktwirtschaft und dein wirtschaftlicher Erfolg zählen alles, der Rest ist nur romantischer Schnickschnack. Ob über Schleichwerbung in TV-Serien, Anzeigenaktionen in Zeitschriften oder Rekrutierung Tausender „unabhängiger Fachleute", welche dann „unabhängige" Interviews geben und offiziell nur über ihren Gehaltsscheck mit der INSM in Verbindung stehen: Die Unternehmens-Lobbyisten ziehen alle Register.

Die Inszenierung des Schreckgespenstes „Hartz IV" als ein Beispiel unter vielen hat so auf Jugendliche eine genau kalkulierte Wirkung: Es wird eine subtile Angst vor einem etwaigen Abrutschen in das untere Drittel der Gesellschaft, in die sogenannte „Neue Armut" erzeugt, und aus dieser (auch durchaus begründeten[11]) Angst heraus reagieren die Jugendlichen, indem sie alles daransetzen, sich wirtschaftlich abzusichern.

So findet nach und nach eine Verinnerlichung des materialistisch-neoliberalen Weltbildes statt, welches sich – abseits von allen objektiv diskutierbaren Thesen und Ideen und ungeachtet der rücksichtslosen Verbreitungsmethoden – vor allem durch *ein* Merkmal auszeichnet: eine bewußte Vernachlässigung der menschlichen Persönlichkeit und Individualität zugunsten des wirtschaftlichen Allgemeinwohls. Dabei wird ein eminent

---

[11] Statistisches Bundesamt, Datenreport 2006: Nach einer Studie im Auftrag des Bundesministeriums für Familie, Senioren, Frauen und Jugend gelten in Deutschland bis zu 3 Mio. Haushalte als überschuldet, d.h. sie können mit ihrem laufenden Einkommen ihren Zahlungsverpflichtungen nicht mehr vollständig nachkommen.

wichtiger Grundsatz über Bord geworfen, der da lautet: Die Wirtschaft muß für die Menschen arbeiten, nicht die Menschen für die Wirtschaft!

Der Student soll heutzutage nur Student sein und sein Studium rasch hinter sich bringen, damit er als „Humankapital" möglichst schnell für die Wirtschaft verfügbar ist. Kulturelle Nebentätigkeiten sind unerwünscht. So ist es etwa seit langer Zeit üblich, daß man zum Beruf macht, wofür man sich bereits seit langem interessiert, worin man gut ist.

Warum spart man sich eben dies nicht als Hobby auf, als Ausgleich zum Beruf, dessen Thematik man schon bald als ermüdend empfindet? Nein, man wählt den Weg des geringsten Widerstands! Junge AbiturientInnen wählen den Weg, der am wenigsten Aufwand verspricht, um sich die wirtschaftliche Zukunft zu sichern: Sie gehen an die Universität und studieren ihre Abitur-Leistungskurse auf Lehramt. Aus der Schule in die Schule – keine Horizonterweiterung nötig, wirtschaftliche Existenz gesichert.

Unserer Zukunft eine Zukunft geben!

Es wird deutlich, daß unsere Jugend das wesentlichste Prinzip des in unserer wirtschaftsdominierten Gesellschaft omnipräsenten neoliberalen Materialismus, das Streben nach Sicherung wirtschaftlichen Erfolgs zur Handlungsmaxime zu erheben, schon so sehr verinnerlicht hat, daß ihre eigentlichen geistigen Interessen und Fähigkeiten dadurch auf der Strecke bleiben. Und unterstützt wird diese Entwicklung bei jedem einzelnen Jugendlichen aufs neue dadurch, daß die Gesellschaft selber – bzw. die überwiegende Anzahl der Individuen der Gesellschaft – dieses Prinzip bereits in derselben Weise verinnerlicht haben.

Das Bedürfnis der Jugendlichen nach Sozialleben, Kultur und einer neuen Geistigkeit existiert; doch der Zustand der Gesellschaft verhindert ein Einbringen dieser Impulse.

Wir sollten versuchen, die für unsere moderne pluralistische Zivilgesellschaft so wichtigen, aber immer wieder vernachlässigten Prinzipien der aktiven Toleranz, des kulturellen Niveaus, des sozialen Engagements und des ganzheitlich bewußten Handelns wieder stärker in den Mittelpunkt zu stellen. Nur so erhalten die Impulse aus der Jugend, die sich in der Gesellschaft verwirklichen wollen, die Möglichkeit, sich zu entfalten und eine Entwicklung herbeizuführen, die doch so dringend notwendig ist. So hat die Jugend noch eine Zukunft.

Anfangen, wo andere aufhören zu denken

Interview mit Thomas Röttcher

von Katharina von Bechtolsheim

Thomas Röttcher, geb. 1966, ist Dipl.-Betriebswirt (BA) mit Fachrichtung Internationales Marketing. Zunächst sammelte er eine Dekade lang Erfahrungen in der Industrie und absolvierte während dieser Zeit auch eine dreijährige Heilpraktikerausbildung. 1997 folgte er dem inneren Impuls, eine eigene Zeitschrift herauszugeben, die seit 1998 unter dem Titel „ZeitGeist" erscheint (www.zeitgeist-online.de). Neben seinem Verlag betreibt er seit Mitte 1999 eine gutgehende Coachingpraxis (Schwerpunkt: Beruf/Berufung sowie Beziehung/Partnerschaft). Bereits 1993 hatte er in Stuttgart eine Veranstaltungsplattform ins Leben gerufen, die heute als „Forum Kontrovers" bekannt ist und deren Vorsitzender er bis September 2005 war. Seit Oktober 2005 lebt Thomas Röttcher in Ingelheim am Rhein.

„Es herrscht fraglose Einigkeit darüber, daß etwas geschehen muß – aber was?" fragt Thomas Röttcher, Herausgeber der Zeitschrift *ZeitGeist,* den Leser in einem Vorwort. „Ein Aufbruch ist spürbar. Doch wo sind die Konzepte, die über die Pseudoreformansätze unserer Regierung hinausgehen?" heißt es weiter. Fragen wie diese werden in dem drei- bis viermal jährlich erscheinenden Magazin aufgeworfen; unterschiedlichste Denkansätze, Vergangenheits-, Gegenwarts- und Zukunftsmodelle werden dort eingehend beleuchtet.

In klaren, komprimierten und wendigen Gedankenbewegungen setzt sich Thomas Röttcher in diesem Gespräch mit den Signaturen unserer

Zeit, der Zukunftsfähigkeit oder -unfähigkeit verschiedener Staatsgedanken, der Verflechtung von Wirtschaft, Politik und Geistesleben, den zentralen Fragen an Individuum und Gesellschaft, nach Materie und Geist auseinander. Er pocht wiederholt darauf, daß weder für das menschliche Bewußtsein noch für die uns umgebende, private, gesellschaftliche oder globale Realität eine Zukunft denkbar sei, wenn wir nicht lernen, mutig zu Ende zu denken, was unfertig oder entstellt „im Raum steht". Thomas Röttcher beharrt auf der Mündigkeit des Menschen als Zukunftspotential.

Katharina von Bechtolsheim: Wer seine Zeitschrift *ZeitGeist* nennt, hat sich sicher intensiv auf die Suche nach dem Inhalt dieses Begriffs gemacht. Wie kam es zu dem Namen *ZeitGeist*, und inwiefern bildet Ihre Zeitschrift ihn ab?

Thomas Röttcher: Nun, von meinem Werdegang her bin ich Betriebswirtschaftler; später kam eine Heilpraktikerausbildung hinzu – auf den ersten Blick Gegensätze, und doch decken beide Bereiche wesentliche Teile meiner Persönlichkeit ab.

Irgendwann entdeckte ich dann, daß mich gerade *die* Dinge besonders anziehen, die mir nicht so leicht fallen und in denen ich deshalb ein großes Transformationspotential wittere.

Eine echte Herausforderung stellt für mich seit jeher das Schreiben dar. Es widerstrebt mir, gefällig zu schreiben; vielmehr möchte ich die Dinge auf den Punkt bringen, getreu dem Motto: In der Kürze liegt die Würze. Diese kompakte Schreibweise erfuhr in der Schule keine Anerkennung.

Der zündende Auslöser, eine Zeitschrift herauszugeben, kam ganz unvermittelt, und doch wirkte alles Beschriebene irgendwie zusammen. „Thomas, mache eine Zeitschrift, die *ZeitGeist* heißt", überwältigte mich eines morgens eine innere Stimme – sogleich gefolgt von Zweifeln und Ängsten: „Eine Zeitschrift verlegen? Darin hab ich doch gar keine Erfahrung! Und warum ausgerechnet *ZeitGeist*?" Ich legte trotzdem los, und mit einem Mal hatte ich Menschen um mich, die mich unterstützten und Tätigkeiten übernahmen, die ich selbst nicht hätte leisten können oder wollen. Und was den Titel betrifft: Wie sich zeigte, gab es hierzulande tatsächlich noch keine Zeitschrift mit dem Namen *ZeitGeist*, was mich sehr erstaunte. Interessanterweise stellte sich heraus, daß auch eine anthroposophische Initiative ihr Magazin damals so benennen wollte – die Sache lag also in der Luft. Ich war einfach der Schnellere.

Erst später, als ich begonnen hatte, die Form mit Inhalt zu füllen, wurde mir bewußt, welche Vielschichtigkeit dem Begriff Zeitgeist innewohnt und welche kommunikativen Möglichkeiten sich damit eröffnen. Und dieser Prozeß des „Erkundens" ist längst nicht vorüber.

K.v.B.: Können Sie etwas genauer erklären, wie das mit dem Inhalt und der Form gemeint ist – auch hinsichtlich des Begriffes Zeitgeist? Was hat sich heute verändert?

T. Röttcher: Man könnte es als Pendelspiel dreier Faktoren beschreiben. Da ist zunächst der Begriff Zeitgeist als Wegweiser zum Inhalt; dann ist da die äußere Form, das optische Auftreten, das den Inhalt repräsentiert. Das Tun führt nun dazu, daß das Profil meiner Zeitschrift von Ausgabe zu Ausgabe klarer wird, aber auch dazu, daß sich Inhalt und Form wechselseitig „überholen" – einer verformbaren Schablone gleich, die sich nach und nach füllt die sich nach und nach füllt, wobei dieser Prozeß auf ihre Konturen selbst zurückwirkt. Eine Konsequenz daraus ist, daß wir, das *ZeitGeist*-Team, unser Erscheinungsbild derzeit überdenken, weil wir festgestellt haben, daß die aktuelle Aufmachung den gewachsenen Inhalt nicht mehr ganz treffend widerspiegelt. Nur wenn Inhalt und Form in Einklang sind, wird man authentisch wahrgenommen.

ZeitGeist wirft Fragen auf

Der Begriff Zeitgeist ist ein Zwitter, in mehrfacher Hinsicht, schrieb einmal jemand. Er besteht aus den beiden elementaren Worten Zeit und Geist, die im Namen der Zeitschrift auch als solche ersichtlich sein sollen. In der Kombination verstehe ich den Zeitgeist als vordergründigen Geist der Zeit, dessen vorherrschende Schwingung wir reflektieren wollen. Gleichzeitig möchten wir auch zeitgemäße Lösungsansätze für die Probleme unserer Zeit aufzeigen und dem im allgemeinen eher negativ besetzen Begriff des Zeitgeistes eine neue Bedeutung verleihen.

K.v.B.: Inwiefern haben Sie dabei Ihr Ohr an der Zeit – arbeiten also phänomenologisch –, und inwieweit bringen Sie selber Ideen vor?

T. Röttcher: Das ist schwer zu trennen. Jeder Redakteur nimmt Einfluß und gestaltet Geschichte mit, ob er will oder nicht; daß man rein dokumentatorisch arbeiten kann, ist ein Irrglaube. Als Verleger ebenso wie als Journalist sollte ich mir meiner Verantwortung bewußt sein: Wo informiere ich, wo postuliere ich? Und wo wird es tendenziös, wo beginnt Manipulation? Mit meiner Zeitschrift versuche ich – ungeachtet des enormen Rechercheaufwands – möglichst unvoreingenommen verschiedenste Blickwinkel einzunehmen, undogmatisch und unberechenbar zu bleiben, auch mal unliebsame Standpunkte zu vertreten, um Verkrustetes aufplatzen zu lassen und so den Weg für Erneuerung zu bereiten.

Im Grunde spricht der *ZeitGeist* den Forschergeist in uns an, und wirft so beim Leser neue Fragen auf. Und Antworten, die jemand in sich selbst findet, wägen bekanntlich mehr als vorgekaute Meinungen.

K.v.B.: Das findet sich auch in dem schönen Satz wieder, mit dem Sie werben: „*ZeitGeist* stellt dort Fragen, wo andere aufhören nachzudenken."

T. Röttcher: Im *ZeitGeist* drückt sich all das aus, was anderswo tabuisiert, ignoriert und unterdrückt wird, das als kommerziell unattraktiv erscheint oder dessen Wert von der Masse noch nicht erkannt wurde. Genau hier erfüllt meine Zeitschrift ihre Mission. Natürlich gehe ich dabei nicht beliebig vor. Nein, die Themen müssen schon eine gewisse Relevanz aufweisen – für das Heute und das Morgen, damit sie Einzug in den *ZeitGeist* finden.

Inhaltlich erstreckt sich das über Themenbereiche wie Wissenschaft, Medizin und Gesellschaft, innerhalb derer wir uns oft sehr weit über den Tellerrand wagen. Eine zentrale Frage lautet auch: Was brauche ich wirklich, um erfüllt leben zu können? Das ist nicht zu verwechseln mit Wellness, sondern führt zurück auf den Sinn des Lebens, den jeder für sich selbst finden muß. Bei vielen Mitmenschen ist heute der Aspekt, das Leben genießen zu können, weit in den Hintergrund gerückt, nicht zuletzt aufgrund erdrückender Existenznöte.

Es liegt mir sehr am Herzen, mit meinem Magazin einen echten Mehrwert zu produzieren, damit auch die Bäume, die auf materieller Ebene den Stoff zur Herstellung der Zeitschrift liefern, nicht ohne Sinn ihr Leben lassen müssen. Eine Ausgabe erscheint deshalb erst, wenn sie ganz und gar „rund" ist, unabhängig von vorgegebenen Erscheinungsterminen.

Unbeantwortete Fragen der Mündigkeit

K.v.B.: Wo hören denn in Ihren Augen viele Zeitgenossen auf zu denken? Und warum?

T. Röttcher: Dem Bürger wurde die Mündigkeit systematisch aberzogen. Mitschuld daran ist unser überkommenes Bildungswesen. Es leistet wesentliche Teile nicht, die es leisten müßte. In der Schule erfahre ich so gut wie gar nichts über den Umgang mit eigenen Gedanken und Gefühlen. Mir vermittelt auch niemand, welche Funktion ich in der Gesellschaft einnehmen kann, wie ich zu meiner Berufung finde. Man gibt dem Menschen kein Rüstzeug, Sachverhalte kritisch zu analysieren oder wie er sich Alternativen erarbeiten kann, um sich dadurch die Möglichkeit der (Aus-)Wahl zu verschaffen – eine Grundvoraussetzung persönlicher Freiheit.

Ich sage es einmal anders: Die Menschen haben verlernt, die richtigen Fragen zu stellen – wenn sie überhaupt noch hinterfragen. Ich bin immer wieder erschrocken darüber, wie oberflächlich viele fragen – und denken. Wenn wir einen Gedanken nicht bis zum Ende denken, geht die Fähigkeit verloren, Strategien zu durchschauen, zu erkennen, was mit wem in Zusammenhang steht. Darin haben auch die heutigen Ethikprobleme ihre Ursache, weil nicht bedacht wird, was eine Tat oder eine Nicht-Tat für Konsequenzen nach sich zieht.

Auch die hohe Kunst der Kommunikation fällt nicht vom Himmel, da müssen in der Schule bereits die Grundsteine gelegt werden: Aufrichtigkeit, Offenheit und Tiefgründigkeit wollen trainiert sein. Unsere Konversation ist von viel zu vielen verdeckten Mißverständnissen und Projektionen geprägt. Oft gehen wir von einer gemeinsamen Basis aus, die gar nicht da ist. Denken Sie nur an die „Liebe", eines meiner Lieblingsthemen. Befragen Sie 20 Leute dazu, und Sie erhalten 20 unterschiedliche Definitionen. Daß Fehlkommunikation als Beziehungsfundament nicht trägt, bedeutet nichts anderes, als daß alles, was obenauf errichtet wird, irgendwann kollabieren muß.

K.v.B.: Sie haben ja gerade sowohl die Frage nach der Bildungsfähigkeit des Individuums als auch eine Systemfrage aufgeworfen. Welche Lösungsansätze sehen Sie denn in der Bildungsfrage als zukunftsfähig?

T. Röttcher: Ich beschäftige mich schon eine Weile aus gesunder Distanz mit der Bildungsthematik und könnte nicht sagen, daß ich einen bestimmten pädagogischen Ansatz als den einzig richtigen ansehen könnte. Die Vielfalt der Ansätze wird der Einzigartigkeit des Menschen am besten gerecht. Es gibt diejenigen, die gerade durch Grenzsetzung lernen, sich zu spüren, woraus erst Respekt vor sich selbst und dem Gegenüber erwachsen kann – andere wiederum brauchen eher verspielte Strukturen, um ohne

Verformung heranreifen zu können. Es geht also vielmehr darum, unsere Wahrnehmungsfähigkeit zu verfeinern, damit wir deutlicher erfassen können, mit was für einem Typus Kind resp. Mensch wir es zu tun haben und welches Bildungsumfeld das jeweils geeignete darstellt.

Euro-Consumer und Scheinkultur

K.v.B.: Da haben Sie sowohl die Frage nach dem Individuum als auch die nach dem System mit einer Klappe geschlagen! Gibt es in Ihren Augen heute noch so etwas wie Kultur?

T. Röttcher: Die Frage ist, was man unter Kultur versteht. Die Popkultur beispielsweise blüht wie nie zuvor, ist aber vom Merkmal der Gleichförmigkeit oder Eintönigkeit gezeichnet. Bezeichnenderweise hieß es schon während meines Studiums, daß in absehbarer Zeit ein sogenannter „Euro-Consumer" zu erwarten sei: eine Art europaeinheitlicher Jugendlicher, der die gleiche Kleidung trägt, die gleiche Musik hört und das gleiche Essen zu sich nimmt. Das ist in meinen Augen eingetreten: eine aufs Äußere reduzierte, gleichgeschaltete Konsumhaltung. Der Schein ist wichtiger als der Inhalt dessen, was „kulturell" kommuniziert wird.

An solchen Erscheinungen wie der Chat-Kultur kann man beobachten, daß die Jugendlichen sich unglaublich kreative Nicknames[1] ausdenken, daß aber der Austausch, der in den Foren stattfindet, übel verflacht ist. Ich bemerke dort immer wieder eine starke Einseitigkeit: Einer der Beteiligten fragt, die anderen antworten einsilbig bis inhaltsleer; es entstehen keine wirklichen Rückfragen und schon gar kein interessierter Austausch. Man erscheint eben auf der Bildfläche, lächelt kurz, schaut sich einmal um, läßt ein Scheinbild aufleben – und das entspricht exakt der Haltung, die uns unsere „Vorbilder" bzw. diejenigen, die ein Beispiel abgeben sollten, nicht anders vorleben. Wenn wir die Politik in Berlin und deren mediale Vermittlung anschauen, geht es doch um ähnliches: Wer trägt die eleganteste Krawatte, und wer ist Miss Bundestag?

Einer, viele, alle — Individualkultur

K.v.B.: Was ist also Kultur heute überhaupt – abgesehen von Erscheinungen wie Pop- und Internetkultur, die ja eine stark wirtschaftliche Komponente haben?

[1] Pseudonyme im Internet-Chat

T. Röttcher: Wenn man sich auf die Suche nach Kultur macht, wird man so etwas wie einen Aufbruch von unten entdecken. Eine Art Parallelgesellschaft ist im Entstehen, u.a. getragen von zahllosen Bürgerinitiativen. Der US-amerikanische Soziologe Paul H. Ray hat dazu vor einigen Jahren eine großangelegte Umfrage durchgeführt. Aus den Antworten von über 100.000 US-Bürgern identifizierte er drei Bevölkerungsgruppen: Traditionalisten, Modernisten und die sogenannten „Cultural Creatives" oder „Cultural Integratives", im Deutschen – nicht wirklich glücklich – mit „Kulturkreative" übersetzt.

© + Foto: Club of Budapest
Paul H. Ray

Gemeint sind mit letzteren nicht die Protagonisten des herkömmlichen Kunstbetriebs und auch nicht regelmäßige Theatergänger, sondern Menschen mit einem kreativen Ansatz als Antwort auf essentielle Lebensfragen. Als Traditionalisten bezeichnet Ray vereinfacht betrachtet diejenigen, die am Gewohnten festhalten wollen. Modernisten sind diejenigen, die um jeden Preis das Neue suchen; beide Gruppen machen zusammen etwa Dreiviertel der Bevölkerung der USA aus. Kulturell Kreative hingegen beziehen ganzheitliche Aspekte mit ein; Beziehung, Kommunikation, Nachhaltigkeit wird wichtig. Für sie errechnet Ray rund 25 %, Tendenz steigend. In Europa sind derzeit ähnliche Umfragen am Laufen, mitgetragen vom Club of Budapest. Alles weist daraufhin, daß der Anteil Kulturkreativer hierzulande ähnlich hoch ist.

In ihrer Zusammensetzung ist diese doch erstaunlich große „Gruppe" aber äußerst heterogen, hat in der Öffentlichkeit auch keine Repräsentationsformen: kein großes Nachrichtenmagazin, keine Partei, keine wirkliche Interessenvertretung, die signalisiert: Es sind viele! Die kulturell Kreativen nehmen sich auch nicht als eigenständige Subkultur wahr, weil es sich eben vielfach um Individualisten handelt, die in unterschiedliche Richtungen drängen, was das gemeinschaftliche Kräftepotential schwächt.

K.v.B.: Da, wo das Kreativitätspotential in Erscheinung tritt, wird es also sehr individuell. Liegt die scheinbar unlösbare Spannung zwischen dem Individuell-Kreativen und dem Ganzen als Paradoxon in der Zeit?

T. Röttcher: Es handelt sich in der Tat um einen auf den ersten Blick widersprüchlichen Trend, der sich auch darin zeigt, daß es noch nie so viele Singles gab, aber auch noch nie so viele Individuen in Gemeinschaften drängten wie heute. Bei genauerem Hinsehen erweist sich dieses Phänomen der Gleichzeitigkeit, wie ich es nenne, als omnipräsent: Eine Bewegung löst eine Gegenbewegung aus, und wenn eine Erscheinung sehr dominiert, ist irgendwo auch das Gegenstück vorhanden, schon aus Gründen des Kräfteausgleichs.

Auflösungserscheinungen des Staates

K.v.B.: Können Sie ein wenig auf die Auflösungserscheinungen des Staates eingehen, von denen Sie in einem Ihrer Artikel[2] sprechen?

T. Röttcher: Schon seit längerem beobachte ich, daß der Staat sich eher unfreiwillig in Richtung einer Selbstauflösung manövriert. Staat meint nicht Gesellschaft, denn die ist ja die Summe aller Bürger, wohingegen der „Staat“ ein beliebiges theoretisches Konstrukt darstellt.

Es fällt auf, daß immer weniger Menschen die „Angebote“ des Staates wahrnehmen und in sie vertrauen. Inzwischen versorgen sich z.B. mehr und mehr Menschen gesundheitlich selbst, schließen sich solidarisch zusammen und sichern sich aus eigenen Fonds ab – sie nehmen lieber sich selbst in die Verantwortung als den Staat. Der Staat selbst betreibt zudem einen Ausverkauf dessen, was ihm treuhänderisch anvertraut wurde: Entstaatlichungsinitiativen nehmen überhand, Stromversorger, Telekommunikation, Wasserwerke, Schienennetze, vielleicht auch bald Schulen und Straßen gehen in Privatbesitz über; und man kann sich fragen: Wenn alles, was den Staat ausmacht, nicht mehr nachgefragt oder verschleudert würde, welche Funktion soll er dann noch erfüllen?

Ein auf das Notwendige reduzierter Staat eröffnet aber auch eine große Chance: Freiheit und Selbstorganisation könnten als Wirkfaktoren stärker in den Vordergrund treten. Und das zöge eine flexiblere Reaktionsfähigkeit auf Veränderungen der Umwelt nach sich, würde aber auch ein erhöhtes Maß an Achtsamkeit und Respekt untereinander abverlangen. Genaugenommen wäre das Anarchie in ihrer ursprünglichen, dem Griechischen entstammenden Bedeutung: nicht Chaos und Zerwürfnis, sondern Herrschafts*losigkeit.* Oder anders gesagt: Jeder einzelne stünde in der Macht und Verantwortung, vermutlich wäre das die höchstentwikkelte Form gesellschaftlichen Miteinanders. Ich glaube aber, daß wir da

[2] „Die Idee des Minimalstaats. Freiheit und Selbstorganisation als Wegweiser zu einer idealen Gesellschaft“, erschienen in ZeitGeist, Nr. 2/2006

von langen Entwicklungszeiträumen ausgehen müssen, bis wir dorthin gelangen – vielleicht sogar von Jahrhunderten; denn diese Idee braucht einen andersgearteten Menschen und ein anderes Verhältnis zu Macht und Selbstbestimmung, als wir es heute haben.

Stabile und labile Formen – schwierige Wege

K.v.B.: Sie haben jetzt anhand der Staatsidee einen möglichen Entwicklungsweg zur absoluten individuellen Verantwortung skizziert. Sehen Sie denn Zwischenformen?

T. Röttcher: Sprechen Sie von Zwischenformen hinsichtlich der Entwicklung unseres Bewußtseins?

K.v.B.: Darauf würde ich gern auch zu sprechen kommen; zunächst möchte ich Sie fragen, ob Sie Entwicklungsstadien von Herrschaftsformen herausspüren und ob eine lineare Entwicklung überhaupt denkbar ist.

T. Röttcher: Ein nächster Schritt hin zu mehr Selbstbestimmung könnte die direkte Demokratie sein. Um diese jedoch mit Leben zu erfüllen, wäre eine geistige Reife vonnöten, die ich bei der tumben Masse nicht sehe: Sehr viele haben sich entweder ganz vom Thema Politik verabschiedet – vor allem wohl aus Frustration ob der staatlichen Willkür, mit der dem Bürger immer dreister in die Tasche gegriffen wird –, oder sie haben noch nie wirkliches Interesse gezeigt. Es braucht daher an allererster Stelle vertrauensbildende Maßnahmen, Signale, die glaubhaft vermitteln, daß das Wort und die Tat des einzelnen Gehör finden. Kein leichtes Unterfangen in einer Gesellschaft, in der es zu einer Art Volkssport geworden ist, den Staat „auszutricksen". Diese Mentalität ist antrainiert; umgekehrt könnte eine direkte Demokratie den Menschen genau die Form bieten, innerhalb derer sie sich ganz anders entfalten könnten. Einen Wandel von der parlamentarischen Demokratie hin zu einer Demokratie mit mehr Mitbestimmung sehe ich daher als dringend notwendiges Minimum. Wohin es sich dann weiterentwickeln könnte, steht in den Sternen. Jede Herrschaftsform hat, das haben wir in dem genannten Artikel gezeigt, ihre Vor- und ihre Nachteile. Es gilt deshalb zu prüfen, welcher äußere Rahmen der Zeitqualität – dem Zeitgeist – angemessen erscheint und dem Gesamtgefüge Stabilität verspricht. Selbst eine Aristokratie kann, wenn die Führung von den Fähigsten übernommen wird, u.U. sehr fortschrittlich sein. Ich habe aber Zweifel, ob es die derzeit passende Form für Deutschland wäre.

K.v.B.: Wenn wir davon ausgehen, daß der Zeitgeist dasjenige beinhaltet, was in die Zukunft führt, wenn es ergriffen wird – könnte dann nicht auch eine völlige Instabilität oder Katastrophe dazugehören?

T. Röttcher: Frei nach Nietzsche: Was fällt, das stoße ich noch? Nein, ich denke nicht, daß ein Crash eine wirkliche Veränderung bewirken würde. Der Mensch bliebe doch der gleiche. Die Erfahrung hat gezeigt: Eine Revolution ändert nur das Regime, nicht das System. Es würden sich also recht bald wieder die alten Strukturen ausbilden. Argentinien z.B. erlebte vor einigen Jahren einen schweren Zusammenbruch. Dort zeigte sich: Als die Kontrollmechanismen des Staates in den Hintergrund traten, bildete sich ein effizientes, auf Selbstorganisation beruhendes Tauschhandelsnetz aus. Das funktionierte bestens – solange, bis der Staat im Hintergrund wieder erstarkte. Gesetze, Restriktionen und andere Maßnahmen wie Verunglimpfung führten dann dazu, daß die Tauschwirtschaft fast vollkommen an Bedeutung verlor.

Entwicklungsschub durch Eingrenzungsversuche

K.v.B.: Neben der Unverwüstlichkeit der staatlichen Wiederauferstehungsbemühungen erwähnten Sie gerade die Fähigkeit zur Selbstorganisation, die an den Tag tritt, wenn die brüchig gewordene Form kollabiert. Letzteres widerspricht aber Ihrer These, daß der Mensch nicht zur Veränderung in der Lage ist.

T. Röttcher: Nein, nein, der einzelne Mensch kann sich sehr wohl verändern, leider oft erst, wenn der Leidensdruck groß genug ist; die Wirkkräfte des Gesamtsystems werden jedoch versuchen, das Alte zu erhalten. Und ein Kollaps allein wird keinen kollektiven Bewußtseinssprung hervorrufen.

K.v.B.: Fehlt es uns an Vertrauen in das noch nicht ans Tageslicht geholte menschliche Potential? Wie schauen Sie denn in die Zukunft des Menschen?

T. Röttcher: Nun, ich bin kein Zukunftsforscher, beobachte aber das Folgende: Immer wenn der Mensch sich in die Enge getrieben sieht, erwacht der Ehrgeiz, sich aus dieser Klemme zu befreien. Eingrenzungsversuche induzieren also Fortschritt. So wurden z.B. Technologien entwickelt, auf die vorher niemand gekommen ist, weil die Notwendigkeit dazu nicht bestand. Das Internet entstand auf diese Weise. Maßnahmen, die der Überwachung dienen, wie etwa der biometrische Ausweis, verlieren so gesehen etwas an Schrecken, denn sie werden früher oder später ausgehebelt werden.

Der Mensch ist ein unglaublich anpassungsfähiges Wesen. Trotz massiver Umweltbelastungen – von genmanipulierter Nahrung bis zum sogenannten Elektrosmog – erstaunt es doch, daß so viele gesunde Babys geboren werden. Ich wundere mich manchmal, wie lebendig wir noch sind, bei allem, was auf uns einwirkt. Therapeutische als auch präventive Maßnahmen sollten m.E. in allererster Linie dahin zielen, diese Anpassungsfähigkeit zu erhalten. Und weiter gedacht: Gemeinsame Basis zur Gesunderhaltung eines Organismus, ob Gesellschaft oder Einzelwesen, scheint die Bereitschaft zur Veränderung zu sein, denn diese wiederum ist Grundvoraussetzung für eine funktionierende Selbstorganisation, die erst eine optimale Neustrukturierung bei sich wandelnden Bedingungen möglich macht.

Geist und Materie

K.v.B.: Wenn Bereitschaft zur Veränderung zu Selbstorganisation führt, sprechen wir dann von einer Anpassungsfähigkeit als fast automatischer Evolutionsbewegung oder von einer schöpferischen Instanz im Menschen?

T. Röttcher: Sowohl als auch. Wir haben zum einen die Anpassungsfähigkeit auf zellularer Ebene und die des Stoffwechsels, doch inwieweit sind diese vom geistigen Geschehen abkoppelbar? Geist und Materie sind zwei Seiten einer Medaille; Materie ist verdichteter Geist. Ich denke zwar schon, daß Geist über Materie steht, würde es aber ungern hierarchisch denken wollen. Denn manchmal kann auch die trägere Materie den Geist mitreißen, bei Körperübungen etwa. Der Geist ist der Lebendigere, aber auch viel leichter manipulierbar. Materie vollzieht Veränderungen langsamer. Wenn der Körper Ausdruck einer Persönlichkeit ist – also eines Denkens, Fühlens und Handelns –, und dieser Mensch sich charakterlich weiterentwickelt, wird sich allmählich auch seine Gestalt verändern. Die Frage ist nur, in welchem Tempo. Bevor etwas Verstandenes, Integriertes und in die Tat Umgesetztes sich äußerlich am Körper sichtbar machen, vergehen u.U. Jahre.

Was die Kreativität angeht, die auf die Materie einwirkt, so bringe ich hier den Begriff „geistiges Fundament“ ins Spiel, den mein Freund, der Bewußtseinsforscher Oleg Lohnes, Doktor der Psychologie und Mitglied der Russischen Akademie der Wissenschaften, verwendet: Jeder Mensch hat ein geistiges Fundament, das sich ausbauen läßt, indem man im inneren Dialog, wie er es nennt, Situationen im voraus durchdenkt. Der innere Dialog findet fortwährend statt und setzt sich z.B. mit Ängsten auseinander. Ängste sind in seinen Augen Situationen oder Prozesse, über die ich mir nicht ausreichend Gedanken gemacht habe. Eine sogenannte Neutralität tritt dann ein, wenn die Dinge von möglichst vielen Seiten durchdacht sind. Neutralität hat als Gegenspieler die Emotionalität: eine sehr einseitige Sicht der Dinge. Wenn ich Neutralität errungen habe, bin ich in der Lage, viel findiger und wendiger an die Dinge und Veränderungen heranzugehen, weil ich gewappnet bin.

In einseitigen Jobs geknebelt

K.v.B.: Als Zeitgeist-Forscher machen Sie sich doch sicher Gedanken über die Frage nach Arbeit, Arbeitslosigkeit und Arbeitsteiligkeit, die heute als bestimmende Faktoren in der Zeit liegen. Welche zukünftigen Nöte und Chancen erkennen Sie diesbezüglich heute?

T. Röttcher: Viele Menschen sind augenblicklich genötigt, Arbeit anzunehmen, die sie nicht verrichten würden, wenn sie das Geld nicht bräuchten – sie sind in einseitigen Jobs geknebelt. Die sogenannte Agentur für Arbeit – das ehemalige Arbeitsamt, das genauso arbeitet wie eh und je, nur unter anderem Namen – stellt den Menschen die falschen Fragen! Die entscheidende wäre: „Was willst Du wirklich mit Deinem Leben anfangen?“ Erst wenn das geschähe, könnte man in ganz anderer Form so etwas wie z.B. die Ich-AGs thematisieren. Die Menschen bekämen

Unterstützung, sich selbst, ihr Wesen und ihr Tun zu verwirklichen. Das, was heute geschieht, ist nicht zu Ende gedacht. Der gegenwärtige Arbeitsvermittlungsapparat, ein gigantisches Verwaltungsmonster, operiert durch seine diversen Einrichtungen widersprüchlich, und manchmal scheint es, als leiste er Arbeitsbeschaffung zur Erhaltung des eigenen Systems, nicht zur Hilfe anderer.

Grundeinkommen – ein anderer Entfaltungsraum

Momentan sehe ich nur *ein* gesellschaftspolitisches Konzept, das das Problem ganzheitlich lösen könnte: Das bedingungslose Grundeinkommen; also die Abkopplung des Einkommens von der Arbeit – ein Thema, dem wir uns in der nächsten *ZeitGeist*-Ausgabe ausführlich annehmen werden. Ich denke, daß früher oder später kein Weg an dieser Idee vorbeiführt. Das bedingungslose Grundeinkommen würde soziale Gerechtigkeit bedeuten, und wirtschaftlichen Aufschwung.

K.v.B.: Können Sie beides – mögliche soziale Gerechtigkeit und wirtschaftlichen Aufschwung durch das bedingungslose Grundeinkommen – ein bißchen beleuchten?

T. Röttcher: Soziale Gerechtigkeit wäre schon dadurch gegeben, daß jeder, unabhängig von seiner gesellschaftlichen Herkunft, seiner Leistungsfähigkeit, seinen Fähigkeiten, ein gleiches Grundentgelt erhielte. Gemeinnützige Arbeit würde endlich honoriert, auch das Werk der Hausfrau fände erstmals geldwerte Anerkennung. Die Kaufkraft insgesamt steigt, was sich positiv auf die Nachfrage auswirken würde. Die Frage: Hat ein Fauler eine Existenzberechtigung? – die sofort auftaucht – wird immer aus unserer Leistungsgesellschaft heraus beantwortet. Man muß es aber anders denken, nämlich aus der Perspektive des Sinns des Lebens.

Wer in seinem Schaffen die Berufung findet, der spricht nicht von Arbeit im geläufigen Sinne. Mein selbst gewähltes Tun erfüllt mich z.B. voll und ganz, ich habe deshalb auch kein Bedürfnis nach „Freizeit". Wenn ich unterwegs bin, reist der *ZeitGeist* immer mit; mich da zu begrenzen würde einen Verlust an Potential und Lebensfreude bedeuten. Für die meisten jedoch beginnt Arbeit dort, wo Einkommen erwirtschaftet werden muß, um zu überleben. Diese elende Existenzangst nagt an den Wurzeln unserer Gesellschaft – und an denen der Volksgesundheit. Hartz IV ist menschenunwürdig, wie der dm-Chef Götz Werner sagt, weil der Mensch sich als kompletter Versager outen muß; wenn er das nicht tut, bekommt er das Geld nicht. Welche Gesellschaft soll aber aus Menschen erwachsen, die sich unfähig fühlen müssen?

Der Vorschlag, das Steuermodell kategorisch zu vereinfachen und auf die Mehrwertsteuer zu reduzieren, die Götz Werner, der wohl derzeit prominenteste Verfechter der Idee des Grundeinkommens, in seinem Modell Konsumsteuer nennt, ist sinnvoll. Es ist an der Zeit, sich von der anachronistischen Einkommenssteuer zu verabschieden, die diejenigen bestraft, die etwas leisten wollen. Der Besteuerungsapparat mit seinem Verwaltungsturm würde sich vereinfachen – und die Marktpreise vermutlich sogar sinken. Denn die Unternehmer würden durch das Grundeinkommen Lohnkosten sparen, die ja den größten Brocken bei der Preiskalkulation ausmachen, und diese Ersparnis würde teilweise an den Verbraucher weitergereicht werden. Das könnte einen positiven Sog auf die Anrainerstaaten bewirken: Ausländische Konsumenten würden unser System stützen, weil sie günstiger bei uns einkaufen und damit hierzulande die Konsumsteuer entrichten – und womöglich gerieten die Nachbarstaaten selbst unter Druck, ein Grundeinkommen einzuführen.

Daß Ministerpräsident Althaus die Sache auf Landesebene in Thüringen realisieren will, er spricht von Bürgergeld, halte ich nicht für klug, denn das zöge eine Völkerwanderung nach Thüringen nach sich.

K.v.B.: Wie erklären Sie sich die überraschende Aufmerksamkeit, die Götz Werner plötzlich von vielen Seiten mit diesem Modell erfährt?

T. Röttcher: Götz Werner ist Großunternehmer. Er spricht von einer Ebene aus, der Gehör verliehen wird – Wirtschaft und Politik sind ja bei uns stark verflochten. Das zieht einfach eine andere Wirkung nach sich als eine Demonstration irgendwelcher anonymer Hartz-IV-Protestler.

Das bedingungslose Grundeinkommen liegt in der Luft – ich kann es förmlich riechen. Es ist meine Hoffnung, daß viele Menschen von dieser Idee Kenntnis erlangen, dann wird sie sich auch etablieren. Es gibt keine Verlierer dabei, nur Gewinner!

Das Grundeinkommen würde auf unsere Kultur sehr positive Auswirkungen haben. Die Menschen hätten Zeit, sich mehr mit geistigen Inhalten auseinanderzusetzen, vielleicht träten wieder Dichter und Denker in den Vordergrund, weil ein anderer Entfaltungsraum geboten wäre. Auch der soziale Apparat, der inzwischen so stark ausgedünnt ist, könnte sich ganz anders formieren: Einander zu helfen, Kranke und Alte zu pflegen, würden viele als ihre Berufung entdecken.

Verfilzungen

K.v.B.: Sie erwähnten gerade die Verflechtung von Politik und Wirtschaft als Zeitphänomen. Können Sie dazu noch etwas sagen?

T. Röttcher: Käuflichkeit ist heutzutage eine Bedrohung geworden; nicht umsonst gibt es Organisationen wie „Transparency International", die sich mit dem Phänomen der Korruption beschäftigen. Selbst die Wissenschaft ist nicht mehr frei davon.

Die Wirtschaft ist der mächtigste Faktor im ganzen Gesellschaftsgefüge geworden. Denn in den Kassen von Staat, Ländern und Gemeinden herrscht Ebbe – die Wirtschaft, dazu zähle ich auch die Banken, stellt heute für beinahe alle Finanzierungen die Gelder.

Auch im Zeitungswesen, und das stelle ich tagtäglich mit Erschrecken fest, versuchen manche Anzeigenkunden zunehmend Druck auszuüben, indem sie darauf bestehen, werbliche Inhalte mit Redaktionellem zu verschmelzen. Gut bezahlte PR-Texte werden bisweilen als redaktionelle Beiträge getarnt, der Leser hinters Licht geführt. Eine beunruhigende Tendenz, die keinerlei Unterstützung erfahren darf, bedeutet sie doch schlußendlich Verrat an der Pressefreiheit.

Selbst in der Bildung spricht die Wirtschaft immer häufiger das bestimmende Wort. Folgende Anekdote finde ich besonders bezeichnend: Als das Komitee, das die Rechtschreibreform besiegeln sollte, die gesamte Erneuerung in Zweifel zog und man dabei war zu erwägen, ob man die Reform doch nicht durchführen solle, ging die Tür auf, ein Mitarbeiter kam herein und meinte: „Liebe Leute, zu spät, wir können nichts rückgängig machen. Der WAHRIG[3] ist bereits gedruckt."

Zukunftspotential

K.v.B.: Ich hätte noch eine letzte Frage: Worin besteht in Ihren Augen das größte Zukunftspotential des Menschen, das als Chance in der Zeit liegt?

T. Röttcher: Dazu kommt mir spontan der Titel eines Stückes der Popgruppe Talk Talk in den Sinn: Life's what you make it. Es gilt in diesem Sinne zu entdecken, was einen Menschen in seiner Einzigartigkeit ausmacht, und dieses Potential auch einzulösen. Zu erkennen, was der einzelne damit in der Gesellschaft, im Großen bewirken, und welche Bedeutung er für das Ganze haben kann, macht dieses Potential erst wirklich fruchtbar.

---

[3] Wörterbuch der Bertelsmann-Gruppe

Kleine Betrachtung über den Begriff der Flexibilität

Andreas Laudert

1

Als ich in die 9. Klasse des staatlichen Gymnasiums ging, waren wir alle ganz verrückt nach Wortspielen. Wir liebten es, den Banknachbarn zunächst irritierende Bemerkungen in den Äther zu flüstern, die man dann mit dem Hinweis auf ein dahintersteckendes Wortspiel auflöste. Wir investierten alle Energie dahinein, akribisch neue Varianten auszutüfteln, um die Sprache zu quälen. Sie war irgendwie so flexibel. Mag sein, daß zu allen Zeiten Wortspiele gemacht wurden; ich bin im Prinzip bis heute ein Freund von Wortspielen, wenn sie nicht geistreich, sondern geistvoll sind, was ein Unterschied ist. Immerhin bedeutet „albern", etymologisch, im Mittelhochdeutschen „wahr" und „ganz aufrichtig". Trotzdem wird man heute zurückhaltend, was willkürliche, auf den bloßen Effekt, auf Pointen abzielende Manipulationen der Sprache angeht. Diese Tendenz hat sich in den letzten, sagen wir: zehn Jahren dermaßen breitgemacht in unserer Gesellschaft, daß man sich schämt, sozusagen mitverantwortlich dafür zu sein; wenn man auch jung und unschuldig gewesen sein mochte. Irgendwann hört es mit der Unschuld auf; und wenn man eines Tages merkt, daß man fast an keiner Werbung mehr vorbeigehen kann, ohne sie als einen persönlichen Angriff, ja, als eine physische Attacke zu empfinden, weil die Wortspiele immer inflationärer, dümmer und beliebiger werden (Ausnahmen erfreuen das Herz, bestätigen aber nur die Regel), dann beginnt man sich zu fragen, was hier vorliegt. Es bedient sich dessen ja nicht nur die Werbung („Baaahnsinn!"). Wer einen Friseurladen aufmacht, nennt ihn „Komm-Hair", und demnächst wird es Visitenkarten mit Berufsbezeichnungen geben, die kein Mensch mehr aufdröseln kann. Wir sind erfindungsreich geworden – überaufmerksam, überwach, übernervös. Elektrisierte. Wir können alles mögliche immer besser. Die Schriftsteller werden immer jünger, die Mode wird besser, ebenso die Musik (die 80er taugten nicht einmal mehr für eine Retro-Welle: Angst vor dem Waldsterben ist total out). Die Serviceleistungen werden besser, das TV-Programm, die Computerspiele – alles wird optimiert, alles wird praktischer. Auch die Kirchen wollen sich fit machen für das 21. Jahrhundert. Auf (äußerliche) Effekte kommt es immer mehr an, darauf, ob etwas gut gemacht ist, ob es funktioniert, ob es seine Funktion erfüllt. Ich möchte diese Entwicklung nicht moralisch bewerten – sogar unsere Moral ist ja besser geworden, ausdifferenzierter und unideologischer; eines Tages wird sie richtig perfekt sein. Oder beginnt da eine ganz andere Ideologie? Alles scheint nicht mehr nur zwei Seiten zu haben, sondern drei. Welche Ethik funktioniert am besten? Welche Werte machen das Rennen, wenn wir sie in ein Sieb schütten? Der Zeitgeist ist dabei, sich selber zum Opfer zu fallen. Vielleicht macht das ein Stückweit sein Wesen aus? Können wir Menschen, in denen er sich doch offenbart, auf die er doch angewiesen ist, ihn nicht vor sich selber bewahren (also vor uns)?

2

Es ist ja eine sympathische Idee, daß man den Bürger heute systematisch und regelmäßig nach seiner Meinung befragt; daß es jeden Monat eine Erhebung gibt über die Frage, wie glaubwürdig, nett oder kompetent wir die Politiker finden, die uns repräsentieren. Das Menschliche ist wichtig geworden: die Performance. Doch ist die Statistik mit ihren notwendig schematischen Fragen, ist die *Zahl* das richtige Mittel, um abzubilden, was uns bewegt? Längst ist bei vielen Bürgern zu der Bereitschaft zu antworten die andere hinzugekommen: die Bereitschaft, mit diesen Antworten Verwirrung zu stiften oder nach dem Brechtschen Motto zu verfahren: „Was interessiert mich mein Geschwätz von gestern?" Solche Widerborstigkeit, die ganze Wahlabende noch einmal spannend machen kann, gehört auch zum Zeitgeist. Und soll man es erfreulich oder soll man es seltsam finden, daß immer mehr Menschen Bio-Essen bevorzugen, daß es jetzt – ein Unwort: – Bio-Discounter gibt und die ehemals „alternativen" kleineren Naturkostläden unter der Konkurrenz zu leiden haben? Ist es zweitrangig und ideologisch-verbohrt zu fragen: Aber *warum* und inwiefern ist denn biologisch-dynamisch zubereitete Nahrung besser? Was steckt denn geistig dahinter, an Zusammenhängen zwischen Kosmos und Mensch, an Gesetzmäßigkeiten? Wie differenziert, gründlich und konsequent darf man sich erlauben zu sein, will man erfolgreich bleiben? Geht es darum, daß ich mich einfach wohler fühle, wenn ich mich *wellneßmäßig* ernähre? Oder geht es auch darum, daß ich dann im Einklang bin mit etwas, daß ich vielleicht sogar eine elementarische Welt dadurch praktisch würdige und berücksichtige? Es müßte doch selbstverständlich sein, „bio", also natürlich, also gesund zu essen! Wieso galt das Bessere so lange leicht abschätzig als, na ja, eben „alternativ", wenn man es doch auch so sehen könnte: Man hat die Wahl, sich mit Zusatzstoffen vollzupumpen oder eben nicht? War das sogenannte Alternative nicht die ganze Zeit das Normale?

Ich bin einmal gefragt worden, ob ich bei einer Talkshow zum Zeitgeist-Thema „Warum kriegen die Deutschen immer weniger Kinder" mitmachen möchte. Man suchte einen typischen Vertreter meiner Generation der angeblich „unentschiedenen", kinderlosen Männer. Der Redakteur erklärte mir, welches Profil man erwarte: am besten jemanden, der Vater zu werden für sein Leben kategorisch ausschließt. Ich begann nachzudenken: Was bedeutet denn ein Kind? Für es selbst – und nicht nur für die Eltern? Ich hatte Umfragen gelesen, die folgendermaßen lauteten: „Glauben Sie, daß Sie mit einem Kind glücklicher oder weniger glücklich werden?" „Glücklicher" antworteten zwanzig, „weniger glücklich" fünfzig, „weiß nicht" dreißig Prozent. Ich wollte – in meiner Naivität – auf die verschiedenen Aspekte, auf den Begriff hinaus, und ich konfrontierte den SWR-„Nachtcafé"-Redakteur mit lauter furchtbar feinsinnigen, aber nie auf den Punkt kommenden Sowohl-als-Auchs. Aber der gleichaltrige Redakteur verstand mich sehr gut. Wir hatten ein schönes Gespräch, und er meinte nachdenklich, diese Herangehensweise sei eigentlich viel repräsentativer für unsere Generation. Aber einen Tag später rief er zerknirscht an und meinte, ich sei „zu nett"; seine Chefs hätten sich für einen Karrieremenschen entschieden, einen Banker, damit das Konzept funktioniert. – Man kann Zeitgeist auch *machen*.

3

Das Komische ist, daß jeder spontan etwas dazu sagen kann, was heute der Zeitgeist ist. Zum heutigen Zeitgeist gehört auch, daß man ständig (*selbst*-ständig) über den Zeitgeist nachdenkt. So ziemlich jeder hat inzwischen kapiert, daß die Zeit der großen theoretischen Entwürfe, der Ideologien – der, wie man dann immer sagt: „absoluten Wahrheiten" – vorbei ist; daß man heute flexibel sein muß, daß man in Prozessen und moralisch pragmatisch denken muß. Aber wäre es nicht trotzdem immer noch toll, wenn es eine absolute, eine durch und durch wahre, objektive, schöne, befreiende Wahrheit für uns Menschen gäbe?

Ist nicht im Gegenzug das Bedürfnis danach um so mehr gewachsen? Jede Zeit hat ihre besonderen Herausforderungen. Auch in den wechselnden Situationen unseres Lebens wird Unterschiedliches von uns verlangt. Heute tritt aber zum ersten Mal die Notwendigkeit auf, sich über das Wesen der *Zeit als solcher* Klarheit zu verschaffen.

Insofern vollführt der Zeitgeist eine paradoxe Geste. „Flexibilität" etwa könnte man als eine absolute Forderung und Richtschnur der Gegenwart bezeichnen. Wir sollen flexibel sein, zum Beispiel mit unserem physischen Leib, in bezug auf unseren Arbeitsplatz und die Art der Arbeit. Arbeitszeiten und feste Verhältnisse lösen sich auf. Wir müssen mobiler werden und unseren Körper auch an Orte schicken, wo wir nicht verwurzelt sind. Auch geistig, in unserem Erkenntnisringen versuchen wir, flexibel zu bleiben: „richtiges" Handeln wird schwerer. Urteilsbildungen gelingen nicht mehr nach einem Schwarz-Weiß-Schema, oder sie erfüllen uns dann mit Skepsis. Wir fühlen uns kaum mehr fähig, ein Urteil zu fällen; also treffen es andere für uns („Kein Geld in der Staatskasse!"), was uns unfrei macht. Der Begriff Flexibilität besagt aber eigentlich das Gegenteil; impliziert er doch Freiheit, innere und äußere. Das heißt, er verkündet, rein als Begriff, aus sich heraus: Ich will an die Stelle von *jeglicher* Richtschnur, von jeglichem Sollen, jeglichen Befehlen von außerhalb und von jeglichen Sachzwängen und Werten treten! Ich bin kein bestimmter Weg, ich bin keine Reform – ich bin Bewegung, ich bin eine Dauer-Revolution! Flexibel sein kann deshalb auch bedeuten: sich auch mal als unflexibel zu erweisen. Wenn Unternehmen wollen, daß Angestellte zur frei verfügbaren Masse werden und von ihren Familien und Freunden wegziehen, dann kann es passieren, daß diese Angestellten auch mal die Masse ihres Gehirns, daß sie ihren Geist in Bewegung setzen und daß sie fortan nicht mehr nur unbezahlte Überstunden oder sich selber klein, sondern sich *Gedanken* machen.

Flexibel zu sein bedeutet: Haltungen oder Werte da zu aktualisieren und anzuwenden, wo sie helfen; in einem anderen Fall kann es aber bedeuten, etwas anderes zu aktivieren. In seinem Nietzsche-Buch schreibt Rudolf Steiner: „*Auch dann, wenn der freie Geist handelt, wie es dem Herkommen gemäß ist, dann tut er es, weil er die herkömmlichen Motive zu den seinigen machen* ***will****, und weil er es in bestimmten Fällen nicht für nötig hält, an die Stelle des Herkömmlichen etwas Neues zu setzen.*" (Rudolf Steiner: Friedrich Nietzsche – ein Kämpfer gegen seine Zeit. GA 5, II. Der Übermensch, Absatz 21, Hervorhebung im Original)

Wenn ich wirklich innerlich frei und unabhängig, wenn ich in meinen Handlungsoptionen als Individualität flexibel bin, dann bin ich mal „konservativ", mal ein „Reformer", dann gehe ich an eine Sache mal eher „männlich" und mal eher „weiblich", mal „pragmatisch" und mal „grundsätzlich" heran, mal bewußt einen Konflikt eingehend und mal bewußt diplomatisch, mal dem Zeitgeist gemäß und mal bewußt diesem entgegengesetzt. Aber diese meine Beweglichkeit *ist* der Zeitgeist! Letztlich ist es diese Geistesgegenwärtigkeit, die im Evangelium Christus praktiziert, der – so könnte man sagen – so flexibel war wie noch nie ein Mensch vorher, der der *Inbegriff war* der Flexibilität, der Freiheit und – aus dieser Freiheit heraus – der Liebe. Er war so flexibel, daß er unabhängig von seinem physischen Leib hier sein konnte und dort; daß er, während er hier etwas tat, woanders etwas bewirkte; daß er, weil und indem er Liebe im Überfluß hatte, statt einzelner ausgewählter Menschen (oder: in ihnen) die Menschheit liebte, die Menschheit in all ihren Möglichkeiten verkörperte. In Jesus kristallisierte er sich, wurde er Mensch, Körper, Fleisch, inkarnierte er sich inmitten eines bestimmten Volkes.

Ist es ein Zufall, daß man sich heute einzelne dieser Möglichkeiten herauspickt und darüber spekuliert, ob Jesus mit Maria Magdalena Kinder gezeugt hat, ob er homosexuell war? Oder ist es ein Zufall, daß man alte antisemitische Klischees aufwärmt? Ein Mensch ist aber nicht automatisch toleranter oder intoleranter, nur weil er zu einem bestimmten Volk oder Geschlecht gehört oder weil er diese Zugehörigkeit „flexibel" handhabt. Man wird doch jeden Menschen, auch den homo- oder bisexuellen, immer danach beurteilen, wie man ihn als Menschen wahrnimmt und wie er innerhalb seines Menschseins ist. Die Sexualität braucht gar nicht im Mittelpunkt zu stehen – es sei denn, der Mensch stellt sie selbst in den Mittelpunkt (oder „sein" Volk, „seine" Religion usw.) und betrachtet dies in irgendeiner Form als Auszeichnung. Vielleicht will ein Mann, der kein Mann mehr sein will, auch kein „Mann, der kein Mann mehr sein will" sein. Vielleicht will eine Frau, die keine Frau mehr sein will, nicht gleich für immer „eine Frau, die keine Frau mehr sein will" sein – sondern zunächst nur ein Mensch, der sich etwas Bestimmtes ausgesucht hat (und niemand anderem etwas damit antut). Jeder weiß: Wenn ein Vierzehnjähriger kein Kind mehr sein will, sollte man ihn nicht darauf ansprechen. Er will nicht das Kind sein, das kein Kind mehr sein will. Er will in keine Schublade gesteckt werden („Jaja, die Pubertät!"); er will um seiner selbst willen ernst genommen werden. Man könnte nun kritisch fragen: Wenn ich daran glaube, daß ich mir ein Volk oder ein Geschlecht (zusammen mit meinem Engel) bewußt ausgesucht habe, was bedeutet es dann, wenn ich – lebend – diese Entscheidung gleichsam rückgängig machen will? Solche Fragen gehören jedoch nicht auf das Feld moralischer Verurteilungen. Vielleicht muß man sogar eine Zeitlang unabhängig werden vom eigenen Engel.

Die Flexibilität sagt in sich etwas aus über ein neues Verhältnis des Menschen zur Zeit, zu sich selbst. Die Flexibilität sagt: Sei *ganz* unabhängig, Mensch, auch von mir (und auch, eine Zeitlang, von deinem Engel). Werde unabhängig, auch von der Diktatur der Flexibilität, des ständig Neuen, auch von der Diktatur des Zeitgeistes (werde irgendwann selbst ein Engel!). Dann bist du wahrhaft flexibel, dann handelst du wahrhaft aus dem Zeitgeist: wenn du auch frei bist von *ihm*! Laß dich von jeder Situation neu hervorbringen. Prüfe immer, ob du selber wollen kannst, was von dir erwartet wird. Greife in die Zeit ein und gestalte sie. *Sei* die Zeit! Lerne, auf dem Wasser zu gehen!

4

Es gibt Zeitgeist-Phänomene, die – für sich genommen – völlig bedeutungslos sind und Bedeutung nur erheischen wollen; Phänomene, die nur auf etwas hinweisen, was sich – verborgen – geistig darin ausspricht. Sie sind wie Schattenwürfe, wie Verzerrungen, wie Verwirklichungen von Träumen und Idealen an der falschen Stelle, an einem Ort, der diese Träume und Ideale gar nicht versteht. Das Mobiltelefon ist ein materielles Symbol dafür, daß wir immer füreinander erreichbar sein wollen, daß wir miteinander in Kontakt bleiben, nicht einsam und isoliert sein wollen. Von dem Symptom der modernen Medienkommunikation führt ein direkter Weg zur Frage nach Gott, nach der Religion. Hinter Emails und Short messages – überhaupt in der Schrift – kann man sich so herrlich verbergen, geradezu rein geistig kann man miteinander kommunizieren, und vor allem unmittelbar, spontan, umgehend. Sachlich. Man verbindet sein Ich mit einem ganzen Universum. Wenn man sich diese Zusammenhänge einmal probeweise klarmacht, muß man nicht moralisieren, sich angewidert erheben darüber – auch nicht über das Fußballspiel. Ist nicht der Mensch, nach Schiller, da erst ganz Mensch, wo er spielt?

Spielen wir wirklich? Sind wir denn wirklich mehr füreinander da und aufmerksamer für den anderen? Verstehen wir einander wirklich besser, wenn wir, das Lenkrad in der einen Hand, in der anderen das Handy am Ohr, lachend und schwatzend das auf der verkehrsberuhigten Zone spielende Kind fast überfahren? Steckt das Verlangen nach Optimierung, nach perfekter Zeitausnutzung, nach parallel ausführbaren Handlungen und nach einem Leben in zwei Welten dahinter? Eine Gefahr liegt darin, daß wir mit diesen zwei Welten, mit dem Dasein, mit dem Spielen spielen. Wir spielen mit den Begriffen, mit den Worten, wir haben den Kontakt zu ihnen verloren. Wir reden vom Zeitgeist, aber wir begreifen ihn gar nicht mehr. Wenn man die großen öffentlichen Feuilletondebatten studiert, staunt man über die Einfalt, über die engen Bahnen, in denen ein Begriff oft diskutiert und bewegt wird, beispielsweise „Willensfreiheit“, „Gott“ oder „Moral“. So wendet man sich gegen die Religion als ein Bedürfnis schwacher Menschen und verkennt, daß Religion eigentlich eine Erfahrung ist. Die intellektuelle und die Lebensebene werden nicht voneinander unterschieden. Bei allem Respekt vor der neurobiologischen Forschung: Deren anthropologische Schlußfolgerungen muten oft dermaßen un-anregend und außerdem so erschreckend unlogisch an. Solange man nicht unterscheidet zwischen dem Gehirn als der notwendigen *Bedingung* unseres Denkens und dessen *Ursache*, die dort gar nicht lokalisiert werden kann, fragt man sich: Warum rufen nicht alle herzhaft lachend aus: „Der Kaiser ist nackt“? Oft gehen wir auch so seltsam unspirituell mit der Spiritualität um (und – umgekehrt – unkritisch mit unserem kritischen Verstand). Wir behandeln Spiritualität wie einen Inhalt, wie eine neue Offenbarung. Über Moral denken wir ständig in Instanzen, in Autoritäten, in Kategorien wie „Moralist sein oder nicht sein“ oder „Gewissen der Nation“.

 Bild: Edmund Dulac
Des Kaisers neue Kleider

Dabei scheint der Instinkt von immer mehr Menschen dahin zu gehen, eine Sache aus verschiedenen Perspektiven zu betrachten. Man hat das Verlangen, sein Urteil, seinen Blick auf den Menschen um eine geistige, menschenkundliche Dimension zu erweitern. Offenbarungen hat es zu allen Zeiten gegeben, und unseres Verstandes haben wir uns, mehr oder weniger, seit der Aufklärung zu bedienen begonnen.

Ich glaube, der Zeitgeist als übersinnliches Wesen fordert von uns, daß wir uns seiner in jeder Situation neu bewußtwerden – und das heißt im Grunde, daß wir ihn, obwohl es ihn bereits gibt, erschaffen –; daß wir auch *uns* uns bewußtmachen, und das ist noch einmal etwas anderes, als die Dinge bloß besser zu verstehen oder mehr über sie zu wissen und dieses Wissen dann anzuwenden. Sich etwas bewußtzumachen ist eine Initiative des Subjekts. Nur ein Subjekt, ein Ich, nur die Individualität kann sich mit dem Zeitgeist verbinden. Als Geist kollektiv sichtbar, spürbar, erlebbar wird der Zeitgeist dann, wenn möglichst viele Menschen, aber *als einzelne*, als Individualitäten, dies tun. Der Zeitgeist ist kein Kleid, das man sich einfach anzieht, kein riesiger Swimmingpool, in den man munter hineinspringt, und schon trägt einen die Welle zum Sinn des Lebens; kein Zaubertrank, den man bloß hinunterzukippen braucht, und dann geht alles von allein. Der gegenwärtige Zeitgeist zeichnet sich dadurch aus, daß er nicht ist, wenn wir nicht er werden. Wenn einer sagt: Ich bin der Zeitgeist, dann ist die Wahrscheinlichkeit groß, daß es sich nicht um den Zeitgeist handelt, sondern um ein Trugbild. Im Zeitgeist lebt man, wenn man den falschen Zeitgeist erkennt.

5

Nur, wie macht man das? Indem man, bewaffnet mit der Anthroposophie, der Apokalypse und allerlei geistigen Fernrohren, Mikroskopen und Laborproben (vielleicht gibt es ja ein spezielles Zeitgeist-Gen?) die Zeit nach Zeitgeistigem untersucht und es dann kopiert? Oder indem man, wie Franz Kafka, als man in Prag in der Nacht vom 18. auf den 19. Mai 1910 den Halleyschen Kometen sehen konnte und er dies im Tagebuch notierte: „jeden Tag...zumindest eine Zeile" gegen sich selber zu richten sich vornimmt, „wie man die Fernrohre jetzt gegen den Kometen richtet"? Erkennt man die Zeit, wenn man *sich* erkennt?

Es ist merkwürdig: Man kann Rudolf Steiners Geisteswissenschaft mit Fug und Recht als das Modernste und Zeitgemäßeste ansehen, was

© PD Foto: NASA's Ames Research Center

Halleyscher Komet vor der Milchstraße

das 20. Jahrhundert hervorgebracht hat (und weit darüber hinaus). Aber wenn man sich umschaut in der Gesellschaft, wenn man mit Menschen redet, die Erfahrungen mit der anthroposophischen Szene gemacht haben (die es nun einmal gibt, so wie es die Literaturszene, die Ärzteszene oder die Landwirtschaftsszene gibt) (beziehungsweise die Theaterszene, die Urologenszene und die Szene der Düngemittelhersteller), wird man nicht gerade viele Einschätzungen hören, der Art: Doch, ja, die coolsten Leute, die ich je getroffen habe! Eher wird man mit der zaghaften Frage konfrontiert werden, ob dort zum Beispiel die Mode eigentlich aus spirituellen Gründen ignoriert wird oder nur eine zuverlässige Beratung verweigert wurde. Kirchen, Religion, das Christentum: en vogue oder von gestern?

Wenn etwas von gestern ist, dann sind es solche Fragen, solche Kategorien. Wenn etwas von gestern ist, dann ist es das ständige Denken in Prognosen, Meinungen, Strategien. Wenn etwas von gestern ist, dann ist es, zu glauben, was von gestern ist, sei heute nicht mehr relevant. Was mache ich, wenn ich die ganze Zeit mein Ohr am Puls der Zeit hatte und plötzlich erfahre: Ihr Herz schlägt ganz woanders, irgendwo zwischen Fuß und Bauchansatz, am Schlüssel- oder am Schienbein? Der Zeitgeist denkt um die Ecke, gerade der jetzige. Er ist so geistig, wie keiner vor ihm je war. Er ist nicht lokalisierbar; er ist eigensinnig. Er ist total individuell und gleichzeitig so flexibel, so anpassungsfähig – wie paßt das zusammen? Er ist innerlich so frei und so unabhängig, daß er bereit ist, sich gegebenenfalls völlig abhängig zu machen vom Willen, von der Initiative, von der Inspiration des einzelnen. Der Zeitgeist ist mindestens so schnell wie eine Email, wie ein Gedanke. Er ist schneller als das schnellste Pferd, schneller als der derzeitige 100 Meter-Weltrekordhalter, und das ungedopt. Man kann seine Bewegung nicht festhalten – spätestens wenn es so richtig gut läuft, ist er weg. Wenn man auf ihn bauen will, ist er nicht mehr dort, wo er war. Was er eben noch begründet hat, wird er jetzt vielleicht verwerfen. Der Zeitgeist lebt nicht einmal im Hier und Jetzt, weil diese Zuschreibung das „Dort und Morgen!" ausschließt. Der Zeitgeist ist so langsam wie allmählich sich im Raum ausbreitende Wärme und zugleich so schnell wie das Licht. Er kann so unvermittelt und spontan entstehen wie ein Verliebtsein, aber auch so langsam und behutsam. Theatertheoretiker verbreiteten lange Zeit, man könne heute keine Geschichten mehr erzählen. Dann erzählten einige Menschen Geschichten, und die Theatertheoretiker schwiegen. Wahrscheinlich sitzt irgendwo ein Autohersteller, der in einer Konferenz abwinkt und sagt, man könne heute die Menschen mit gelbgepunkteten Autos nicht mehr erreichen. Ja, und plötzlich erreicht jemand die Menschen mit gelbgepunkteten Autos.

Man sagt oft: Jemand ist ein Kind seiner Zeit. Und wenn man sich als Vollwaise fühlt? Wenn man bloß adoptiert wurde von der Zeit? Teilen die Zeit und der Geist sich die Vormundschaft? Leben sie getrennt oder zusammen? Kann ich ein Kind meiner Mutter Zeit sein, die sich in ihrer Jugend vielleicht einmal in einen Scharlatan verliebt hat, der sie betrogen, ausgenutzt und dann verlassen hat, und meinen Vater, den Geist der Zeit, gar nicht kennen? Kann die Zeit den, der sie befruchtet hat, aus Scham oder Kalkül verleugnen und verschweigen? Ihm eine Identität erfinden? Kann ich umgekehrt den Geist als meinen Vater empfinden, während mir die Zeit, meine Mutter, lebenslang völlig fremd bleibt, so daß ich mich schon frage: Was mache ich hier? Wie bin ich hier hingekommen? Habe ich mir das ausgesucht? Und wenn ich selber mal etwas hervorbringen, etwas zur Welt bringen will, mit wem und wie lange muß ich schlafen, bis es soweit ist, bis etwas das Licht der Welt erblickt? Wann ist Zeit?

Nicht, auf diese Fragen eine Antwort zu wissen, entspricht dem Zeitgeist, sondern daß sich immer mehr Menschen diese Fragen stellen.

Die Ewigkeit leuchtet herein

Interview mit Hans-Werner Schroeder

von Wolfgang Weirauch

Hans-Werner Schroeder, *geb. 1931 in Frankfurt/Oder. Nach dem Abitur in Görlitz Studium an der Freien Hochschule der Christengemeinschaft, Studium der Theologie und Naturwissenschaften an den Universitäten Heidelberg und Tübingen. 1955 Priesterweihe, Gemeindearbeit in Stuttgart und Berlin, 1978 – 2000 in der Leitung der Freien Hochschule; 1979 – 2000 als Lenker und Oberlenker in der Leitung der Christengemeinschaft.*

Buchveröffentlichungen (Alle: Verlag Urachhaus, Stuttgart):

– „Dreieinigkeit und Dreifaltigkeit. Vom Geheimnis der Trinität", 1986
– „Das christliche Bekenntnis", 1988
– „Der kosmische Christus", 1995
– „Vom Erleben der Menschenweihehandlung", 1997
– „Das Gebet", 3. Aufl. 1998
– „Mensch und Engel", 1999
– „Der Mensch und das Böse" 3. Aufl., 2001
– „Die Christengemeinschaft", 2001
– „Das Evangelium im Jahreslauf", 2. Aufl., 2001
– „Mensch und Engel. Die Wirklichkeit der Hierarchien", 4. Aufl. 2002
– „Von der Wiederkunft Christi heute. Verheißung und Erfüllung", 2002
– „Leben mit Christus", 2003

Zeitgeist umfaßt nicht nur das Denken und Handeln der heute lebenden Menschen, Zeitgeist betrifft nicht nur die Denkart der die Kultur, Wissenschaft, Wirtschaft und Politik bestimmenden Menschen sowie alle neuartigen Trends, Gedankenblitze individueller Menschen und Neuerungen aus dem Volk heraus –, sondern Zeitgeist kann man auch in sich als wesenhaft ansehen.

Eine solche Betrachtungsweise setzt allerdings die Existenz einer geistigen Welt mit konkreten geistigen Wesen voraus. So wie jeder Mensch einen persönlichen Engel hat, der ihn im Leben begleitet, so gibt es auch höhere geistige Wesenheiten, die ganze Völker und Zeitepochen begleiten. Zu letzteren gehören die Archai, die Zeitgeister oder die Geister der Persönlichkeit, wie Rudolf Steiner sie nennt.

Im nachstehenden Interview bespreche ich mit Hans-Werner Schroeder vor dem Hintergrund der anthroposophischen Darstellungen Rudolf Steiners die Welt der Zeitgeister – ihre Entstehung in einer Urvergangenheit, die Entstehung des Bösen, den Zusammenhang der Zeitgeister mit den Menschen, den Erzengel Michael und seine Auseinandersetzungen mit dem Bösen sowie die Impulse der Zeitgeister für die Gegenwart und Zukunft.

Wolfgang Weirauch: Was und wer ist für Sie persönlich Zeitgeist?

Hans-Werner Schroeder: Die Schwierigkeit besteht darin, daß man aufgrund der anthroposophischen Terminologie zwei Begriffe bzw. zwei Wesen mit diesem Begriff verbinden kann. Zum einen haben wir den regierenden Zeitgeist, den Erzengel Michael; andererseits gibt es die entsprechende Arché – ein Wesen, das eine Hierarchiestufe über den Erzengeln steht. Beide Wesen muß man unterscheiden, wenn man von Zeitgeist spricht. Michael ist derjenige, der das Zeitgeschehen in diesen Jahrhunderten verwaltet, während über ihm der Zeitgeist steht, der zum fünften nachatlantischen Zeitraum gehört.

W.W.: Wie ist das Verhältnis Michaels zu diesem Wesen aus der Hierarchie der Archai?

H.-W. Schroeder: Ich denke mir, daß Michael der „Assistent" dieses Zeitgeistes ist. Und da er ein sehr „begabter" Erzengel ist, ist es ihm möglich, besondere Charakteristika unserer Zeit zum Vorschein zu bringen. Die Arché gehört zum Reiche der Archai, steht in der Hierarchie also über den Engeln und Erzengeln.

W.W.: Wie viele gibt es von diesen Archai?

H.-W. Schroeder: Wahrscheinlich sehr viele. Aber diejenigen, die wir kennen, sind sieben. Sie leiten die sieben nachatlantischen Kulturepochen, und sie wechseln sich in ihrer Regentschaft nacheinander ab.

W.W.: Wie wirken die Archai mit den Erzengeln zusammen, und wie wirken hier die sogenannten abnormen Archai – also diejenigen Archai, die irgendwann in ihrer Wirkung stehengeblieben sind und als Widersachermächte auftreten?

H.-W. Schroeder: Auf der einen Seite gibt es auch sieben besondere Erzengel, die sich jeweils in ihrer Regentschaft ablösen und mit dem jeweiligen Zeitgeist einer Kulturepoche in Verbindung treten und zu seinem Verbündeten werden. Die Regentschaft eines solchen Erzengels umfaßt meist einige Jahrhunderte. Auf der anderen Seite gibt es diejenigen Wesen, die im Laufe der Entwicklung zurückgeblieben sind, also die abnormen Archai. Dies sind Wesen, die eigentlich zwei oder drei Stufen über den Archai stehen müßten, wenn sie ihre Entwicklung in regulärer Weise weitervollzogen hätten. Aber sie sind stehengeblieben bzw. zurückgeblieben, u.a. auch zu dem Zweck, Widerstand zu leisten. Insofern leisten sie Widerstand gegen das, was von den regulären Zeitgeistern impulsiert wird. Und an diesem Widerstand entsteht eine höhere Energie. Indem sich sowohl die Menschen als auch die geistigen Wesen mit diesen Widerständen auseinandersetzen müssen, entsteht eine höhere Entwicklung.

Die Archai auf dem alten Saturn

W.W.: Die Erde macht verschiedene Verkörperungsstufen durch, und mit ihr die höheren geistigen Wesen. Vor der derzeitigen Erde gab es eine Stufe, nämlich den alten Mond; davor die alte Sonne und davor den alten Saturn, einen reinen Wärmezustand. Auf dieser Vorstufe der Erdenentwicklung – dem alten Saturn – waren die heutigen Zeitgeister, auch Geister der Persönlichkeit genannt, auf einer menschenähnlichen Stufe. Kann man ihr Wesen, ihren Zustand zu dieser Zeit etwas näher erklären?

H.-W. Schroeder: Das ist eine ziemlich verzwickte Angelegenheit; denn wenn ich richtig verstanden habe, was Rudolf Steiner dazu aussagt, sind die Geister der Persönlichkeit erst auf dem alten Saturn entstanden – vorher gab es keine Entwicklung. Die Archai entstehen aus dem Zusammenwirken der Throne und der Cherubim, und sie sind anscheinend sofort in einer menschenähnlichen Situation, also Wesen mit einem Selbstbewußtsein. Selbstverständlich hatten sie keinen physisch-materiellen Leib, entwickelten aber, so wie der Mensch heute, ein Ich-Bewußtsein. Und dieses Selbstbewußtsein entwickelten die Archai bereits auf dem alten Saturn, ohne jemals eine vorhergehende Entwicklung durchgemacht zu haben. Das ist das Faszinierende und nur sehr schwer zu Verstehende an diesem Vorgang.

W.W.: Steiner spricht in einem Vortrag aus dem Jahre 1909 von der Entstehung der Archai auf dem alten Saturn; und zwar ist damit ein Ein- und Ausatmungsvorgang von Wärme verbunden. Die Archai

Die Archai auf dem alten Saturn

Rudolf Steiner schildert die Archai auf dem alten Saturn, einem reinen Wärmezustand, auf dem die damaligen Geister der Persönlichkeit fortwährend Wärme ausatmeten, veräußerlichten und wieder einatmeten und fährt fort: „Das Feuer fließt heraus und wird zu unzähligen Wärmeleibern, das Feuer wird eingesogen und wird innerliche Ichheit der Geister der Persönlichkeit. Daher haben sie dieses Leben eines Planeten verglichen mit einem Aus- und Einatmen, aber es ist zunächst auf dem alten Saturn nur ein Feuer-Atmen. Luft ist noch nicht vorhanden. Nehmen wir nun an, es wäre folgendes geschehen: alle Geister der Persönlichkeit auf dem Saturn hätten sozusagen immer Wärme eingeatmet und ausgeatmet. Da würden sie ihre regelmäßige Saturnentwicklung durchgemacht haben, und die Folge wäre gewesen, daß nach der entsprechenden Zeit alles wiederum hereingenommen worden wäre in innere Wärme, und der Saturn wäre als äußerer Feuerplanet verschwunden, wäre wieder aufgenommen worden in die Reiche der geistigen Welt. So hätte es geschehen können. Dann hätten wir allerdings niemals den Sonnen-, den Mond- und den Erdenzustand gehabt, denn es wäre alles, was hätte ausgeatmet werden können, wiederum zurückgenommen worden in innere Wärme, wäre zurückgekehrt in die geistige Welt. Aber nun wollen wir einen trivialen Ausdruck gebrauchen, der uns verständlicher werden wird: Es gefiel sozusagen gewissen Geistern der Persönlichkeit besser, nur einen Teil der ausgeatmeten Wärme wieder zurückzunehmen und immer etwas zurückzulassen, so daß also beim Einatmen alle diese Saturn-Eier draußen nicht verschwanden, sondern daß sie blieben. Und so stellte sich allmählich eine Zweiheit heraus auf dem Saturn: innerliche Wärme und daneben die äußere Wärme, in den Saturn-Eiern verkörpert. Es wurde nicht alles wieder zurückgenommen. Sozusagen überließen die Geister der Persönlichkeit einen Teil der ausgeatmeten Wärme sich selber, sie ließen sie da draußen. Warum taten sie das eigentlich? Das mußten sie tun; wenn sie es nicht getan hätten, dann wären sie auf dem Saturn gar nicht Menschen geworden.
Denn was heißt Mensch werden? Das heißt: zum Ich-Bewußtsein kommen. Sie können das nicht, wenn Sie sich als Ich nicht von einem Äußeren unterscheiden. Nur dadurch sind sie ein Ich. Der Blumenstrauß hier, ich bin da, ich unterscheide mich als Ich von dem Objekte. Die Geister der Persönlichkeit hätten ewig nur ihr Ich ausgeströmt, wenn sie nicht etwas draußen gelassen hätten, was ihnen Widerstand geleistet hätte: Das andere ist draußen, ich unterscheide mich von dem objektiv gemachten Wärme-Element. Dadurch sind die Geister der Persönlichkeit zu ihrem Ich, zum Selbstbewußtsein gekommen, daß sie einen Teil der Saturnwesenheiten hinabgedrängt haben in ein bloß äußeres Wärmedasein." (GA 110/1972/13. 04. 1909 vormittags/S. 52 f.)

auf ihrer damaligen Stufe atmeten Wärme ein und aus; und wenn sie Wärme ausatmeten, entstanden äußere Feuereier. Im weiteren spricht Steiner darüber, daß, wenn die Geister der Persönlichkeit alle Feuerei-

er wieder eingeatmet hätten, der alte Saturn dann als Feuerplanet wieder äußerlich verschwunden sei, weil alles wieder zu innerer Wärme geworden sei. Wie kann man dieses Hin und Her zwischen Innerlichkeit und Äußerlichkeit verstehen?

H.-W. Schroeder: Zunächst ist es ein Wechsel zwischen zwei Zuständen: einem Ausatmungsvorgang und einem erneuten Sich-Verbinden mit den Wärmekräften, die bei der Ausatmung entstanden sind. Das kann man mit dem heutigen Schlafen und Wachen des Menschen vergleichen. Beim Wachen hat der Mensch ein Bewußtsein, das sich mit den äußeren Tatsachen verbindet. Dieses Bewußtsein kommt dadurch zustande, daß sich der Mensch an einem äußeren Leib wachstößt. Beim Schlaf zieht sich dieses Bewußtsein wieder heraus. Ähnlich war es damals bei den Archai. Sie hatten Phasen, in denen sie sich durch den Ausatmungsvorgang der Wärme veräußerlichten. Dann aber hatten sie wieder Phasen, in denen sie sich zurückzogen und eine mehr innerliche Entwicklung durchmachten.

 Carlo Crivelli
Altarpolyptychon des Hl. Petrus Märtyrer: Erzengel Michael.
London, National Gallery

Die Tatsache, daß die Wärmeeier eine gewisse äußerliche Objektivität behielten, gab den damaligen Archai die Möglichkeit, ein Gegenüber zu haben. Sie erlebten die Wärme also nicht nur als einen Teil ihrer Innerlichkeit, sondern als etwas Äußeres, indem sie sich an diesen Wärmeverhältnissen spiegeln konnten. Durch dieses Gegenüber wurde das Selbstbewußtsein der Geister der Persönlichkeit angeregt und weiterentwickelt. Das ist ein ähnlicher Vorgang, wie er beim Menschen eintritt, wenn er aufwacht und mit seinen höheren Wesensgliedern in die Leiblichkeit einzieht.

Gewaltige Magier

W.W.: Zu Beginn des vierten Vortrages „Geistige Hierarchien und ihre Widerspiegelung in der physischen Welt" (GA 110/S. 60 f.) spricht Steiner über den Unterschied zwischen der Vorstellungskraft der Menschen heute und derjenigen der Geister der Persönlichkeit auf dem alten Saturn. Die Menschen bilden heute, so Steiner, lediglich eine astrale Form, wenn sie sich etwas vorstellen, und sie manifestieren nichts durch ihre Vorstellung. Die Geister der Persönlichkeit dagegen seien gewaltige Magier gewesen, indem sie die Saturn-Feuereier durch ihre Gedankenkraft geformt und dann außerhalb ihrer selbst zurückgelassen hätten. Diese Feuereier seien dann auf der alten Sonne wiedererschienen. Wie kann man sich eine so starke form- und wärmesubstanzbildende Kraft vorstellen?

H.-W. Schroeder: Ich denke mir, daß die inneren Kräfte dieser Geister daraus resultieren, daß sie aus dem Zusammenwirken der Throne und der Cherubim stammen. Die Throne und die Cherubim sind ganz hohe hierarchische Wesen und gehören zu den weltenschöpferischen Wesen. Diese Wesen haben nicht nur innere Kräfte, sondern auch Schöpfungskräfte, und dadurch waren die Archai von vornherein mit einer größeren Schöpferkraft begabt. Das, was wir Menschen heute mühsam mit unseren Gedanken vollziehen, wenn wir uns konzentrieren, war für die Archai damals von vornherein eine schöpferische Tätigkeit.

Ein bißchen deutlich machen kann man sich einen solchen Vorgang vielleicht an einem Menschen, der die Fähigkeit besitzt, einen anderen Menschen zu hypnotisieren und andere Menschen durch seine geistige Willenskraft zu beeinflussen. Hier geht eine Willenskraft von einem Menschen aus und setzt sich anstelle der Willenskraft des anderen.

Wenn ein Blitz aufflammt

© gemeinfrei
Martin Luther als Augustinermönch mit Tonsur.
Das älteste Bildnis Luthers. Kupferstich von Lucas Cranach d. Ä. 1520, Kupferstichkabinett Berlin.

W.W.: Von den Engeln sagt Steiner, daß ihr physischer Leib im Wetter oder im Wasser, im Nebel oder in einer Quelle angenommen werden könne. Können wir in bezug auf die heutigen Archai auch von einem physischen Leib sprechen?

H.-W. Schroeder: Ja; anders als die Engel und Erzengel haben die Archai eine Art physischen Leib in den Blitzerscheinungen. Während eines Gewitters, wenn ein Blitz aufflammt, haben die Archai offenbar ein Erlebnis ihrer äußerlichen Leiblichkeit. Ein solches Blitzerlebnis spielte z.B. bei Luther eine herausragende Rolle. Er studierte Jura, wurde aber durch dieses Blitzerlebnis auf seine Mission aufmerksam und wurde Mönch. Das führte dann zu den bekannten Folgen der Bibelübersetzung, der Gründung einer neuen Kirche usw. Und das war ein Einwirken der Archai bzw. des Arché des fünften nachatlantischen Zeitalters.

W.W.: Meinen Sie das also in dem Sinne, daß die Reformation eine Zeitgeisterscheinung war?

H.-W. Schroeder: Genau. Das ist eine klassische Situation. Ich habe einmal jemanden darüber sprechen hören, wie neben ihm und einer Studentengruppe unmittelbar ein Blitz einschlug. Das war ein ungeheures Erlebnis, und diese Menschen haben zwei oder drei Stunden nicht mehr sprechen können. Sie waren so erschüttert, daß es ihnen regelrecht die Sprache verschlagen hatte; und als sie langsam wieder zu sich kamen, begannen sie ein wenig zu singen.

W.W.: Lag es an der geistigen Gewalt dieses Blitzes, oder führten auch physische Auswirkungen dazu, daß sie nicht mehr sprechen konnten?

H.-W. Schroeder: Es waren der Schreck, der Schock, durch die enorme Gewalt dieses Blitzes, die ihnen die Sprache verschlagen hatten. Rilke sagt ja schon, daß ein jeder Engel schrecklich sei; aber die unmittelbare

Begegnung mit einer Arché ist für einen Menschen ohne Vorbereitung kaum auszuhalten.

Aus der Zeit herausgehoben

W.W.: In einem Vortrag schildert Rudolf Steiner, daß man bei der geistesforscherischen Schauung rückwärts in der Erdenentwicklung bis zum alten Saturn gehen könne und daß es dort einen Punkt gebe, an dem die Zeit aufhört. Irgendwann während des alten Saturn begann also die Zeit, und vorher gab es keine Zeit. Sich hiervon eine Vorstellung zu bilden, ist kaum möglich. Wie würden Sie Ewigkeit, wie Zeit definieren?

H.-W. Schroeder: Sie haben völlig recht, eine solche Vorstellung ist schwierig, und man hat Probleme, hier konkret weiterzudenken. Es gibt trotzdem Momente im Leben, in denen man ein wenig an diesen Bereich herankommt. Rudolf Frieling – der dritte Erzoberlenker der Christengemeinschaft – hat oft gesagt, man solle sich die Ewigkeit nicht als „wildgewordene Zeit" vorstellen, also nicht als eine Zeit, die nach vorne und hinten immer weiterläuft. Die Ewigkeit ist eine andere Ebene des Erlebens als das Zeiterleben, die aber nicht in beide Richtungen endlos ist. Manchmal wirkt so etwas in das menschliche Leben herein, in Augenblicken, in denen die Zeit gleichsam stillsteht oder in denen man Erlebnisse hat, die wie außerhalb der Zeit liegen.

Ein solches Erlebnis spielte bei der Vorbereitung der Gründung der Christengemeinschaft eine Rolle, als Gertrud Spoerri und Johannes-Werner Klein 1921 Rudolf Steiner die Frage nach dem Priestertum der Frau stellten. In Anwesenheit der beiden rückte Steiner sozusagen mit seinem Bewußtsein in eine höhere Sphäre, in einen höheren Bewußtseinszustand. Er veränderte sich in seinem Habitus vollständig, war wie nicht mehr „anwesend". Und in bezug auf diesen Moment haben die beiden anschließend geschildert, daß sie sich nicht erinnern konnten, ob es sich dabei um eine Minute oder eine Viertelstunde handelte. Sie waren auch selbst aus der Zeit wie herausgehoben in ein Ewigkeitserleben.

Auch als Kind – ich erinnere mich an manche solcher Augenblicke, in denen man z.B. hingegeben spielt – kann man solche Momente der Zeitlosigkeit erleben. Auch wenn man einen Menschen sehr gern hat, ihn liebt und in seine Gegenwart gleichsam versinkt, kann man so etwas wie Ewigkeit erleben. Dann leuchten wahre Qualitäten des Erlebens in die Seele hinein. Anhand solcher Momente kann man sich verdeutlichen, daß unser Dasein nicht nur in der Zeit als einer endlosen „Ebene in zwei Richtungen" abläuft, sondern daß es auch höhere Seinsstufen mit anderen Qualitäten gibt.

Wie die Zeit entstand

W.W.: Wie entstand die Zeit?

H.-W. Schroeder: Die Zeit entstand, indem die besagten Zeitgeister geschaffen wurden. Zeit wurde geschaffen, indem diese Zeitgeister aus der

> **Der Beginn der Zeit auf dem alten Saturn**
>
> „Das Eigentümliche ist: wenn man sich bis zu diesen Anschauen erhoben hat, tritt eines ein, was für den ungeheuer schwer ist, sich vorzustellen, der sich nicht bemüht, langsam und allmählich zu solchen Vorstellungen zu kommen. Denn es hört etwas auf, was mit dem gewöhnlichen menschlichen Vorstellen so verquickt ist wie nur irgend etwas: der Raum hört auf. Es hat keinen Sinn mehr zu sagen, man schwimme oben oder unten, vorn oder hinten, rechts oder links oder überhaupt Raumverhältnisse anzuwenden. Es hat keinen Sinn bei dem alten Saturn; es ist überall gleich in dieser Beziehung. Aber das Wichtige ist: wenn man in die ersten Zeiten des Saturndaseins kommt, so hört auch die Zeit auf. Es gibt kein Früher oder Später mehr. Das ist natürlich für den Menschen heute sehr schwer vorzustellen, weil sein Vorstellen selbst in der Zeit verfließt: ein Gedanke ist vor oder nach dem anderen. Daß die Zeit aufhört, das ist nun wieder nur durch ein Gefühl zu charakterisieren. Dieses Gefühl ist wahrhaftig nicht angenehm. – Denken Sie sich einmal Ihre Vorstellungen erstarrt, so daß alles, woran Sie sich erinnern können und was Sie sich vornehmen, wie zu einem starren Stabe erstarrt, so daß Sie sich festgehalten fühlen in Ihrem Vorstellen und sich nicht mehr rühren können. Dann werden Sie nicht mehr sagen können, Sie haben etwas, was Sie früher erlebt haben, ‚früher' erlebt. Sie sind angebunden daran, es ist da, aber es ist erstarrt. Die Zeit hört auf, eine Bedeutung zu haben. Sie ist überhaupt nicht mehr da. Deshalb ist es auch ziemlich unsinnig, wenn man fragt: Du schilderst da das Saturndasein, das Sonnendasein und so weiter, sage doch, was vor dem Saturndasein war! ‚Vorher' hat da keinen Sinn mehr, weil die Zeit aufhört, so daß man auch aufhören muß mit allen Zeitbestimmungen. Es ist wirklich beim alten Saturndasein – in einem sehr vergleichsweisen Sinn kann man das sagen – die Welt wie mit Brettern verschlagen, indem man mit dem Gedanken stillestehen muß. Mit dem Hellsehen auch. Die gewöhnlichen Gedanken muß man schon lange zurücklassen, die gehen nicht bis dahin. Bildlich, vergleichsweise ausgedrückt, müßten Sie sich sagen, daß Ihr Hirn einfriert. Und indem Sie diese Starrheit gewahr werden, würden Sie ungefähr eine Vorstellung haben von dem Bewußtsein, daß sich nicht mehr in der Zeit abschließt." (GA 132/1979/31. 10. 1911/S. 16 f.)

Schöpfung höherer hierarchischer Wesen hervorgingen. In diesem Moment begann die Entwicklung – aufgrund des Beschlusses der Cherubim und der Throne, etwas Neues in die Welt zu setzen. Dafür mußten Wesen geschaffen werden, die den Ablauf dieser neuen Entwicklung zu ordnen, zu dirigieren hatten. Und das sind die Archai, die Zeitgeister. Sie haben z.B. die Aufgabe, Zeitrhythmen zu schaffen bzw. Zeitabschnitte zu leiten.

W.W.: Das heißt also, daß die höheren Wesen der Throne und Cherubim etwas aus ihrer Schöpfung hervorbrachten, was sie selbst nicht kannten, nämlich die Zeit bzw. Zeitwesen.

H.-W. Schroeder: Letztlich begann die Entwicklung dadurch, daß der Christus selbst aus der Trinität herabstieg und die Seraphim, Cherubim und Throne zu Beginn dieser neuen Entwicklung impulsierte. Der Beginn der Zeit auf dem alten Saturn ist bereits ein Christuswirken. Diese Tatsache muß man immer dahinter sehen.

W.W.: Ist die Schaffung der Archai, das Geborenwerden dieser Geister der Persönlichkeit, zugleich ein Opfer der Cherubim und der Throne?

H.-W. Schroeder: Ja, so schildert es Rudolf Steiner. Wenn eine Mutter ein Kind gebiert, so opfert sie auch aus ihrer Substanz ein Wesen. Sie gibt aus ihrer Leiblichkeit etwas her, und dadurch entsteht ein neues Wesen. Ähnlich kann man sich das in bezug auf die Entstehung der Geister der Persönlichkeit auf dem alten Saturn vorstellen – aus der Wärmesubstanz der Throne wird etwas „geboren", geopfert, was anderen Wesenheiten die Möglichkeit gibt, sich damit zu verbinden.

W.W.: Der Mensch ist im kleineren Bereich ja auch dazu fähig. Wenn er ein Gebet spricht, so verbindet sich damit auch ein geistiges Wesen; oder auch, wenn er eine Lüge ausspricht, so schafft er ein Lügenphantom.

H.-W. Schroeder: Genau; in dieser Weise kann man sich – bloß mit weitaus gesteigerten Kräften – vorstellen, wie damals Wesen geschaffen worden sind.

Das Wasser will nichts für sich

W.W.: In einem weiteren Vortrag (GA 132/31. 10. 1911) spricht Rudolf Steiner über den Willen. Steiner sagt aus daß man in der physischen Welt mit starkem Willen viel erreiche, daß dies aber nicht für die geistige Welt bzw. für Gedankenwirkungen gelte; denn hier gelte, daß man durch schöpferischen Verzicht mehr erreiche. Können Sie diesen Zusammenhang erklären?

Verzicht auf Opfer während der alten Sonne

„Denn allem solchen Zurückbleiben von Wesenheiten, allem solchen Hereinwirken durch das Zurückbleiben liegt zugrunde Resignation oder Verzicht höherer Wesenheiten. So können wir sehen, daß folgendes auf der Sonne auftritt. Wir haben gesagt, daß die Throne, die Geister des Willens, Opfer darbringen den Cherubim. Diese Opfer bringen sie – wie wir das letzte Mal gesehen haben – nicht nur während der Saturnzeit dar, sondern sie setzen sie fort während der Sonnenzeit. So daß wir auch da im Bilde bekommen haben: die Throne, die Geister des Willens, opfernd den Cherubim. Und in der Opferung liegt das eigentliche Wesen aller in der Welt existierenden Wärme- oder Feuerverhältnisse. Während der Sonnenzeit können wir nun deutlich das Folgende bemerken, wenn wir in der Akasha-Chronik zurückschauen. Die Throne opfern, verbleiben bei ihrer Opfertätigkeit; so daß wir die opfernden Throne haben, haben auch eine Anzahl von Cherubim, zu denen wir das Opfer aufsteigen sehen, indem sie das, was aus dem Opfer fließt, die Wärme, in sich aufnehmen. Aber eine Anzahl von Cherubim vollzieht etwas anderes: sie verzichten auf das Opfer, nehmen nicht an die Opferung."
(GA 132/1979/14. 11. 1911/S. 46 f.)

H.-W. Schroeder: Diesen Zusammenhang erläutert Rudolf Steiner an der Entstehung des Wassers. Im Wasser hat man diese Qualität des Verzichtens. Das Wasser will selbst nichts für sich. Es ist ganz selbstlos, nimmt andere Substanzen in sich auf, löst andere Substanzen. Wasser trägt andere Substanzen und wird dadurch zur Grundlage des Lebens. Wasser nimmt andere Wesen in sich auf, z.B. Pflanzen und Tiere, und verhilft ihnen zum Leben. Rudolf Steiner spricht darüber, daß in der Weltentwicklung während des alten Saturn das *Opfer* zu *Wärme* wird, daß *schenkende Tugend* auf der alten Sonne zur *Luft* wird, während auf dem alten Mond der *Verzicht* zum *Wasser* wird. Dadurch, daß geistige Wesen in ihrer Willenswirkung auf etwas verzichten, entsteht die Substanz des Wassers. Und diese Geste des Verzichts, die Selbstlosigkeit drückt sich in der Wirksamkeit des Wassers aus. Das Wasser verzichtet auf eine eigene Existenz, gibt aber anderen Wesen die Möglichkeit zum Leben.

Die Entstehung des Bösen

W.W.: Im Zusammenhang mit dem Opfer und dem Verzicht spricht Rudolf Steiner über die Entstehung des Bösen. Während des alten Saturn und der alten Sonne bringen die Throne Opfer an die Cherubim in Form von Opferrauch. Durch diese Opferung mit dem Opferrauch entstehen

Entstehung des Bösen auf der alten Sonne und dem alten Mond

„Was geschieht nun mit dieser Opfersubstanz? - Es geschieht das, daß andere Wesen sich ihrer bemächtigen, die dadurch, daß sie jetzt diese Opfersubstanz nicht in den Cherubim haben, von Cherubim unabhängig werden, selbständige Wesen werden, die neben den Cherubim da sind, während sie sonst dirigiert werden von den Cherubim, wenn diese die Opfersubstanz aufgenommen haben. Darauf beruht die Möglichkeit, daß das Gegenteil von Resignation eintritt: daß Wesenheiten die ausgeflossene Opfersubstanz an sich heranziehen und in ihr handeln. Und das sind die Wesenheiten, die zurückbleiben, so daß das Zurückbleiben eine Folge der Resignation der Cherubim ist. Die Cherubim liefern durch das, worauf sie resignieren, den zurückbleibenden Wesenheiten selbst erst die Möglichkeit zum Zurückbleiben. Dadurch, daß ein Opfer abgewiesen wird, können andere Wesenheiten, die nicht resignieren, die den Wünschen und Begierden sich hingeben und ihre Wünsche zum Ausdruck bringen, sich des Gegenstandes des Opfers, der Opfersubstanz, bemächtigen und sind damit in der Möglichkeit, als selbständige Wesenheiten neben die anderen Wesen hinzutreten.

So ist mit dem Hinübergehen der Entwickelung von der Sonne zum Mond, mit dem Unsterblichwerden der Cherubim die Möglichkeit gegeben, daß andere Wesen sich abtrennen in eigener Substantialität von der fortlaufenden Entwicklung der Cherubim, überhaupt von den unsterblichen Wesenheiten. Wir sehen also, indem wir jetzt den tieferen Grund des Zurückbleibens kennenlernen, daß eigentlich die Urschuld, wenn wir von einer solchen Urschuld sprechen wollen, an diesem Zurückbleiben gar nicht diejenigen haben, welche zurückgeblieben sind. Das ist das Wichtige, das wir das auffassen. Hätten die Cherubim die Opfer angenommen, so hätten die luziferischen Wesenheiten nicht zurückbleiben können, denn sie hätten keine Gelegenheit gehabt, sich in dieser Substanz zu verkörpern. Damit die Möglichkeit vorhanden war, daß Wesenheiten in dieser Weise selbständig werden, trat vorher der Verzicht ein. Es ist also von der weisen Weltenlenkung so eingerichtet, daß die Götter sich ihre Gegner selbst hervorgerufen haben. Hätten Götter nicht verzichtet, so hätten sich Wesenheiten nicht widersetzen können. Oder wenn wir trivial sprechen wollen, können wir sagen, die Götter hätten gleichsam vorausgesehen: Wenn wir nur so fortschaffen, wie wir es getan haben vom Saturn zur Sonne herüber, so werden niemals freie, aus ihrer Willkür heraus handelnde Wesenheiten entstehen. Es muß, damit solche Wesenheiten entstehen können, die Möglichkeit gegeben sein, daß uns Gegner im Weltenall erstehen, daß wir Widerstände finden in dem, was der Zeit unterworfen ist. Würden wir nur selbst alles anordnen, so würden wir einen solchen Widerstand nicht finden können. Wir könnten es uns sehr leicht machen, dadurch daß wir alles Opfer annähmen, dann würde alle Evolution uns unterworfen sein. Das werden wir aber nicht machen; wir wollen Wesenheiten, die frei von uns sind, die sich widersetzen können. Daher nehmen wir das Opfer nicht an, so daß jene Wesenheiten durch unsere Resignation und dadurch, daß sie das Opfer nehmen, unsere Gegner werden!

☞

So sehen wir, daß wir nicht bei den sogenannten bösen Wesenheiten den Grund des Bösen zu suchen haben, sondern bei den sogenannten guten Wesenheiten, die erst durch ihre Resignation bewirkt haben, daß durch die Wesenheiten, welche das Böse in die Welt bringen konnten, das Böse entstanden ist." (GA 132/1979/14.11.1911/S. 52 f.)

die Zeit bzw. die Zeitgeister. Aber – und das ist das Neue – einige der Cherubim entziehen sich der Opferkräfte der Throne; sie nehmen diese Opfer nicht mehr an. Da durch die Opferung mit dem Opferrauch auch weiterhin die Zeit entsteht, entziehen sich diese Cherubim, die auf das Opfer verzichten, auch der entstehenden Zeit, so daß sich hier auf der alten Sonne Ewigkeit und Zeit scheiden. Bei denjenigen Thronen, deren Opfer nicht mehr angenommen werden, entsteht durch das Zurückweisen des Opfers eine Art Widerstand – letztlich der Keim des Bösen, was die auf das Opfer verzichtenden Cherubim ja gewußt haben müssen. Können Sie diesen Zusammenhang erklären?

H.-W. Schroeder: Durch die Zurückweisung des Opfers können diejenigen Wesen, deren Opfer zurückgewiesen werden, nicht mehr an der Weiterentwicklung der Welt teilnehmen. Sie werden isoliert von dem, was eigentlich weitergehen soll. Das gibt eine Art Verkrampfung; ihr Wille wird zurückgestaut. So etwas gibt es auch in menschlichen Zusammenhängen. Wenn jemand etwas will und wenn er seine Willenskräfte nicht loswerden kann, so wird sein Wille gestaut und bricht z.B. in Form einer Aggression hervor.

Damals erlebten die zurückgewiesenen Throne diese Stauung ihres Willens als eine innere Verkrampfung, als eine Steigerung ihres Willens, und sie wurden auf sich selbst zurückgewiesen. Sie konnten ihre Willenskräfte fortan nicht zur Weiterentwicklung der Welt verwenden, sondern ihre Kräfte wurden zu Gegenkräften. Und daraus ergibt sich, daß diejenigen Cherubim, die das Opfer zurückweisen, in der Ewigkeit verbleiben, während die Throne, die ihr Opfer nicht loswerden können, in der Zeit verbleiben, aber nicht mehr an der Weltenentwicklung aus der Schöpfersphäre der Cherubim teilhaben können. Diese zurückgestoßenen Wesen verlieren den Überblick im Weltenganzen und wissen nicht mehr, in welche Richtung die Entwicklung geht. Sie werden einseitig.

W.W.: Ist denn bei denjenigen Wesen, die außerhalb der Zeit bleiben, überhaupt Entwicklung? Ist die Entwicklung nicht vielmehr bei denjenigen Wesen, die von nun an in der Zeit leben?

H.-W. Schroeder: Sicherlich. Aber nur ein Teil der Cherubim zieht sich in die Ewigkeit zurück, andere gehen in die Zeit, in die Entwicklung hinein.

W.W.: Um es also einmal ganz deutlich zu sagen: Die Götter haben sich mit vollem Bewußtsein ihre Gegner selbst geschaffen, der Ursprung des Bösen ist also das Gute!

H.-W. Schroeder: So ist es. Allerdings ist das eine Wahrheit, mit der man vorsichtig umgehen muß. Ohne die Größe des gesamten Hintergrundes ist der Gedanke unvollständig. Alles ist letztlich um des Menschen willen geschehen. Der Mensch soll eines Tages ein Wesen werden, das selbst in eine schöpferische Tätigkeit aufsteigt, und der Mensch soll auch ein Wesen werden, das eines Tages das Böse erlösen kann. Wenn man ein zu kleines Bild vom Menschen hat, wird das Ganze ein furchtbares Spiel, das die Gottheit mit dem Menschen bzw. mit allen geistigen Wesen treibt. Eigentlich ist dieser Gedanke der Erschaffung des Bösen aus dem Guten schrecklich. Daß das Gute das Böse geschaffen hat, kann man in seiner Radikalität eigentlich nur dann richtig denken, wenn man ein ganz hohes Weltenziel für den Menschen als Schöpfermacht mitdenkt. Der Mensch ist kein so gleichgültiges Wesen, wie es heute häufig den Anschein hat, sondern er hat eine große Weltenaufgabe. Um dieser Aufgabe willen dürfen solche Opfer höchster geistiger Wesen gebracht werden; denn es ist auch ein Opfer, daß die entstehenden Widersachermächte, die bösen Mächte, diese Rolle in ihrer Wirksamkeit übernehmen.

W.W.: Warum konnte die menschliche Freiheit nicht ohne die Existenz des Bösen entstehen?

H.-W. Schroeder: Freiheit kann nicht sein, wenn keine Möglichkeit vorhanden ist, auch ganz real und radikal auf die „andere Seite" wechseln zu können. Eine Scheinfreiheit oder eine leicht abweichende Tendenz vom rechten Weg ist keine wirkliche Freiheit. Es muß für den Menschen von den bösen Wesen die Möglichkeit geschaffen werden, auf ihre Seite zu wechseln. Freiheit ist nur dann vorhanden, wenn der Mensch aus eigenem Willen entscheiden kann, welchen Weg er gehen möchte.

W.W.: Die Elohim haben ja die sichtbare Welt geschaffen und treten als die Schöpfergeister in der Genesis auf. Kommen auch die Zeitgeister in der Genesis bei diesem Schöpfungsprozeß vor?

H.-W. Schroeder: Auch die Zeitgeister kommen in der Genesis vor, und zwar an den Stellen, an denen von den „Tagen" der Schöpfung gesprochen wird. Die „Tage" sind die verschiedenen Zeitgeister. Man sieht daran, daß mit der Schöpfung eine Zeitordnung verbunden ist. Es ist keine willkürliche Aufeinanderfolge von Tagen, sondern eine Ordnung, regiert durch die verschiedenen Zeitgeister. Der „erste Tag“ ist natürlich kein 24-Stunden-Tag, sondern eine lange Zeitepoche, verwaltet und geordnet durch den ersten Zeitgeist. Und die Archai sind in diesem Fall Helfer der Elohim bei dem Schöpfungsprozeß.

Die Archai beim Gedankenbildungsprozeß

W.W.: Inwiefern hängen die Archai mit der menschlichen Gedankenwelt zusammen?

H.-W. Schroeder: Man kann bei den menschlichen Gedanken verschiedene Elemente unterscheiden. Gedanken können logisch sein, zielgerichtet, phantasievoll oder assoziativ. Wenn Rudolf Steiner allerdings über den Zusammenhang der Archai mit der menschlichen Gedankenwelt spricht, weist er auf die Substanzprozesse hin. Dabei geht es z.B. um die Salzbildungsprozesse, die mit jeder Gedankenbildung zusammenhängen. Wenn der Mensch denkt, wird dieser Gedanke von einer leisen Verdichtung der Substanz im Gehirn begleitet. Es fällt aus dem Lebendigen dabei etwas heraus, und dadurch wird ätherische Kraft für den Gedankenprozeß frei. Und diese Tätigkeit wird nach Rudolf Steiner von den Archai gestützt.

 Foto: Walter J. Pilsak
Halit- bzw. Salzkristalle

Neue geistige Impulse durch die Zeitgeister

W.W.: Geistige Wesen unterliegen ebenfalls einem fortwährenden Wandel, nicht nur die Menschen. Die Archai sind dabei, zu Schöpfergeistern aufzusteigen, wie es bisher die Elohim waren. Wie ist das zu verstehen? Welche neuen Impulse brechen durch diese Archai in unserer Zeit in die Menschheit hinein?

H.-W. Schroeder: Bisher hat der Mensch von der Leistung anderer Wesen gelebt. Er ist durch andere Wesen geschaffen worden, er hat seine jeweilige

Substanz von anderen Wesen, er zehrt noch von alten Kräften. In Zukunft soll der Mensch aber selbst zu einem Schöpfer werden. Und dieser Prozeß beginnt heute leise damit, daß die Archai ihre Tätigkeit verändern.

Der Zugriff der geistigen Wesen auf die menschlichen Verhältnisse verändert sich insofern, als die Menschen viel mehr selbst für die Zusammenhänge der Erde verantwortlich werden, auch für geistige Zusammenhänge. Wenn die Menschen heute ihr Schicksal nicht selbst in die Hand nehmen, geschieht nichts. Früher war das noch anders: der Mensch wurde stark geführt. Bei vielen Menschen, die heute stumpf vor sich hinleben – die vielleicht ihrer Arbeit nachgehen, sich aber um keinerlei geistige Impulse bemühen –, hat man immer mehr den Eindruck, daß das Schicksal kaum noch an diese Menschen herankommt. Das hängt damit zusammen, daß das Schicksal nicht einfach weitergeht, wenn der Mensch nicht daran mitarbeitet, wenn er sich nicht für geistige Ziele einsetzt bzw. nicht den roten Faden in seinem Leben aufgreift.

W.W.: Und dieser Umschwung geht von den Archai aus? Steiner spricht ja in bezug auf das Jahr 1899 von einer neuen Welle der Geistigkeit, die in die Menschheit hineinzubrechen beginnt, ausgehend von den Archai. Ist diese Welle damit gemeint?

H.-W. Schroeder: Ja. Die zunehmende Verantwortlichkeit der Menschen liegt im Interesse des regierenden Zeitgeistes. Sein Ziel ist es, daß die geistige Welt in neuer Weise an die Menschen herandringen kann und daß die Menschen in eine neue geistige Verantwortung für die Weltverhältnisse eintreten. Es ist also eine Forderung an die Menschen, sich selbst zu ergreifen, das eigene Schicksal zu erkennen und dieses zu gestalten, aber gleichzeitig in eine Verantwortung für die ganze Welt einzutreten. Wenn sich ein Mensch dahingehend bemüht, kommt ihm die geistige Welt entgegen.

W.W.: Der gewöhnliche Mensch nimmt diese Welle der neuen Geistigkeit nicht wahr bzw. ignoriert sie. Wie kann man sich darin schulen, sich gegenüber dieser neuen Geistigkeit zu öffnen?

H.-W. Schroeder: Eine wesentliche Hilfe dafür ist die Anthroposophie. Das meine ich jetzt überhaupt nicht missionarisch, aber anthroposophisches Gedankengut bietet die Möglichkeit, geistige Zusammenhänge zu denken, zu verstehen, vielleicht sogar wahrzunehmen. Darüber hinaus gibt es aber auch zahlreiche Menschen, die auch ohne Anthroposophie an die geistige Welt herankommen. Das sind z.B. Menschen, die durch ihr Schicksal geistige Wahrnehmungen bekommen, z.B. Nah-Todeserfahrungen oder auch Begegnungen mit geistigen Wesen oder Verstorbenen. Drittens betrifft es alle Initiativen, die in irgendeiner Weise echt spirituell arbeiten. Alle diese Impulse wirken daran mit, daß ein neuer Horizont aufleuchten kann.

Die Verantwortung für die Zukunft übernehmen

W.W.: Was genau wollen die Archai von uns Menschen?

H.-W. Schroeder: Sie wollen, daß wir unsere eigene Verantwortung ergreifen, und zwar nicht nur im Sinne der Ordnung der äußeren Verhältnisse, sondern in geistiger Hinsicht. Sie wollen, daß der Mensch geistig die Verantwortung für die Zukunft übernimmt. Damit hängt auch zusammen, daß sie Erschütterungen in die Menschheit hineinbringen.

W.W.: Das bedeutet also, daß die Menschen von Erschütterung zu Erschütterung, von Katastrophe zu Katastrophe gehen müssen, wenn sie diese Zukunftsziele verweigern bzw. nicht aufgreifen?

H.-W. Schroeder: Das ist leider eine notwendige Begleiterscheinung. Wer nicht aufwacht und seine Verantwortung ergreift, muß gerüttelt und geschüttelt werden. Wenn ein Mensch sich gegen alles sperrt, werden Dinge geschehen, die ihn zum Aufwachen bringen. Im Bild kann man das in Matthäus 22,1-8 nachlesen. Dort heißt es ja, daß diejenigen, die dem Ruf zur königlichen Hochzeit nicht folgen, im nächsten Moment von Katastrophen heimgesucht werden und dadurch in Bewegung kommen, daß sie ihre Behausung verlieren, auf die „Straße" gehen müssen. Es geht darum, daß sich die Menschen innerlich auf den Weg machen.

W.W.: Steiner spricht in einem Vortrag vom 01.01.1919 (GA 187) über diese Welle der neuen Geistigkeit seit 1899, und er spricht über Ludendorff, welches Unglück er über Deutschland gebracht habe, wie ungeheuer tragisch es gewesen sei, daß er als ein großer Mensch angesehen worden sei, und daß er ein Mensch gewesen sei, der sich gegen diese Welle der neuen Geistigkeit gesträubt habe. Steiner spricht weiter darüber, daß Ludendorff einer von 30 bis 40 Menschen zu Beginn des letzten Jahrhunderts gewesen sei, von denen äu-

General Erich Ludendorff 1925

Die Welle der Geistigkeit

„Man soll sich nur nicht vorstellen, daß hinter den Kulissen des sinnlichen Daseins etwas ist, worinnen man sich so gemütlich schlafen legen kann. So sind in der Regel die Paradiesesvorstellungen der materialistischen Menschen. Die stellen sich am liebsten vor: Wenn sich das Tor des Todes schließt, so kommen sie dann in die Möglichkeit, recht viel zu schlafen. Weil dieses Schlafen auch sehr behaglich ist, stellen es sich die Menschen am liebsten so vor. Nun, Sie wissen, daß die Sache nicht so ist. Aber es ist auch hinter den Kulissen des Daseins nicht so, daß man unbedingt nur das Begehren danach haben könnte, um alle diejenigen Triebe zu befriedigen, die man gerade aus seinem persönlichen Egoismus heraus gerne hätte. Also man wird Teilnehmer eines Kampfes, eines richtigen Kampfes.

Nun liegt folgendes vor: Würden sich die Menschen nicht sträuben, diesen Kampf anzuschauen, würden sie sich bereit erklären, hinter die Kulissen des Daseins zu schauen nach den Mitteilungen, die von Geistesforschern gegeben werden, dann würden die Menschen das Dasein heute überhaupt anders anschauen. Was ich immer betont habe, das ist: Wir sollen Interesse gewinnen, der eine Mensch an dem andern; aber dieses Interesse, wie wir es gewinnen sollen, es ist in Wirklichkeit gar nicht denkbar, ohne daß wir die Geisteswissenschaft in unser Leben hereinleuchten lassen. Nicht wahr, wenn man zu Menschen in Beziehungen tritt – und jeder Mensch tritt zu Menschen in Beziehungen –, dann ist die Sache doch so: Wir lernen Menschen kennen, die wir gut nennen, wir lernen Menschen kennen, die wir mehr gleichgültig finden, wir lernen Menschen kennen, die wir böse nennen, die uns allerlei antun, durch die wir allerlei Schlimmes erfahren. Gewiß, im äußeren Leben auf dem physischen Plan bleibt nichts anderes übrig, als sich an die Menschen zu halten. Wenn einem schließlich einer eine Ohrfeige gibt, so kann man nicht, wenn man den Drang hat, sie ihm wieder zurückzugeben, sich an etwas anderes halten als an diesen Menschen. Aber den Zeitverhältnissen genügt diese Auffassung nicht mehr. Das muß man sich schon einmal gestehen: den Zeitverhältnissen genügt diese Auffassung nicht mehr, sondern es entspricht den Zeitverhältnissen viel mehr, wenn man sich heute sagt: Irgendein Mensch lügt einen an, oder ein anderer Mensch tut dies oder jenes. Gewiß, im physischen Leben muß man sich an den Menschen halten. Aber das Wichtige ist, daß man sich dessen bewußt wird: In den Menschen wirken herein allerlei geistige Impulse, und mit denen hat man es eigentlich zu tun. Man kann natürlich nicht, wenn einem einer eine Ohrfeige gibt, irgendeinem Dämon, der ihn dazu getrieben hat, die Ohrfeige zurückgeben, man muß sich an den Menschen halten, der einem im physischen Leben physisch gegenübersteht. Aber das, was so notwendig ist, ich möchte sagen, vor den Kulissen des Daseins, das reicht wirklich nicht aus, um die Welt zu verstehen, namentlich reicht es nicht aus, um wirklich das soziale Leben ordentlich ins Auge zu fassen. Mit andern Worten: Der Mensch kommt heute nicht aus, wenn er nicht hinter dem, was physisch vorgeht, eine geistige Welt in ☞

Realität, in Konkretheit wirklich anerkennt. Das ist sehr wichtig. Davor haben die Menschen zum großen Teile Furcht."

Im weiteren spricht Rudolf Steiner über Ludendorff und den Ersten Weltkrieg: „Er ist ein sogenannter Stratege geworden. Und durch das, was in ihm lag: nur denken zu können im Sinne der Gespenstergespinste der naturwissenschaftlichen Richtung, konnte er nicht das, was sich in seiner Seele entlud, ins Bewußtsein heraufbekommen; denn diese Denkweise ist nicht geeignet, das, was da unten sich in der Seele entlädt, ins Bewußtsein heraufzubekommen. Und so ist er das Unglück eines großen Teiles der Menschheit. So ist er einer von den dreißig bis vierzig Menschen der Gegenwart, von denen äußerlich die Katastrophe abhängt, ein Mensch, der an dem Platze, an dem er steht, einfach sich sträubt gegen die Anerkennung von irgend etwas Geistigem. Es ist aber heute schon die Zeit da, wo diejenigen Menschen zum Menschenunglück werden können, die an führenden Stellungen sich gegen die Anerkennung eines Geistigen sträuben, die nicht anerkennen wollen, daß das Geistige hereinspielt namentlich in das Menschenleben. Das ist sehr wichtig, daß man diese Tatsache ins Auge faßt. Nun, wenn sie auch nicht zunächst in führenden Stellungen waren bei dieser kriegerischen Katastrophe, so sind doch diejenigen Menschen heute sehr zahlreich, die einfach aus Furchtsamkeit oder andern Gründen zurückstoßen die Welle des geistigen Lebens, hereinflutet durch die Geister der Persönlichkeit, weil sie nur naturwissenschaftlich denken wollen.

Da liegt der Grund, warum viele Persönlichkeiten so unverständig sind in der Gegenwart, und warum viele Persönlichkeiten so falsch beurteilt werden. Es ist unendlich tragisch, daß solche Menschen wie Ludendorff als große Menschen angesehen worden sind. Aber es ist schon einmal so, daß diese Tatsache, die ich eben angeführt habe, das ganze Urteil über die Menschen trübt. Es spielt da in die Menschen allerlei Dämonisches herein, das man ihnen zuschreibt, das sie aber eigentlich selber zurückstoßen, weil sie ein bloßes Gespenstgespinst nach dem Muster der Naturwissenschaft in ihrer Seele tragen und mit diesem die Sache nicht auffassen können. Solch ein Mensch wie derjenige, den ich jetzt als Beispiel angeführt habe, der lebt sich dann aus, um in allerlei solchen Dingen, wie es diese Persönlichkeit gemacht hat, sich zu betäuben über die Spaltung der Persönlichkeit, über das, was da rumort und tobt. Das ist überhaupt bei sehr vielen Menschen der Gegenwart der Fall. Sie betäuben sich über das, was eigentlich in ihrem Inneren tobt, wenn sie in eine bestimmte Lage kommen im äußeren Leben, durch das oder jenes, was sie tun; der eine prügelt seinen Nachbarn durch, der andere schreibt ein blödsinniges botanisches Buch und dergleichen. Sie betäuben sich über das, was eigentlich in ihrem Inneren tobt, und was immer darin besteht, daß ihre Persönlichkeit zu zerfallen droht; einfach unter dem Einfluß der notwendigen Zeitereignisse droht ihre Persönlichkeit zu zerfallen, weil sie sich davor fürchten, sich in den Kampf hineinzustürzen, der hinter den Kulissen in der Welt jetzt spielt und auf dessen Wellen die Geister der Persönlichkeit einziehen wollen in unsere Zeit. (...) ☞

Es läßt sich diese Welle nicht aufhalten, wenn die Menschen sie auch abweisen, sie flutet herein, auch wenn die Menschen sich gegen sie sträuben, wenn sie sie nicht auffassen wollen. Dann kommt dasjenige heraus, was im Grunde zur Katastrophe der Gegenwart im tieferen Sinne geführt hat: das Nichtanerkennen der geistigen Welt. Das ist doch die tiefere Ursache für die heutigen katastrophalen Ereignisse, namentlich auch für die heutigen katastrophalen Seelenverfassungen. Und da es ein Kampf ist, der unten ja waltet, so gibt es kein anderes Mittel, als durch das gestaltete Denken die menschliche Persönlichkeit in sich selber plastisch auszubilden und dadurch den Kampf in der Seele zu erleben. Sonst wird der Kampf in der Außenwelt sich bleibend abspielen. (...)
Wenn man bloß dasjenige ordnen will, was hier in der physischen Welt ist, wenn man bloß über das nachdenkt, was hier in der physischen Welt ist und nichts anderes gelten lassen will, dann zerstört man nur. Und man soll sich dann nicht wundern, wenn der Kampf, dessen man nicht Meister werden will im Geistigen, in das physische Leben hereinspielt, denn er schlägt ja herein in die Menschen. Und wenn sie ihn nicht in der Seele ausfechten wollen, so führt er den einen gegen den andern, Völker gegen Völker, Menschen gegen Menschen. Was hier in der physischen Welt geschieht, kann nur ein Abbild sein der geistigen Welt: Entweder der Mensch nimmt den Kampf so, daß er ihn in seiner Seele ausficht, das heißt, die Menschen vertiefen sich geistig, oder aber dieser Kampf, der durch das Bewußtsein wie durch ein Sieb hindurchgeht, wenn man bloß so denken will, wie die Gegenwart denkt, entlädt sich, indem er den Menschen, die menschliche Seele ausschaltet in der äußeren Welt, und verursacht alles das, was sie eben jetzt sehen. (...)
In dem Maße, in dem die Menschen ihre Seele durchdringen mit Anerkennung des Geistigen, wie ich es heute geschildert habe, so daß also auch dasjenige, was in einem Zeitalter geistig ist, herabfließt in das Bewußtsein, in dem Maße kann sich auch das gewöhnliche Zusammenleben in der Menschheit entfalten, in dem Maße können die Menschen über die antisozialen Triebe, über das, was der Sozialisierung entgegenarbeitet, hinauskommen."
(GA 187/1979/01.01.1919/S. 172 ff.)

ßerlich die Katastrophe des Ersten Weltkrieges ausgegangen sei, und daß diese Menschen mehr oder weniger geistig umnachtet gewesen seien. Wie kann es angehen, daß einzelne Menschen an solchen führenden Stellen auch geistig so entscheidend wirken können? Wie ist es möglich, daß ihre menschliche Schwäche, ihre persönliche Faulheit, ihre Bequemlichkeit oder das Sich-Sträuben gegen diese Welle der Geistigkeit dazu führen, daß -zig Millionen Menschen sterben mußten? Ist das nicht etwas zuviel von den Menschen verlangt?

H.-W. Schroeder: Das ist eine falsche Perspektive, und man darf auf keinen Fall sagen, daß diese 30 oder 40 Menschen die einzigen Schuldigen an der Katastrophe des Ersten Weltkrieges gewesen seien. Auch sie sind nur Exponenten ihrer Zeit. Das Problem zu Beginn des letzten Jahrhunderts war, daß sich fast die gesamte Bevölkerung Europas im Zustande der Dumpfheit, der Verbürgerlichung befand. Die wacheren Menschen haben natürlich in den Jahren vor dem Ersten Weltkrieg erlebt, daß es so nicht mit der Menschheit weitergehen könne. Sicherlich waren die Regierenden verantwortlich; aber schuldig waren alle Menschen.

W.W.: Trotzdem muß ich noch einmal ganz menschlich fragen: Verlangt die geistige Welt hier nicht zuviel von den Menschen? Es bricht seit geraumer Zeit eine neue Welle der Geistigkeit herein, die die Menschen aufgreifen können. Aber die Menschen sind, wie sie sind. Kann man wirklich erwarten – und wir sollten es aus unserem Blickwinkel vielleicht einmal auf Europa beschränken –, daß die Menschen sich dermaßen wandeln, daß sie diese neue Geistigkeit wahrnehmen und ihr Leben vollständig umgestalten? Politisch kann man das alles nachvollziehen und vielleicht auch erwarten; aber eine geistige Wandlung im Bewußtsein und im Handeln der Menschen ist keine leichte Aufgabe.

H.-W. Schroeder: 1919 gab es sicherlich eine Chance, 1919 war ein entscheidendes Jahr, das ja Rudolf Steiner veranlaßt hat, sich enorm einzusetzen, z.B. für die soziale Neugestaltung Europas! Wenn z.B. die von ihm dargestellte Dreigliederung des sozialen Organismus von den Menschen aufgegriffen worden wäre, wäre ein ganz neues Bewußtsein in Deutschland entstanden; ganz neue Chancen hätten sich eröffnet. Und wenn das gelungen wäre, hätte der Zweite Weltkrieg nicht zu kommen brauchen. Aber diese Impulse sind nicht aufgegriffen worden. Das ist etwas, das Rudolf Steiner immer wieder erwähnt: daß gewisse Impulse kommen, daß sie aufgegriffen werden können, daß aber im Falle der Nichtbeachtung dieser Impulse Katastrophen eintreten müssen. Und diese Katastrophe haben wir ja nun mit dem Dritten Reich und dem Zweiten Weltkrieg erlebt. Was sollen die geistigen Wesen anderes machen, als die Menschen zu rütteln, wenn sie nicht aufwachen?

Hinzu kommt allerdings noch, daß diejenigen Menschen, die durch die Katastrophen gehen, Erfahrungen machen und mit diesen in einem neuen Leben auf der Erde wiedererscheinen werden. Es bleibt ja nicht nur bei den Millionen Kriegstoten, sondern alle diese Menschen machen ein nachtodliches Schicksal durch; sie schauen auf die Erfahrungen der Erde zurück und werden wahrscheinlich ganz neue Impulse für die Menschheit und für ihr zukünftiges Erdenleben in der Zeit zwischen Tod und neuer

Geburt fassen. Das alles ist aber natürlich überhaupt keine Rechtfertigung für den Krieg.

Verlangt die geistige Welt zuviel von den Menschen?

W.W.: Ich will ja nicht gegen die geistige Welt aufbegehrt; trotzdem möchte ich einwenden, daß mir die Aufgabe, die hier der Menschheit gestellt scheint, zu riesig ist. Wenn man sich die Menschen zu Beginn des 20. Jahrhunderts vorstellt und gleichzeitig denkt, daß durch diese ein so neuer Schwung in die Menschheit hineinkommen sollte – in dem Sinne, daß ganze Länder, vielleicht sogar die ganze Welt einen neuen geistigen Impuls bekommen hätte –, dann scheint mir das eigentlich unmöglich zu sein. Wenn ich mir die heute lebenden Menschen anschaue, so mag das vielleicht eher möglich sein. Aber auch heute scheint es mir zuviel verlangt. Und wenn man dann auf der anderen Seite hört, daß Menschen nur durch Katastrophen lernen, so finde ich den Gesamtzusammenhang ein bißchen schief. Einräumen möchte ich natürlich, daß die meisten Katastrophen der Gegenwart – Kriege, Umweltzerstörung, imperialistische Ausbeutung – auch menschengemachte Vereinseitigungen sind, die notwendigerweise in Katastrophen enden müssen. Also, es ist zwar notwendig, daß die Menschen umdenken und in vielen Bereichen ihre Wege umkehren müssen. Für die Besinnung auf eine neue Geistigkeit sehe ich jedoch auch heute nur Ansätze, aber keine Möglichkeit für einen generellen Umschwung.

H.-W. Schroeder: Gewiß! Aber bedenken Sie, daß jede Katastrophe auch Neues im Menschen bewirkt. Ich möchte Ihnen ein Beispiel geben: Das berühmteste Beispiel ist der Untergang von Sodom und Gomorrha. In diesen Städten hatten sich die Menschen in Übles verstrickt, und die Städte sollten vernichtet werden. Nun kann man einwenden: Was ist das für ein Gott, der in dieser Weise seinen Zorn an den Menschen auslebt? In diesen Städten lebten sicherlich viele Menschen, die kaum anders leben konnten – in ihrer Trägheit, in ihrer Beschaffenheit. Aber man muß bedenken: Dadurch, daß das Leben durch den Untergang beendet wird, kann es im nächsten Leben woanders einen neuen Anfang geben, so daß den Menschen eine ganz neue Ebene ermöglicht wird. Was nur als Strafe erscheint, ist in Wahrheit auch Gnade des Neubeginns. Man kann das ja auf das 20. Jahrhundert übertragen: Was mit Hitler über Deutschland hereingebrochen ist, durfte einfach nicht weitergehen. Dem *mußte*

Die Zerstörung von Sodom (Mosaik), 12. Jahrhundert
Dom von Monreal, Sizilien.

Einhalt geboten werden. Die Folgen waren zwar schrecklich, aber es ging nicht anders. Und trotzdem gab es danach einen neuen Anfang.

W.W.: Die Zusammenhänge, die Steiner um die Zeit des Ersten Weltkrieges schildert, scheinen mir noch gerade überschaubar; sie sind aber sehr eurozentriert – wie überhaupt fast alles, was Steiner schildert. Die Welt ist aber größer; die meisten Menschen leben heute nicht in Europa, und auch die meisten Katastrophen finden nicht in Europa statt. Kann man heute überhaupt noch solche Zusammenhänge annehmen, wie Steiner sie vom Beginn des letzten Jahrhunderts mit der Welle der Geistigkeit schildert: daß die Menschen diese Welle der Geistigkeit aufgreifen und zu geistigen Impulsen finden sollen? Wenn man z.B. an die Menschen in Nordkorea oder an die Menschen in den meisten Staaten Afrikas denkt, in denen Hunger und Bürgerkriege herrschen, dann weiß man, daß diese Menschen nicht die geringste Chance haben – selbst bei bestem Willen –, um hier auf Erden zu irgendwelchen geistigen Erkenntnissen kommen zu können. Wo ist heute überhaupt ein Ansatz dafür, daß durch das Aufgreifen einer neuen Geistigkeit kommende Katastrophen verhindert werden können?

H.-W. Schroeder: Es war ein großes Wagnis der geistigen Welt, zu Beginn des letzten Jahrhunderts die Anthroposophie vor die Menschen zu stellen und zu erwarten, daß die Menschen aus individuellen Impulsen, aus eigener Anstrengung, aus eigener Erkenntniskraft, zur geistigen Erkenntnis und daraus folgenden Taten kommen könnten. Dies ist nicht gelungen, und auch die anthroposophische Bewegung konnte nicht so kräftig in der Welt wirken, wie es vielleicht gedacht war.

Und Sie haben recht: Es war ein großes Risiko und vielleicht zuviel von den Menschen am Anfang des letzten Jahrhunderts verlangt, daß sie in so kurzer Zeit spirituelle Impulse hätten aufgreifen sollen. Aber die Welt ist nicht zu Ende, und es wird einen zweiten und einen dritten Versuch geben. Der Menschheit bleibt überhaupt nichts anderes übrig; denn so, wie es heute ist, kann es nicht weitergehen.

Und heute müssen wir konstatieren, daß wir nicht unschuldig sind an dem, was wir uns aufgebaut haben und was gegenwärtig jeden Tag in der Welt passiert. Andererseits können wir nur mit den Kräften arbeiten, die wir zur Verfügung haben. Und ich bin sicher, daß auch in den vielen außereuropäischen Ländern – gerade durch das Leid – die Menschen heute zu inneren Erfahrungen durchstoßen – nur hört man davon nichts. Oder denken Sie z.B. an die Migranten, an alle diejenigen Menschen, die nach Europa drängen, unter Einsatz ihres Lebens. Das ist in erschütternder Weise konsequent. Durch diese Menschen, die nach Europa fliehen, werden neue karmische Beziehungen geknüpft, die für weitere Erdenleben ganz neue Möglichkeiten eröffnen.

Oder man sieht, wie viele Menschen sich heute in der Welt positiv engagieren – gerade auch in Gegenden, in denen beträchtliche Not herrscht. Es wirkt hier ein ganz neuer Zeitgeist, immer mehr Menschen denken um, sind mit den gegenwärtigen Verhältnissen nicht zufrieden und handeln entsprechend positiv in der Welt.

Im gegenwärtigen Moment ist es bei den meisten Menschen wohl so, daß sie aufgrund ihrer katastrophalen Situation nicht in der Lage sind, zu einem geistigen Leben zu finden. Aber denken Sie einmal einige hundert Jahre weiter. Diese Menschen werden wiedergeboren, und sie werden mit ganz anderen Kräften in ein neues Leben eintreten.

W.W.: Aber diese Menschen leben jetzt. Sie leiden, sie verhungern jetzt, sie sind eingesperrt – wie z.B. in einem Staat wie Nordkorea –, ohne jegliche Chance, zu einem geistigen Leben zu finden. Ich meine nicht die Menschen in Europa oder in den USA, sondern die Menschen in den

Ländern des Südens; und ich denke gleichzeitig, daß es von der geistigen Welt zuviel verlangt ist, wenn diese Menschen zu einem spirituellen Leben finden sollen.

Ein neuer Aufwachprozeß in der Menschheit

H.-W. Schroeder: Von den meisten Menschen in diesen schrecklichen Situationen kann man dies wohl nicht erwarten; trotzdem muß man die Perspektive erweitern und sehen, was aus der Gesamtsituation wird und was aus den einzelnen Menschenleben für ein nächstes Erdenleben erwächst. Nehmen Sie z.B. einen Selbstmordattentäter. Ich bin davon überzeugt, daß diese Menschen in der geistigen Welt Selbsterkenntniserfahrungen durchmachen, die sie dazu treiben, so etwas in einem nächsten Leben nie wieder zu machen und sich darüber hinaus für positive Leistungen einzusetzen.

Denken Sie ferner z.B. an das alte Ägypten. Dort gab es einen Pharao an der Spitze, eine kleine herrschende Schicht, aber ein Millionenheer von Sklaven oder einfachen Arbeitern, die keinerlei Verantwortung für den Staat trugen. Und dann vergleichen Sie das mit der heutigen Situation. Heutzutage tragen unendlich viel mehr Menschen Verantwortung – im privaten wie im gesellschaftlichen Rahmen –; und das ist ein ungeheurer geistiger Fortschritt. Auch im alten Griechenland war es noch ähnlich. Es gab eine Oberschicht, die ein bewußtes Leben führte und den Staat gestaltete; aber die große Menge hatte kaum Einfluß auf die gesellschaftlichen Verhältnisse. Heutzutage ist der Prozentsatz derjenigen Menschen, die irgendwo Verantwortung tragen, wesentlich gestiegen. Deshalb konstatiere ich einen sehr starken Aufwach- und Bewußtseinsprozeß in der heutigen Menschheit. Und das gilt keineswegs nur für Europa, sondern auch für alle außereuropäischen Länder.

W.W.: Das gilt unbestritten. Mein Einspruch galt auch weniger den Menschen als vielmehr der geistigen Welt gegenüber. Die Verantwortung der einzelnen Menschen ist immens, und viele arbeiten sich zu Tode. Aber mein Einspruch galt mehr der Gerechtigkeitsfrage: ob es wirklich gerechtfertigt von der geistigen Welt ist, in der katastrophalen Lage, in der sich etwa Dreiviertel der Menschheitsbevölkerung befindet, auch noch von ihnen zu verlangen, eine neue Welle der Geistigkeit wahrzunehmen – oder sagen wir es einfach: zu einem spirituellen Leben zu finden.

H.-W. Schroeder: Es war damals wohl eine Erwartung der geistigen Welt und wohl auch eine echte Chance. Aber die Menschen sind frei, und wir müssen mit den Folgen unserer Taten leben. Aber trotz allem Unglück sehe ich wegen der erhöhten Verantwortung von immer mehr Menschen noch gute Zukunftschancen. Zusätzlich muß man auch die Perspektive des persönlichen Schicksals erweitern. Das persönliche Leid, das sehr viele Menschen in diesem einen Erdenleben durchmachen, scheint für sich genommen vollkommen ungerecht. Trotzdem muß man wissen, daß *jedes* individuelle Leid, *jedes* persönliche Schicksal einen Ausgleich finden wird – vielleicht nicht in diesem Leben, mit Sicherheit aber in einem der nächsten Erdenleben. Wer in einem Leben Unrecht erfährt, bekommt in einem nächsten Leben einen Ausgleich. Das ist keine Entschuldigung für ungerechtfertigtes Verhalten der Menschen; aber es ist eine Zukunftsperspektive. Im irdischen Leben gibt es keine Gerechtigkeit. Aber in bezug auf die Gesamtheit aller Inkarnationen kann man von einer göttlichen Gerechtigkeit sprechen.

Die Auseinandersetzung mit dem Bösen als Zeitaufgabe

W.W.: Ein sehr schönes Motiv, das bei Steiner immer wieder anklingt, ist jenes, daß alle äußeren Kämpfe heute aus dem Inneren herausgeworfene Kämpfe sind und daß die Kriegsschauplätze ins Innere der Seele verlegt werden sollten. Kann man sich konkret so in die Verantwortung bringen, daß man sich sagt: Weil ich es versäumt habe, mich innerlich mehr mit Anthroposophie, mit geistigen Gedanken und mit dem Interesse am anderen Menschen auseinanderzusetzen, geben meine Versäumnisse u.a. Nahrung für Kämpfe, wie sie z.B. derzeit im Irak stattfinden? Damit soll keineswegs die Schuld der USA und aller weiteren Beteiligten relativiert werden; aber kann man einen solchen Zusammenhang zwischen dem inneren persönlichen Bemühen und äußeren schrecklichen Ereignissen knüpfen?

H.-W. Schroeder: Eine direkte Verknüpfung sollte man nicht schaffen. Aber es gibt eine entsprechende Tendenz. Auf der einen Seite hat das Böse heute wirklich die Möglichkeit, in einem Maße in die Weltverhältnisse einzugreifen, unabhängig von Menschen, wie es zuvor nicht geschehen ist. Das ist von der geistigen Welt zugelassen. Auf der anderen Seite steht der Mensch mit seiner inneren Verantwortung. Das innere Bemühen des Menschen wird natürlich auch von der geistigen Widersachermacht gesehen – deshalb hat der Teufel heute am meisten Streß! Denn er muß sich alle Mühe geben zu verhindern, daß die Menschen in ihre geistige Verantwortung einrücken. Beides hängt zusammen.

Auf der einen Seite steht das Unvermögen der Menschen – wie z.B. beim Irak-Krieg und seinen Folgen –; auf der anderen Seite stehen die Einflüsse der Widersachermächte, aber auch das zunehmend verantwortungsvolle Ringen von immer mehr Menschen. Auf keinen Fall sollte man äußere Kämpfe *nur* aus dem Versagen der Menschen ableiten. Allerdings tragen sie für alles eine Mitverantwortung.

Wir haben es heute mit dem Problem des Bösen zu tun, und damit werden wir nicht so schnell fertigwerden.

Rudolf Steiner spricht darüber, daß man in der vierten nachatlantischen Zeit mit dem Problem des Todes gerungen hat. Damit sind wir heute mehr oder weniger fertig. Man kann relativ problemlos auf den Tod schauen. In unserer fünften nachatlantischen Zeit entsteht das Problem des Bösen und die Auseinandersetzung der Menschen mit diesem Bösen. Und Rudolf Steiner sieht in der Menschheit die Kraft, nach und nach mit diesem Bösen fertigzuwerden, nicht von heute auf morgen, aber in der Zukunft wird sich gerade in der Konfrontation mit dem Bösen die Kraft entwickeln, mit dem Bösen wirklich fertigzuwerden, es zu bändigen, ja zu verwandeln. So etwas bedarf der Entwicklung eines ganzen Zeitalters.

W.W.: Bedeutet das also, daß die Auseinandersetzung mit dem Bösen Ausdruck des derzeitigen Zeitgeistes ist und daß es die Aufgabe von uns Menschen ist, in eine erhöhte Verantwortung für die gesamte Welt einzutreten und zusammen mit dem derzeitigen Zeitgeist in diese Auseinandersetzung mit dem Bösen einzutreten?

H.-W. Schroeder: So ist es.

W.W.: Der Mensch ist frei und könnte die gesamte Erde somit auch vernichten. Wäre es überhaupt im Interesse der bösen Mächte, daß die Erde an ein Ende kommt?

H.-W. Schroeder: Nein, dies kann überhaupt nicht im Interesse der bösen Mächte sein; denn sie wollen ja gerade den Menschen an die Erde binden. Insofern kann es nicht in ihrem Interesse sein, die Erde zu vernichten.

Das Wirken Michaels

W.W.: Welche Aufgaben haben die Erzengel, welche hat speziell Michael?

© YORK

Guido Reni

Erzengel Michael
um 1636, Rom, Santa Maria della Concessione

H.-W. Schroeder: So wie der einzelne Engel das Schicksal eines Menschen leitet, so haben die Erzengel die Aufgabe, Menschengruppen oder ganze Völker zu leiten. Darüber hinaus gibt es – wie eben schon gesagt – sieben Erzengel, die abwechselnd zu Zeitgeistern aufsteigen und „Assistenten“ der eigentlichen Zeitgeister werden. Zur Zeit ist Michael in dieser Position. Er ist ein außerordentlich „begabter“ Erzengel, und einen Teil seiner Wirkung haben wir heute schon besprochen. Die Globalisierung liegt im Interesse Michaels, wenn auch nicht in der Form, wie sie heute vielfach gelebt wird. Aber daß die Menschheit als Ganzes zu einer Einheit zusammenwächst, zu einer gegenseitigen Wahrnehmung und Beziehung kommt, liegt in den Interessen Michaels. Auch daß sich die Völkerschaften mischen, gehört dazu. Alles, was den Menschen über das rein Nationale erhebt und zum Kosmopolitismus führt, ist von michaelischem Interesse.

Denken Sie z.B. nur an die unbedarften deutschen Soldaten, die jetzt in Afghanistan oder im Kongo herumlaufen – was für ein Schicksal entsteht dadurch! Und so ist es bei allen Einsätzen im Ausland, bei allen Friedensbemühungen durch die UNO – teilweise kommt dadurch schon Phantastisches zustande. Das sind alles Bemühungen, die in die richtige Richtung gehen, auch wenn sie nicht immer richtig gehandhabt werden. Hier erkennt man deutlich die Handschrift Michaels. Auch die schon besprochene Auseinandersetzung mit dem Bösen gehört dazu.

W.W.: Können Sie noch ein wenig die Wesenheit Michaels charakterisieren?

H.-W. Schroeder: Er ist ein Sonnenwesen und repräsentiert unter den sieben Erzengeln die Sonne. So wie die Planeten gegenüber der Sonne einen bestimmten Status haben, so haben die anderen sechs Erzengel einen entsprechenden Status gegenüber Michael. Er hat gegenüber den anderen Erzengeln einen unvergleichlichen Rang. Wegen seines sonnenhaften Wirkens hat er auch eine ganz spezielle Beziehung zu dem Christuswesen, zumindest seit dem Mysterium von Golgatha. Michael ist aber alles andere als sentimental. Es geht ein ungeheurer Ernst von ihm aus, und mit diesem Ernst schreitet er Christus voran. Von ihm geht eine ungeheure Strenge aus, die den Menschen darauf hinweisen kann, was er zu tun hat und wie er sich mit dem Bösen auseinandersetzen kann. Christus wirkt dagegen ganz anders, nämlich mit den Kräften der Liebe und der absoluten Anerkennung des Menschentums. Aber diese Anerkennung des Menschentums hängt auch mit Michael zusammen;

denn er ist der Erzengel, der vom Urbeginne an beim Menschen stand und den Menschen immer gestützt hat.

W.W.: Sie sprachen vorhin davon, daß Michael zeitweise zu einem Zeitgeist aufgestiegen sei. Aber Steiner spricht ja auch darüber, daß Michael wirklich zu einem Zeitgeist geworden sei. Ist Michael nun zu einer Arché geworden, oder gilt das nur für eine bestimmte Zeit?

H.-W. Schroeder: Diese sieben Erzengel werden jeweils für einige hundert Jahre zu Zeitgeistern, aber dann treten sie wieder zurück in ihre Erzengel-Hierarchie. Während ihrer Regentschaft wirken sie als Zeitgeister; aber wenn sie ihre Aufgabe erfüllt haben, treten sie wieder zurück. Es kommt natürlich vor, daß Erzengel für immer zu Zeitgeistern aufsteigen; aber bei Michael ist das m.E. nicht der Fall.

Der Kampf mit dem Drachen

W.W.: Eine zentrale Aufgabe Michaels ist es, zum Kampf gegen den Drachen anzutreten, wie es z.B. in der Apokalypse 12, 1-17, geschildert wird. Welche Wesenszüge Michaels sprechen sich durch diese Bilder aus?

H.-W. Schroeder: Michael hat die Fähigkeit, Kräfte aus der geistigen Welt so zur Wirkung zu bringen, daß alles dasjenige, was aus dem Bereich der Widersachermächte kommt, gleichsam heruntergedrückt wird; im Bilde gesprochen tritt er es unter seine Füße. Er hat die Kraft, mit seiner höheren geistigen Gewalt, niedere Kräfte so in Form zu zwingen, daß diese sich ihm fügen müssen und dann dort wirken, wie ihr Wirken berechtigt ist. Diese „Standfestigkeit" Michaels rührt aus seiner Verbindung zur Sonne und zu den Christuskräften.

W.W.: Es gab im Laufe der Zeit viele Drachenkämpfe. Zu allererst kann man an das Bild des Drachenkampfes denken, an den Feuerdrachen, den z.B. St. Georg bekämpft. Woher stammt ein solches Bild?

H.-W. Schroeder: Durch dieses Bild wird deutlich, daß Michael seit frühesten Zeiten mit der Bildung der menschlichen Konstitution verbunden ist. Er stand von Anfang an an der Seite des selbständig werdenden Menschen. Der Feuerdrache und die Drachenkräfte sind Bilder aus einer sehr frühen Zeit in der Evolution des Menschen, als der Mensch noch mehr mit den Wärmekräften in seiner Natur verbunden war und als sich mit seiner Wärme niedere Kräfte verbanden. Dieses Bild weist auf den alten Mond hin, als der Mensch Wärme aus seiner Umgebung aufnahm und sie wieder ausströmte. Und Michael bringt

© gemeinfrei

Gustave Doré

Satan
Illustration für John Milton's "Paradise Lost" , 1866

in Begleitung des Menschen die Drachenkräfte an die Stelle, an die sie gehören. Schon in früheren Zeiten werden diese niederen Kräfte aus den Bereichen herausgetrieben, in denen sich der Mensch nach und nach selbst ergreifen sollte.

W.W.: Ein nicht so bekanntes Bild ist der Kampf Michaels gegen die luziferischen Scharen gegen Ende der atlantischen Zeit, als die luziferischen Wesen in die Astralleiber der Menschen gestürzt wurden. Ist das ein anderer Vorgang als die Beeinflussung der menschlichen Wesensglieder durch Luzifer in der davor liegenden lemurischen Zeit?

H.-W. Schroeder: Es hängt zusammen, ist aber etwas anderes. Meines Erachtens weist das auf die drei vorchristlichen Opfer der Christuswesenheit hin, über die Rudolf Steiner spricht. Bei dem dritten Christusopfer gegen Ende der atlantischen Zeit zieht Steiner auch das Bild des Drachenkampfes heran. Er schildert dieses Christusopfer so, daß der Christus die menschlichen Seelenkräfte in Harmonie gebracht hat, die sonst auseinandergedriftet wären. Die luziferischen Kräfte waren bestrebt, die menschlichen Seelenkräfte gegeneinander auszuspielen. Und an dieser Stelle war Michael auch an dieser Auseinandersetzung mit den luziferischen Kräften beteiligt. Die in der Seele des Menschen wirkenden luziferischen Kräfte wurden auf ein bestimmtes Niveau hinuntergestoßen.

W.W.: Inwiefern sind durch die Wirkung Luzifers während der lemurischen Zeit die Intelligenz und die Freiheit des Menschen entstanden?

H.-W. Schroeder: Das ist eine sehr wichtige Phase in der Menschheitsentwicklung. Luzifer hat dem Menschen die Intelligenzkräfte ermöglicht; aber dadurch sind die Intelligenzkräfte des Menschen nur anfänglich in der Lage, Wesentliches zu ergreifen. Die heutige Intellektualität kann z.B. eine Pflanze bis in alle Einzelheiten analytisch untersuchen – aber sie vermag nicht die eigentlichen Bildevorgänge und das Wesen der Pflanze zu beschreiben. Ähnliches sehen wir z.B. heute in der Gehirnforschung, durch die phantastische Entdeckungen gemacht werden; aber es gelingt ihr nicht, zum Wesen des Menschen vorzudringen. Das ist die Einseitigkeit der luziferischen Intelligenz, die der Mensch heute noch nicht überwunden hat.

Der Geisteskampf im 19. Jahrhundert

W.W.: Der Kampf, den die anthroposophisch Interessierten meist kennen, ist der Geisteskampf zwischen den michaelischen und den ahrimanischen Scharen in den Jahren 1841–79. Was war der Auslöser dieses Kampfes?

H.-W. Schroeder: Rudolf Steiner schildert, wie sich die ahrimanischen Kräfte im Verbund mit den luziferischen in der geistigen Welt auflehnen. Aber in Apokalypse 12 wird dieser Zusammenhang noch etwas anders dargestellt: Es erscheint zusätzlich das Bild der Frau, die sich anschickt zu gebären. Das ist ein Bild für die Menschheitsseele; und das bedeutet, daß in der Menschheit etwas Neues zum Vorschein kommt, etwas Schöpferisches, etwas Zukünftiges. Das wird im Bild des Knaben dargestellt. Diese Geburt ist der Auslöser für den Angriff der luziferischen und ahrimanischen

Mächte, und an dieser Stelle muß Michael einschreiten. Der Drache hätte sonst die Fähigkeit gehabt, das Kind zu verschlingen.

W.W.: Es heißt bei Steiner, daß diese ahrimanischen Wesen auf die Erde, in den menschliche Willen gestoßen worden sind. Können Sie das etwas erläutern?

H.-W. Schroeder: Das bedeutet, daß die ahrimanischen Wirkungen auf einem unteren Niveau im Menschen wirken; daß sich die Begierdekräfte und die Willenskräfte an das Ahrimanische anschließen. Der Mensch kann sich darauf einstellen, zu einem Tier zu werden. Viele der heutigen Lebensgewohnheiten der Menschen gehen ja schon in diese Richtung.

Zum einen sehen wir das in der immer brillanter ausgestalteten Technik, zum anderen in den wildgewordenen Willenskräften von Menschen, z.B. in der einseitigen Sexualität oder in der menschlichen Zerstörungswut usw. In der Technik, in den Maschinen befinden sich geistige, meist ahrimanische Wirksamkeiten, die auch auf das Willensleben des Menschen einwirken.

W.W.: Man stellt sich diesen Geisteskampf meist irgendwo, in irgendwelchen fernen Geistesregionen, vor – aber eigentlich findet dieser Kampf zwischen den michaelischen Scharen und den Engeln der Finsternis im Menschen statt, und zwar zwischen dem menschlichen Blut und dem menschlichen Nervensystem. Die Engel der Finsternis wollten den Erzengeln des Lichtes ihren Platz im Nervensystem streitig machen und wurden durch diese in das menschliche Blut geworfen. Wenn ich ganz ehrlich bin, kann ich das zur Kenntnis nehmen, aber richtig verstehen tue ich es nicht. Wie kann man diesen Vorgang einem interessierten Menschen verständlich machen?

H.-W. Schroeder: Auf der einen Seite stürzt *Michael* den Drachen, auf der anderen Seite heißt es aber auch in der Apokalypse 12, daß *die Menschen* den Drachen besiegt haben, und zwar durch ihre Beziehung zum Christuswesen. Beide – Michael *und* die Menschen – besiegen also miteinander den Drachen. Dadurch, daß Michael in den Geisteskampf eintritt, kann auch im Menschen eine ähnliche Aktivität entfaltet werden. Beides hängt miteinander zusammen.

Der Zusammenhang zwischen den Nerven- und den Blutskräften ist in der Tat schwierig zu verstehen. Die Blutskräfte und die Willenskräfte sind die Kräfte, die u.a. mit der Sexualität und auch mit Gewaltexzessen zusammenhängen.

Kämpfe in der eigenen Seele ausfechten

W.W.: Steiner schildert Michael auch als den Verwalter der kosmischen Intelligenz, zumindest bis zum 15. Jahrhundert. Weiter führt Steiner aus, daß dem Michael diese kosmische Intelligenz ab dem 15. Jahrhundert entglitt und zur Erde, in die Menschen, träufelte. Seit dieser Zeit hätten die Menschen das Gefühl und die Möglichkeit, die Gedanken und Ideen in sich zu bilden. Hier schließt sich für mich auch der Kreis: Heute sollen die Kämpfe nicht mehr im Äußeren oder aus dem Blut heraus gefochten werden, sondern in der Seele des Menschen.

H.-W. Schroeder: Damit beschreiben Sie den Sinn der menschlichen Entwicklung; denn auf die Zukunft gesehen geht es darum, ob sich der Mensch in seinem Schicksal, in seiner Moral selbst ergreifen kann und ob er die Wirksamkeit seiner Taten zum Wohle des Ganzen, der Erde und der gesamten Menschheit einsetzen kann. Mit Händen zu greifen ist dies in der Pädagogik. Wenn ein Lehrer nicht mit seinen Schülern zurechtkommt, hat es wenig Sinn, mit Disziplinarmaßnahmen zu wirken, sondern er muß sich selbst verwandeln, muß selbst auf etwas verzichten. Wenn ein Lehrer z.B. eine Gewohnheit aufgibt, überwindet, wird er bemerken, daß dies eine Wirkung auf die Kinder haben wird. Solche Zusammenhänge muß man im gesamten Zusammenleben der Menschen untereinander und der Menschen mit geistigen Wesen sehen. Wer nur Forderungen an den anderen Menschen stellt, wird hier nicht weit kommen; sondern jeder muß bei sich selbst anfangen, muß sich in seiner eigenen Seele etwas erkämpfen. Wenn ich selbst etwas in moralischer Hinsicht in mir überwinde, kann ich darauf vertrauen, daß daraus eine Wirksamkeit für andere Menschen wird.

W.W.: Steiner weist ja auch immer wieder darauf hin, daß es der Wahrheit gegenüber nichts Abträglicheres als den Nationalismus gebe, daß im Nationalismus nur Zerstörerisches wirke und der Nationalismus gegen das Wirken Michaels gerichtet sei. Somit ist der von Ihnen angesprochene innerliche Verzicht, die moralische Bemühung des Menschen, eine dringende Gegenwarts- und Zukunftsaufgabe der Menschen. Damit verbinden sich die Menschen gleichzeitig mit den Kräften und Wirkungen der Zeitgeister und Michaels und bilden ein geistiges Gegengewicht gegen das weltweite Morden, gegen das Zersplittern der Menschen in immer kleinere Gruppen.

H.-W. Schroeder: Ein wesentliches Charakteristikum unserer Zeit ist dieser Kampf des Menschen in seinem Inneren. Gleichzeitig sehen wir aber auch den Schattenwurf des Zeitgeistes, der sich in den täglich wahrzunehmenden Grausamkeiten in dieser Welt zeigt. Man kann das vielleicht in einem Gedicht von Christian Morgenstern aus seinem Band „Wir fanden einen Pfad“ zusammenfassen:

Was klagst du an
die böse Welt
und das und dies?
Bist du ein Mann,
der niemals Spelt
ins Feuer blies?

Hat Haß und Harm
und Wahn und Sucht
dich nie verführt,
daß blind dein Arm
der Flammen Flucht
noch mehr geschürt?

Was dünkst du dich
des unteilhaft,
was Weltbrand nährt!
Zuerst zerbrich
die Leidenschaft,
die dich noch schwärt.

In dich hinein
nimm allen Zwist,
der Welt Sorg nit;
je wie du rein
von Schlacke bist,
wird sie es mit.

Interviewer und Autoren

Katharina von Bechtolsheim, geb. 1967 in Würzburg, Studium der Slawistik in Berlin und Petersburg, Ausbildung zur Klassenlehrerin am Waldorflehrerseminar Kiel, Ausbildung zur heilpädagogischen Lehrerin in Hamburg, Russisch- und Klassenlehrerin an der Freien Schule Hitzacker, seit August 2004 Klassenlehrerin an der FWS Berlin Kreuzberg.

Michael Engelhard, geb. 1936 in Hamburg. 1956 Beginn des Studiums (Germanistik, Romanistik, Anglistik) in Hamburg. 1958 Wechsel zum Jura-Studium. 1958 Jura-Studium an der Universität Lausanne/Schweiz, 1959 Universität München. 1961 Erstes Staatsexamen, 1966 Zweites Staatsexamen. 1966–2001 Diplomatischer Dienst: Zentrale, Korea, Kamerun (Botschafter), Mailand (Generalkonsul), Chicago (Generalkonsul).

Andreas Laudert, geb. 1969 in Bingen, studierte von 1996-2000 Szenisches Schreiben an der Hochschule der Künste Berlin und am Priesterseminar der Christengemeinschaft. Tätigkeit in der anthroposophischen Heilpädagogik und als Deutschlehrer. Mehrere Veröffentlichungen und Theaterstücke, zuletzt an den Sophiensälen Berlin und am Landestheater Tübingen. 2005 erschien im Pforte Verlag der Essay „Würde".

Johannes Michael Wagner, geb. 1985 in Eckernförde, besuchte 13 Jahre die Waldorfschule in Rendsburg. Zur Zeit ist er Student der Germanistik und der Geschichte auf Lehramt an der Albrecht-Karls-Universität Heidelberg.

Wolfgang Weirauch, geb. 1953 in Flensburg, Studium der Politik und Germanistik. Studium der Theologie an der Freien Hochschule der Christengemeinschaft. Herausgeber der Flensburger Hefte, Politiklehrer an der FWS Flensburg, Vortragsredner, Mitarbeiter beim Fernstudium Waldorfpädagogik & Coaching e.V.

Die Titelbildgestalterin

Veronika Emendörfer, geb. 1957 in Stuttgart, Studium der Aquarellmalerei in Regensburg. Seit 2000 freischaffende Künstlerin in Darmstadt mit eigenem Atelier. Mitglied im Bundesverband Bildender Künstler (BBK, Frankfurt/Main). Seit 1982 regelmäßige Ausstellungen. Gestaltung von Buchtiteln, Kunstkarten und Kalendern. Aquarellkurse: www.atelier-holzhofallee.de

FH
Flensburger Hefte Verlag
Holm 64, D-24937 Flensburg
Tel.: 0461/2 63 63 Fax: 0461/2 69 12
Email: info@flensburgerhefte.de
FH 73 zur Eurythmie
FH 77 zu Afghanistan
FH 84 zur Globalisierung
FH 58 zur Musik
Eurythmie
Wirkungen der Musik
Bücher zum Thema ... natürlich vom
Flensburger Hefte Verlag
FH 55 Grundlagen zu Naturgeistern
Naturgeister-Tagebuch
Wer braucht Zeugnissprüche?
Sonderheft 7 zur Kunst
Zeugnissprüche
www.flensburgerhefte.de

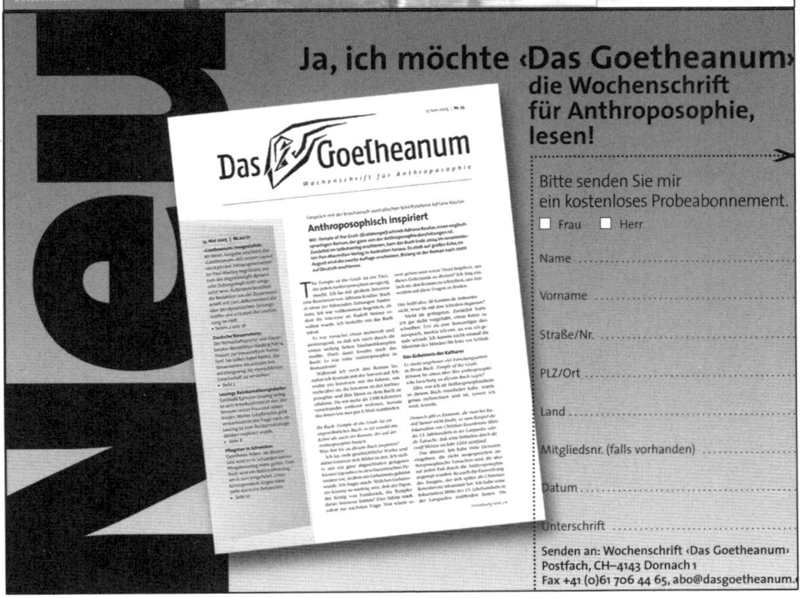
Neu
Ja, ich möchte ‹Das Goetheanum›
die Wochenschrift
für Anthroposophie,
lesen!
Das Goetheanum
Wochenschrift für Anthroposophie
Anthroposophisch inspiriert
Bitte senden Sie mir
ein kostenloses Probeabonnement.
Frau Herr
Name
Vorname
Straße/Nr.
PLZ/Ort
Land
Mitgliedsnr. (falls vorhanden)
Datum
Unterschrift
Senden an: Wochenschrift ‹Das Goetheanum›
Postfach, CH-4143 Dornach 1
Fax +41 (0)61 706 44 65, abo@dasgoetheanum.ch

Jesaiah Ben-Aharon
Die globale Verantwortung der USA
Individuation, Initiation und Dreigliederung
148 S., kt., € 15,– ISBN 978-3-935679-19-0

Johannes Rogalla von Bieberstein
Die These von der Verschwörung 1776–1945
Philosophen, Freimaurer, Juden, Liberale und Sozialisten als Verschwörer gegen die Sozialordnung
216 S., kt., € 17,– ISBN 978-3-926841-36-0

Jimmy Carter
Frieden schaffen im Gespräch
Ein Impuls für die nächste Generation
206 S., kt., € 17,– ISBN 978-3-926841-71-1

Hans-Diedrich Fuhlendorf
Rückkehr zum Paradies oder Erbauen des Neuen Jerusalem?
Geschichtsbetrachtungen in apokalyptischer Zeit
352 S., kt., € 20,– ISBN 978-3-926841-37-7

Wolfgang Gädeke
Anthroposophie und die Fortbildung der Religion
448 S., Leinen, € 25,– ISBN 978-3-926841-23-0

Peter Krause
Das Judasproblem
Von den spirituellen Hintergründen der Gewalt
128 S., kt., € 11,– ISBN 978-3-926841-38-4

Henning Kullak-Ublick (Hg.)
Erziehung zur Freiheit –in Freiheit
AKTION MÜNDIGE SCHULE
160 S., 15 farb. Abb., kt., € 10,– ISBN 978-3-926841-94-0

Verena Staël von Holstein, Friedrich Pfannenschmidt (Hg.)
Mühlengespräche 1 **Naturgeister 6**
Metall-, Boden- und Zeitwesen
144 S., kt. € 15,– ISBN 978-3-935679-30-5

Wolfgang Weirauch
Im Spiegel der Finsternis
Roman für Jugendliche und Erwachsene. Ab 13 Jahren.
252 S., geb. € 17,– ISBN 978-3-926841-86-5

FH 13
Hexen, New Age, Okkultismus
3. Aufl., 196 S., kt., € 13,– ISBN 978-3-926841-08-7

FH 23
Engel
3. Aufl., 196 S., 9 farb. Abb., kt., € 15,– ISBN 978-3-926841-15-5

FH 24
Direkte Demokratie / 1789–1989
240 S., kt., € 12,– ISBN 978-3-926841-16-2

Abo- und Bezugsbedingungen s. Impressum, 2. Umschlagseite. Alle Titel auch im Buchhandel erhältlich. Preisänderungen vorbehalten.

FH 25
Rechtsleben und soziale Zukunftsimpulse
Von der Dreigliederungsidee Rudolf Steiners zur Volksgesetzgebung
244 S., kt., € 12,– ISBN 978-3-926841-17-9

FH 26
Michael
Januskopf Bundesrepublik
184 S., 8 farb. Abb., kt., € 12,– ISBN 978-3-926841-22-3

FH 28
Naturwissenschaft und Ethik
204 S., kt., € 12,– ISBN 978-3-926841-25-4

FH 29
Freie Schule
248 S., kt., € 13,– ISBN 978-3-926841-28-5

FH 34
Alte und neue Seelenfähigkeiten
192 S., kt., € 13,– ISBN 978-3-926841-41-4

FH 35
Die Christengemeinschaft heute
Anspruch und Wirklichkeit
212 S., kt., € 13,– ISBN 978-3-926841-42-1

FH 40
Ausländerhaß, Nationalismus, Rassismus
188 S., 13 farb. Abb., kt., € 14,– ISBN 978-3-926841-52-0

FH 42
Sind wir noch zu retten?
Zerstörung oder Verwandlung der Erde?
224 S., 26 farb. Abb., kt., € 14,– ISBN 978-3-926841-56-8

FH 43
Gebet heute
168 S., kt., € 14,– ISBN 978-3-926841-57-5

FH 45
Hüter der Schwelle
Der Mensch am Abgrund
172 S., kt., € 14,– ISBN 978-3-926841-61-2

FH 46
Jugendideale
208 S., kt., € 14,– ISBN 978-3-926841-62-9

FH 47
Übungen zur Selbsterziehung
2. Aufl., 216 S., 16 farb. Abb., kt., € 15,– ISBN 978-3-926841-65-0

FH 57
Die Welt im Umbruch
Globalisierung und Kampf aller gegen alle
196 S., 29 farb. Abb., kt., € 15,– ISBN 978-3-926841-79-7

Das Gesamtverzeichnis(Liste) kann beim Verlag angefordert werden. Postkarte, E-Mail oder Anruf genügt

www.flensburgerhefte.de